— JAPONAIS —

COURS DE 漢字

SOMMAIRE

- INTRODUCTION -

Les Kanji quelle merveille ! Lorsqu'on découvre, par exemple, que son "nom-名", est ce qu'il faut prononcer 口 dans l'obscurité, à la nuit tombée 夕, pour se faire reconnaître ; que "l'amour-好" est le lien qui unit toute mère 女 à son enfant 子; que la "colère-怒" est un sentiment 心 d'esclave 奴 puisqu'en Asie toute âme bien née se garde de l'exprimer : il faut rester impas- sible devant la contrariété, avec sa figure de "joueur de poker" comme disent les Japonais.

Mais, la découverte passée, vient le temps de l'étude. Et avec lui, en général, le désenchantement. Car pour nous, les Occidentaux, retenir des centaines de signes s'avère difficile (*), surtout si l'on se borne, comme le demandent la plupart des professeurs à les recopier de nombreuses fois pour les mémoriser.

Heureusement il existe un recours pour tourner la difficulté : c'est l'analyse du caractère en ses deux composants : clé et radical phonétique. On retrouve le principe qui avait présidé à leur rationalisation il y a deux mille ans puisque, selon ce principe, il suffirait, en théorie, de connaître cinquante clés et autant de radicaux pour former deux mille six cents Kanji (50x50+2x50=2600) (**).

Hélas la pratique ne respecte qu'en partie la théorie. Dès l'origine il a fallu recourir à un plus grand nombre de clés et de phonétiques (***), certains ne formant que peu de caractères. Avec le temps et la transposition en japonais pour les lectures dites "ON", les sons ont partiellement dérivé. Si bien qu'actuellement l'explication ne reste satisfaisante que pour un Kanji usuel sur deux environ. Situation du verre à demi rempli. Les esprits chagrins ne retiendront que la moitié vide ; les malins, la moitié pleine. Le nombre de lecteurs du "Mémento et dictionnaire des 1945 Kanji usuels", avec ses huit éditions, apporte la meilleure réponse que l'on puisse donner, nous semble-t-il, à ceux qui contestent l'apport de la méthode, malgré ses limites.

Certains lecteurs ont par ailleurs exprimé le désir de disposer d'un ouvrage qui leur permettrait d'apprendre les Kanji non pas dans l'ordre d'un dictionnaire mais dans celui où on les enseigne habituellement dans les classes de japonais : chiffres, jours de la semaine, verbes courants...
Nous publions donc ce cours qui a été mis au point pour les élèves de "L'Ecole Centrale de Paris".
Il porte sur 486 Kanji de base, regroupés en 33 leçons d'une heure et demie :
- 14 leçons de 15 Kanji ; soit 210 Kanji - ou 21 heures- pour la première année,
- 18 leçons de 15 Kanji et une de 6 ; soit 276 kanji - ou 29 heures- pour la deuxième année.

Les années de pratique ont montré que le meilleur résultat était obtenu en faisant copier au tableau par les étudiants les quatre composés de chacun des 15 Kanji étudiés. Pendant qu'ils écrivent, le professeur passe derrière et corrige individuellement leur graphisme. Ensuite, quand tout est écrit, les élèves retournent un à un au tableau pour lire les composés ; en déduisent les lectures du Kanji qu'ils inscrivent en katakana pour les lectures sino-japonaises "ON" et en hiragana pour les japonaises "kun" ; comptent les traits, identifient la clé et le radical qu'ils nomment.

(*) cf. "Apprendre les Kanji en Occident - Cadre de l'étude" page "b".

(**)cf. "Repères historiques" page "a"

(***) cf. "Apprendre les Kanji en Occident - Le système actuel", page "b". Il faut 195 clés et 493 phonétiques de base pour former les 1945 Kanji usuels, mais avec les 24 clés les plus utilisées (18%) on en forme 1112 : soit 57%. Cf. " page "e".

Le professeur corrige, reprend l'analyse du caractère, le replace dans ses deux familles "clé et radical phonétique", fait commenter sur la colonne des phonétiques de la page de gauche le "sérieux" de la famille ; à savoir le nombre de ceux qui respectent encore la prononciation d'origine et enfin fait composer des phrases avec le vocabulaire étudié.

La démarche s'avère particulièrement efficace pour les étudiants encadrés par un professeur formé à la méthode. Ceux qui apprennent seuls ne bénéficient pas de cet appui et leurs progrès seront plus lents. Ils se heurteront à des difficultés, se poseront des questions...Qu'ils sachent que les nouveaux enseignants et les élèves des cours se posent aussi des questions. Citons les trois principales :

1/ pour les professeurs se formant à la méthode analytique :

Ils ont appris l'écriture de façon traditionnelle, connaissent le sens des clés (la montagne, l'arbre...) mais en général pas celui des radicaux. Ils se demandent ce que représente pour eux l'effort de mémorisation. La réponse est "effort limité" car le radical est lui-même formé de clés. Il leur suffit donc de lire une fois, par exemple, que SHŌ 召 que l'on retrouvera dans les leçons 24 avec 招 et 28 avec 昭, est formé des clés 口 et 刀 et signifie "convoquer" parce que l'on convoque par l'ordre 口 et la menace d'une arme 刀. S'ils désirent voir les radicaux regroupés par leçon, un "虎の巻" où ces radicaux sont classés selon ce critère - et non pas par ordre alphabétique comme dans l'index -, est également disponible sur demande.

2/ pour les étudiants s'interrogeant sur les limites de la méthode :

La décomposition du Kanji en ses deux éléments "clé" et "radical phonétique" permettait à sa création de rendre compte du sens du Kanji et de sa prononciation "ON" . Aujourd'hui, seule la moitié d'entre eux respectent encore la prononciation d'origine. On ne peut donc prétendre à un remède miracle qui permettrait de tout expliquer ; certes la méthode n'est pas une panacée, mais c'est tout de même un moyen de réduire l'incertitude. Car ce sont bien là les termes de l'alternative : ou l'on enseigne de manière traditionnelle en disant "Apprenez par coeur, recopiez le Kanji mille fois et vous le saurez", ou l'on montre à l'étudiant les composantes du caractère en lui indiquant les familles dans lesquelles il s'inscrit. Cette connaissance de la structure facilite la mémorisation.

3/ pour la validité des sources. Question souvent posée : "D'où sortent ces explications et quelle créance leur accorder ?"

Les analyses sont fondées sur des enquêtes au Japon, à Taiwan...et l'étude d'une bibliographie détaillée dans le "Mémento". On y rappelle que la référence de base, le "Setsusbunkaiji" a été écrit par un chinois, il y a deux mille ans ; ce dernier s'est sans doute moins trompé que ceux qui ergotent maintenant sur une interprétation. De toute manière, pour la mémorisation du Kanji, l'important est d'identifier la clé et le radical phonétique, dont personne ne conteste le sens. Seul le lien les unissant au sens actuel peut poser problème. Le "Mémento", concision oblige, a résumé les longues analyses par une formule lapidaire, qui parfois peut paraître artificielle au lecteur. Dans ce cas, qu'il reformule lui-même le lien, avec ses propres termes, se l'approprie ; l'important étant finalement que le caractère soit retenu.

Et, dans la démarche, le lecteur aura eu le bonheur de recréer un langage.

Quoi de plus exaltant, en effet, que de se mettre un instant à la place des scribes qui ont conçu cette écriture ! De se dire "Je dois créer un caractère à partir de ce qui m'entoure : un arbre, une botte de paille, le soleil, une femme, un acte propitiatoire. Comment, en combinant ces éléments, vais-je pouvoir exprimer l'éternité, le néant, la peur, le courage, la tendresse...?".

Ainsi s'ouvrent les portes du rêve. Puisse le lecteur, grâce au Mémento, s'évader un instant : c'est là le véritable souhait de l'auteur.

- LES KANJI - REPERES HISTORIQUES -

CHINE

-2500 Apparition des premiers "caractères" attribués à l'empereur légendaire Huang Di 黄帝

-1523 Sous Shang Yin 殷虚, développement des inscriptions oraculaires sur os et carapaces de tortue

- 800 Première liste de 1.000 caractères du type "grand sceau" 大篆 établie par le grand scribe Chou 籀: le 籀文

- 213 L'empereur Qin Shi Huang Di 秦始皇帝 brûle les livres et charge son premier ministre Li Su 李斯 de créer la seule liste officielle. Limitée à 3300 caractères, elle sera formée à partir des caractères existants selon le principe :

"clé + phonétique de base".

Il aurait donc suffit, en théorie, de 56 clés et 57 radicaux phonétiques de base pour établir la liste (56+57+56x57=3.305). Graphiquement, l'inscription dans un carré de taille normalisée et l'usage du pinceau définiront le style dit du "petit sceau" 小篆".

- 200 Sous la dynastie suivante des HAN 漢, le style est figé. C'est celui qui est encore utilisé de nos jours.

1er siècle 7ème édition de la liste. Le nombre de caractères est porté à 7.800. Les prononciations commencent à varier selon les régions et les erreurs de transcription、les 奇字, déjà commises du temps de Li Su, se multiplient ; ce qui rendra difficile l'interprétation ultérieure d'un système à l'origine très simple.

200 Publication des oeuvres posthumes de Xu Zhen 許慎 (96 de nôtre ère) : le 説文解字 (せつぶんかいじ) qui reclasse 9353 caractères dérivés de la liste de Li Su en 4 grandes catégories classées sous 540 clés.

	Nombre	%	Type,	exemples	et lectures
①	364	3,9	象形 pictogrammes	(日,月,文,鳥,山…).	qui ont leur propre lecture
②	125	1,3	指事 symboles	(上,下...).	Lecture selon principe des phonétique (cf.④)
③	1.167	12,5	會意 idéogrammes	(明,島,鮮....)	" " "
	7.697	17,7			
④		82,3	聲形 phonétiques ou		Lecture : clé + phonétique de base
			假借 emprunts phonétiques	(北,東..)	" " "
	9.353	100			

1644 Sous les Ming (明), les 540 clés sont réduites aux 214 dites "historiques".康熙 les reprendra dans son dictionnaire de 40.000 caractères. Sur les 214, les japonais en utiliseront 195 pour former leurs 常用漢字.

JAPON

400/500 Avec le Bouddhisme, les caractères sont introduits au Japon en passant par la Corée.

630-894 Au cours de 14 expéditions en Chine, les Kentōshi "遣唐使", des bonzes iront copier les Soûtras ; ce qui permettra à leur retour de diffuser bonne parole et écriture. L'Empire du Soleil Levant adopte ces caractères chinois de la dynastie Han (Kan en japonais ; d'où le terme de Kanji 漢字 : les caractères 字 des Han 漢). Il les plaque sur sa propre prononciation d'origine. D'où des lectures chinoises (les "ON"yomi 音読み) ou japonaises (les "kun"yomi 訓読み) possibles pour un même caractère. A noter qu'il y a parfois plusieurs prononciations chinoises parce que des lettrés d'une des dernières expéditions sont venus amender les premières transcriptions faites par leurs prédécesseurs.

Les mots sont, en général, composés de deux caractères. Il y a donc quatre combinaisons potentielles :"ON-ON" (80% des cas) ; "kun-kun" (15% des cas, surtout pour les noms géographiques et les noms propres) ou mixtes "ON-kun" ou "kun-ON" (5% des cas). Par ailleurs un caractère utilisé seul se lit en majorité en "kun", mais 16% des lectures peuvent également se faire en "ON". D'où le problème du choix de la bonne lecture pour les étrangers qui apprennent la langue à partir des Kanji ; problème qui ne se pose pas pour les japonais qui, eux, bien évidemment parlent leur langue avant d'en connaître l'écriture.

712 Rédaction du Kojiki 古事記 puis, en 760, compilation des poèmes Manshōshū 万葉集.

794 Epoque Heian 平安. Création à partir des Kanji des deux syllabaires japonais : Hiragana ひらがな à l'origine réservé aux femmes et Katakana カタカナ utilisé par les bonzes pour transcrire rapidement la prononciation des Soûtras , Kata signifiant "partie de..".

1945 Etablissement de la liste des 1.850 "当用漢字", seuls Kanji à pouvoir être utilisés sans indication en Kana..

1981 La liste est portée à 1.945. Ce sont les Kanji usuels "常用漢字" qui constituent maintenant la référence officielle

— APPRENDRE LES KANJI EN OCCIDENT —

Cadre de l'étude

Les enfants japonais apprennent l'écriture en la plaquant sur une langue qu'ils connaissent. De plus, ils baignent dans un empire des signes qui, tel celui des peintres, développe la mémoire visuelle. Retenir dans ces conditions devient pour eux "facile" : il suffit d'écrire le Kanji un certain nombre de fois et ensuite de le repérer pour le savoir.

Les Occidentaux ne bénéficient pas de cet environnement favorable. En revanche ils sont formés à l'analyse logique. On peut donc mettre à profit la structure historique des Kanji pour en rendre l'étude à la fois plus attrayante - par son contenu culturel- et plus efficace, car l'approche croisée (matricielle diraient les mathématiciens) des structures "clé et phonétique" permet au caractère de se graver plus facilement dans la mémoire.

Rappelons que les Kanji sont formés à partir de deux éléments :
- un radical phonétique qui donne le sens général et la prononciation, -chinoise bien sûr-, qui sera à l'origine des lectures "ON" des Kanji au Japon.
- une clé qui affine le sens général du phonétique en précisant, pour un caractère donné, la matière dont il est fait, sa constitution...

Radical phonétique
Clé → Kanji

La combinaison de ces deux éléments donnait la prononciation et le sens précis des caractères → Kanji
On a vu qu'il suffisait de quelques dizaines de clés et de radicaux pour former les caractères.
En fait, on en utilisa davantage, toutes les associations n'étant pas possibles. Par ailleurs, depuis, les prononciations ont dérivé. Des erreurs se sont transmises au cours des transcriptions. Enfin le Japon, en transposant une langue tonale, monosyllabique sur sa langue atonale, polysyllabique a apporté quelques altérations au système..

Le système actuel : classement

Les 1945 Kanji usuels et 3 non usuels du "Mémento et dictionnaire des Kanji" repris partiellement dans ce cours se présentent sous la forme rappelée sur la page de droite. La complexité apparente du graphique ne doit pas faire oublier que près de huit Kanji sur dix relèvent du principe général "phonétique + clé". Ce sont :
- les1354 Kanji notés [C] qui ne constituent pas les têtes de série phonétiques (les phonétiques de base) , ces derniers (251 au total) étant différenciés par la notation [E] .
- les 175 Kanji de type [D] . De même nature que les [C] , ils restent uniques, orphelins et, à ce titre, ne sont pas repris dans l'index des familles de radicaux. Un champ élargi aux Kanji non usuels les feraient revenir en [C]

Pour former ces Kanji, 195 clés et 493 radicaux phonétiques sont utilisés :
- 195 clés, elles-mêmes ventilées en 29 clés "pures" - c-à-d. non également phonétiques - notées [A] , 98 clés notées **[B]** , assurant la double fonction de clé et de phonétique et 68 clés qui ne sont pas des Kanji usuels
- 493 phonétiques de base formés à partir de 251 Kanji usuels [E] , des 98 **[B]** et de 144 Kanji non usuels

Enfin il faut ajouter 41 Kanji notés [F] ([1]) dont le son est donné par le phonétique. Ils sont pris dans les 98 **[B]** .
L'ensemble redonne -heureusement ! - le total de : 29+98+251+175+1354+41 = 1948 Kanji

La place et la nature de la ponctuation dans le texte décrivant les Kanji permettent de retrouver ces caractéristiques :
- les clés sont précédées du signe " +" ou indiquées en fin de texte pour les Kanji de type [C] ou [D]
  " " notées, en début de texte, Clé "pures" pour les [A] et Clé et phonétique pour les [B]
- à l'intérieur des parenthèses, on trouve le sens des phonétiques
- la notation //// (non repris dans l'index des phonétiques) est réservée aux clés [A] et aux phonétiques [D] .

La façon d'apprendre

- En introduction, assimiler la structure "clé + phonétique" en analysant les exemples de l'arbre 木 et du poisson 魚 donnés pour les clés et de 工、寺、方、反 (pages **h** à **k**) pour les familles de phonétiques. Au cours des leçons chaque Kanji sera ainsi décomposé ; on notera en particulier le degré de conservation du radical phonétique en analysant les Kanji qui le composent (liste complète des Kanji usuels de la famille rappelés sur la page de gauche des cours)..
- Ensuite, bien comprendre le problème des lectures sino-japonaises et japonaises dans son principe (page **l**) et dans son importance (données statistiques de la page **m**)
- Enfin connaître l'origine graphique des syllabaires Kana (page **n**) et s'initier aux règles d'écriture : tracés de base illustrés par les exemples de 永 春 (pages **p** et **q**) et ordre des traits (pages **r** et **s**).

L'introduction se termine par la liste des Kanji étudiés par leçon (page **t**) et de leurs lectures "ON" (page **u**); ceci pour permettre , en particulier, de procéder aux révisions des leçons précédentes en début de cours et aux tests d'examen en indiquant les changements de son dans la liste des lectures "ON". Ex: noter イク entre 医 et 育.

([1]) les [F] étant :幼 百 后 如 字 当 気 朴 灰 壱 床 男 具 岩 幸 尚 毒 知 幽 甚 看
科 殺 料 致 衰 辱 赦 虚 規 豚 斎 献 虜 解 触 飾 黙 篤 築 麗

– STRUCTURE DES 1945 KANJI USUELS –

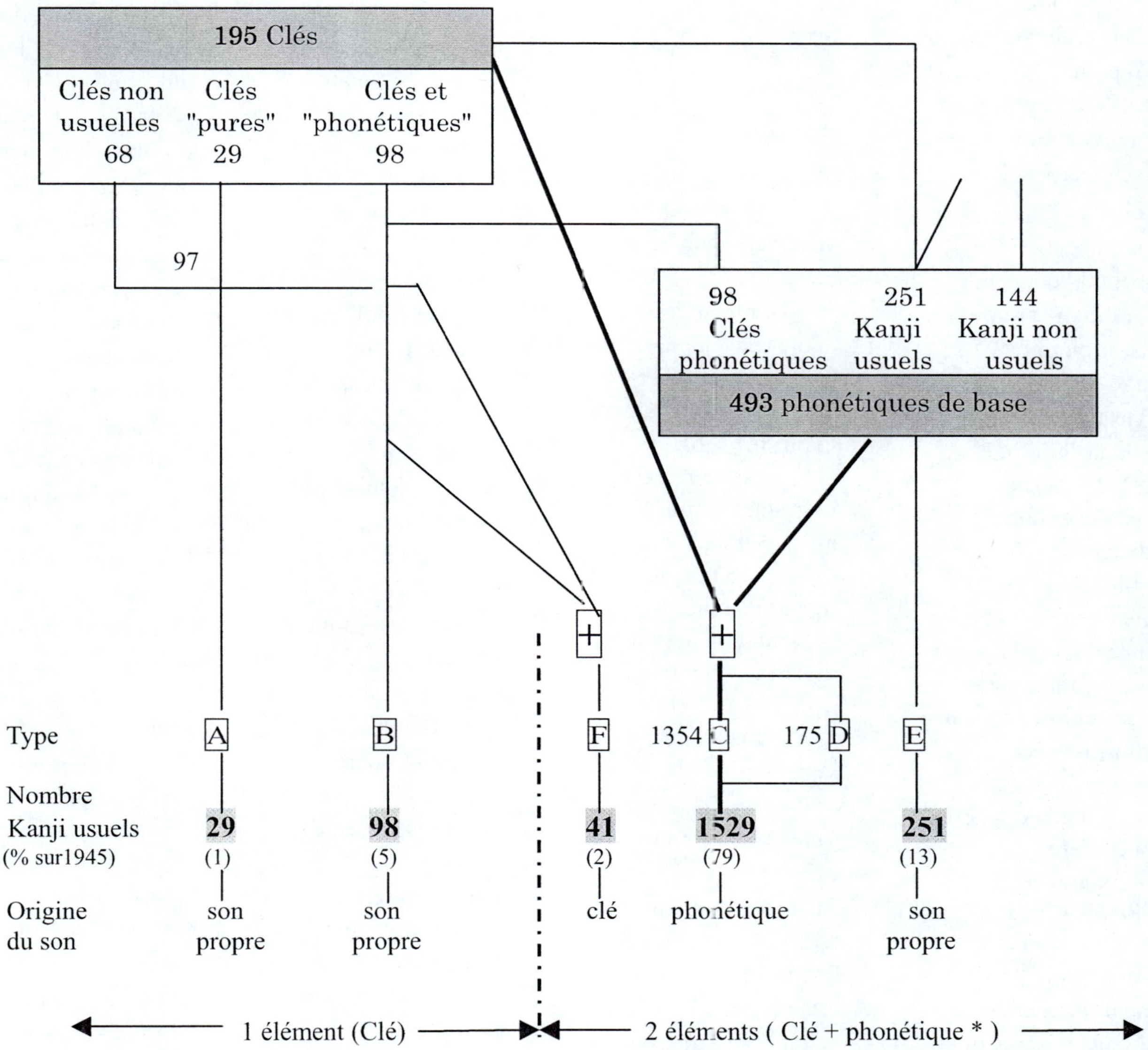

* sauf pour les E, eux-mêmes phonétiques, où l'autre élément n'est que le complément de la clé.

Exemples de classement dans chacun des types:

A 馬 麦 鼻 父 風 月 片 飛....

B 工 竹 長 玄 魚 方 女 干 ....

例 : B → C 工 功 江 攻 紅 貢 項
KŌ-KU KŌ-KU KŌ-KU KŌ-KU

: B → F 竹 篤 築
TOKU

		Phonétique de base
C D	花 貨 靴 (*KA-KE*)	*KA* 化
	洞 胴 筒 銅 (*TŌ*)	*DŌ* 同
	侍 待 持 時 特 等 詩 (*TAI*, *TOKU*, *TŌ*, SHI)	*JI* 寺
	僧 増 層 憎 贈 (*ZŌ*, *ZŌ*, *SŌ-ZŌ*)	*SŌ* 曽

E 化 同 寺 亡 苗 知 兆 主…

F 幼 后 如 科 虚 飾 築...

– APPELATIONS ET SIGNIFICATIONS

① *Trait*

一 **ichi- trait horizontal**
｜ tatébō- trait vertical
丶 ten- point
丿 haribō- trait oblique
乙 otsunyō-courbe
亅 hanébō- crochet

②二 ni- deux
文 bunnyō- écrits
亠 nabébuta- couvercle
人-亻 ninben- homme
(𠆢 classé au toit 宀)
儿 ninyō- jambes
入 irigashira- entrer
八 hachigashira- huit -division
冂 makigamaé- limite
冖 wakanmuri- couvrir
冫 nisui- glace
几 kinyō – table
凵 kangamaé- récipient -réceptacle
刀-刂 katana- rittō-sabre
力 chikara- force
勹-𠂉 tsutsumugamaé- envelopppe
匕 hi - cuillère - homme de dos
匚 kako/kakushigamae - boîte
十 jū-dix
卜 uranai- divination
卩 fushizukuri -demi-sceau
厂 gandaré- falaise
厶 mu- privé, personne
又 mata-aussi, main droite

③ **口 kuchihen- bouche**
囗 unigamaé- clôture
土 tsuchihen- terre, sol
士 shi- samuraï, lettré
夊 shinnyō- visiteur, lent
夕 yūbé- soirée
大 dai- grand
女 onnahen- femme
子 kohen- enfant
宀 ukanmuri-toit, maison
assimilé 𠆢 (de ninben)
寸 sun- pouce (mesure)
小-⺌-⺍ shō- petit
尢 daimagéashi-jambe pliée
尸 shikabané- homme courbé

屮 kusanomé – pousse - germe
山 yamahen- montagne
川 kawa- rivière
工-𢒈 takumihen- travail
己 onoré- envelopper - soi-même
巾 habahen- étoffe, largeur
干 ichijū- fourche - sécheresse
幺 itogashira-fil fin
广 madaré- toit, abri - bâtiment
廴 innyō -marcher à grandes enjambées
廾 nijūashi- vingt mains jointes
弋 shikigamaé- lance
弓 yumihen- arc
彐 keigashira- main tenant..
彡 sanzukuri-3 plumes
彳 gyōninben- pas, aller

④ **心-忄 kokoro- cœur - sentiment**
戈 hokozukuri- hallebarde
戸 todaré- porte
手-扌 téhen- main
支 édanyō- branche
攴-攵-bokuzukuri main au fouet
文 bunnyō- écrits
斗 tozukuri- mesure de volume
斤 onozukuri- hache
方 katahen- direction - façon de
无 munyō- négation
日 hihen- soleil
曰 hirabi parole
月 tsukihen- lune (npc. avec la chair)
木 kihen- arbre, bois
欠 akubi -bailler, manque
止 toméhen- arrêt
歹 habanéhen- os - squelette
殳 hokozukuri- objet manié violemment
毋 haha- mère
比 hi- comparaison
毛 ké- poil
氏 uji- clan, foule
気 kigamaé -souffle, esprit
水-氵 sanzui- eau
火-灬 hihen/rekka- feu
爪⺥ tsumékashira- ongle
父 chichi- père
片 katahen- demi-sceau
牛 ushihen- bœuf, vache
犬-犭 kémonohen - chien, -animal

⑤玄 gen-écheveau, sombre
玉-𤣩 tamahen- jade, pierre
王 ōhen- roi (assimilé à 玉)
瓦 kawara- tuile
甘 kan- doux, sucré
生 sei- naissance, vie
用 yōhen- usage, emploi
田 tahen- rizière
疋 hiki- jambe en mouvement
疒 yamaidaré- maladie
癶 hatsugashira -croissance
白 shiro- blanc
皮 hi,kawa- peau
皿 saragamaé- plat
目 méhen- oeil
矛 hokohen- hallebarde
矢 yahen- flèche
石 ishihen- pierre
示-礻 shimésuhen- autel - montrer
禾 nogihen- céréale,grain
穴 anakanmuri- orifice
立 tatsuhen-homme debout

⑥**竹⺮ takékanmuri-bambou**
米 koméhen- riz
糸 itohen- fil
缶 hotogi- pot, jarre
网-罒 amigashira- filet
羊 hitsujihen- mouton
羽 hané- plume, aile
老 oikanmuri- vieillard
而 shikashité- de plus
耒 sukihen- herse, charrue
耳 mimihen- oreille
聿 fudézukuri- pinceau
肉-月 nikuzukuri- chair
臣 shin-courtisan, vassal
自 mizukara- soi-même
至 itaru- atteindre
臼 usu- mortier
舌 shitahen- langue
舛 maiashi –jambes dansantes
舟 funéhen- bateau
艮 konzukuri- caché
色 iro- couleur
艸-艹 kusakanmuri- herbe
虍 toragashira- tigre
虫 mushihen- ver, insecte
血 chi- sang
行 gyō/yukigamae- aller
衣-衤 koromohen- vêtements
襾-覀 ka-plat à l'envers nishi- Ouest
瓜 uri- cucurbitacée

⑦見 miru- voir
角 tsunohen- corne, coin
言 gonben- paroles
谷 tanihen- vallée
豆 maméhen- bol, haricot
豕 butahen- porc
貝 kaihen- cauris- argent
赤 aka- rouge
走 sōnyū- courir
足-⻊ ashihen- pied, jambe
身 mihen- corps
車 kurumahen - roue, - véhicule
辛 shin- amer
辰 shinotatsu –embarras -dragon (zodiaque)
辶 shinnyū- aller
邑-阝 ōzato- village(ois)

Le **gras** identifie les 24 clés les plus utilisées (cf.FREQUENCES à gauche)

DES CLES -

西 torihen- alcool
-oiseau(zodiaque)
釈 nogoméhen- séparer
里 satohen- village
麥麦 mugihen- céréale
⑧金 **kanéhen- métal, or**
長 nagai- long
門 mongamae- porte
阝 **kozatohen- pente**
-terre accumulée
隶 reitsukuri- attraper
隹 furutori- oiseau
雨 amékanmuri- pluie
青 ao- bleu, vert
非 hi- négation
面 men/omoté- visage
- (sur)face
革 kawahen- cuir, peau
音 oto- son, bruit
頁 ichino/gai- tête, page
風 kazé- vent
飛 tobu- voler
食- 飠 shokuhen- manger
首 kubi- cou, tête
香 ka/nioi- parfum
⑩馬 umahen- cheval
骨 honehen- os
高 takai
髟 kamikanmuri- cheveux
longs
鬼 oni/kinyō- démon
⑪魚 sakana/uo- poisson
鳥 torihen- oiseau
鹿 shika- cerf
麻 asakanmuri- chanvre
黄 kiiro- jaune
黒 kuro- noir
⑬鼓 tsuzumi- tambour
⑭鼻 hanahen- nez
斎斉 sai- égal- table
⑮歯 hahen- dent
⑯龍竜 ryū-dragon

— TYPES DE CLES —

偏 へん	傍 つくり	冠 かんむり かしら	脚 あし	繞 にょう	垂 たれ	構 かまえ	漢字 Kanji
Exemples:							
イ氵舟	リ	亠 八	井	廴	厂	冂	人
冫火 角	卩	冖 癶	廾	辶	广	匚	乙
女石言	彡	宀 穴	皿	走	疒	囗	二
衤ネ 貝	斤	艹 罒		儿	尸	弋	入
忄禾車	欠	竹				勹	刀
扌米酉	殳	耂				气	土
日糸金	頁	雨				行	木
木耳阝	阝					門	糸

— FREQUENCES —

- des CLES réparties en deux "types": nature et homme

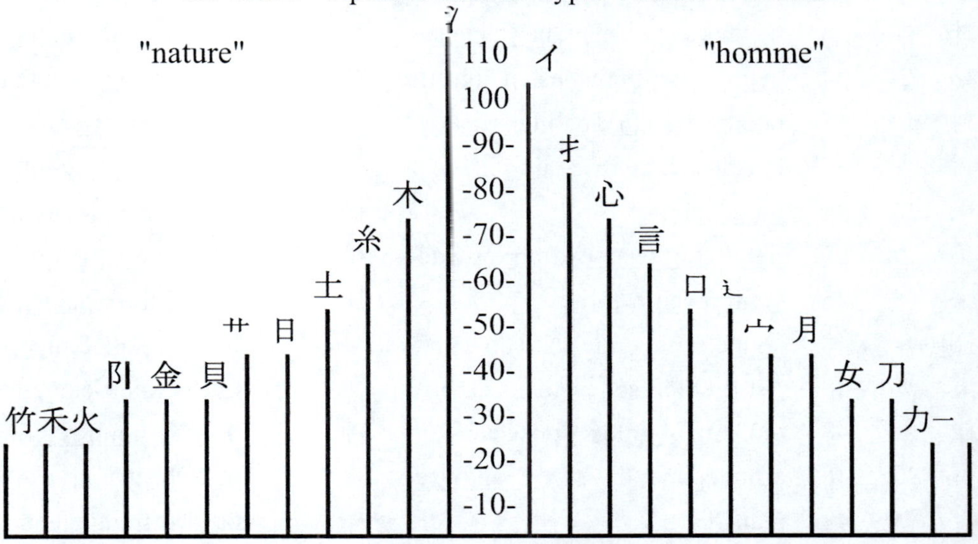

Au pays d'Amatérasu, la clé la plus utilisée est celle de l'eau 氵, pas l'homme イ.
Noter aussi - la distribution gaussienne, l'équilibre"nature"-"homme".
- le poids de ces 24 clés (12% du total) **: elles servent à 1112 Kanji** (57%).

- des 1945 + 3 KANJI en fonction de leur nombre de traits

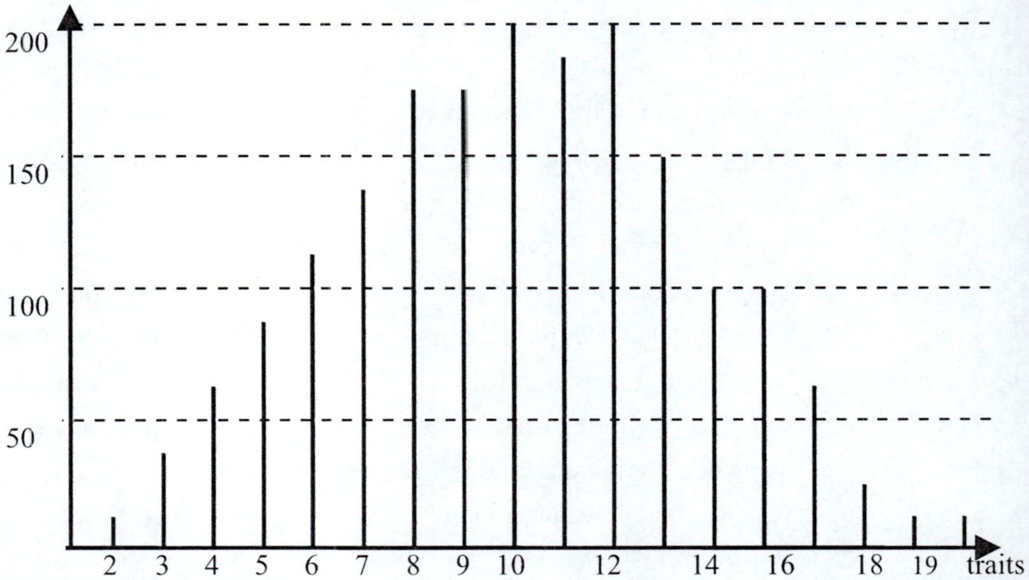

On peut rechercher les Kanji à faible (2 ou 3) ou fort (≥18) nombre de traits par ce critère ; ils y en a peu. Pour les autres, il s'avère plus rapide d'utiliser les index de "clés" ou "radicaux".

– CARACTERES rangés sous la clé de l'ARBRE, du BOIS : 木 kihen –

– CARACTERES rangés sous la clé du POISSON 魚 : sakana/uō

__Pesked__
__Poisson__

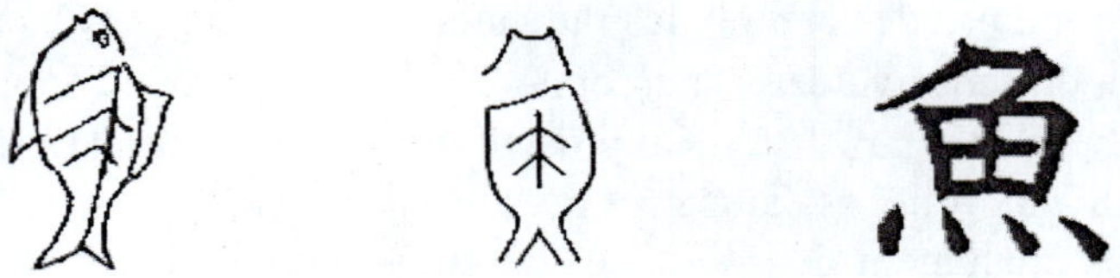

鮪 まぐろ – *Thon – Le poisson dur à attraper, à avoir （有）*

鯨 くじら – *Baleine – Le poisson "capitale" （東京）*

鰯 いわし – *Sardine – Le poisson "faible", facile à attraper （弱い）*

鮃 ひらめ – *Turbot – Le poisson plat （平ら）*

舌鮃 したびらめ – *Sole – Le poisson plat, comme la langue ? （舌 ou 下）*

鰈 かれい – *Limande – Le poisson qui "tombe" comme une feuille （葉）*

鮹 たこ – *Poulpe – Le poisson dont les bras tombent le long du corps（肖）*

鯣 するめ – *Seiche séchée – ....séchée au soleil （易）*

鯖 さば – *Maquereau – Le poisson au dos bleu-vert "glas, glaz" （青い）*

鮟 あんこ – *Baudroie, lotte – Le poisson paisible, tranquille （安）*

鮭 さけ – *Saumon – Le poisson qui remonte dans les terres（圭）*

鯉 こい – *Carpe – Le poisson des rivières et des villages （里）*

鮎 あゆ – *Truite – Le poisson de la divination （占う）*

鯱 しゃち – *Orque – Le poisson tigre （虎）*

飛魚 とびうおう – *Le poisson volant （飛ぶ）*

鱈 たら – *Morue – Le poisson des neiges （雪）*

鮑 あわび – *Ormeau – L'animal marin entouré comme un fœtus （包）*

水母 くらげ – *Méduse – La "mère de l'eau" ou l'eau-mère ? （母）*

Jean-Claude MARTIN
Salon du livre maritime
Concarneau – Konk-Kerne

- FAMILLES DE RADICAUX -

Dans le "Mémento et dictionnaire des Kanji", les radicaux sont regroupés par famille dans l'index du même nom (page 189). Dans le cours, on retrouve dans la colonne "音索引"de la page de gauche, pour chaque Kanji étudié, la famille complète correspondant aux 1945 Kanji usuels. Ce champ élargi permet de mieux comprendre le lien sémantique qui, le plus souvent, relie les caractères de la famille.
En outre, l'examen permet également de voir si le son sino-japonais d'origine a bien été conservé. C'est le cas pour les quatre familles que vont être citées en exemple : KŌ 工, JI 寺, HAN 反 et HŌ 方. Mais cela est également vrai pour les familles DŌ 同, HI-HA 皮, HŌ 包, I 韋, KA 化, SHI 司, SHŌ 召, SŌ 曽...

Cas de "**KŌ** " 工

工 KŌ. Le radical représente un ancien outil de menuisier - un foret à archet ? - dont la forme s'apparente à une équerre. Il symbolise à la fois l'artisan, l'ouvrier, le constructeur et les travaux qu'ils réalisent.

Six Kanji usuels sont formés sur ce radical : 功 江 攻 紅 貢 項

功 KŌ, KU. Au radical 工, symbolisant le travail, est accolé la clé de la force nerveuse 力. Un travail exécuté en force peut confiner à l'exploit ; il est, en tout cas, digne de mérite.

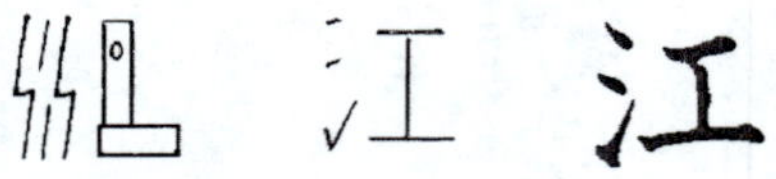

江 KŌ, é. Au radical de l'équerre du menuisier, qui donne forme aux choses, on ajoute la clé de l'eau 氵. L'eau prend forme dans une baie, un golfe. On peut aussi considérer qu'une baie résulte du travail des eaux sur les côtes.

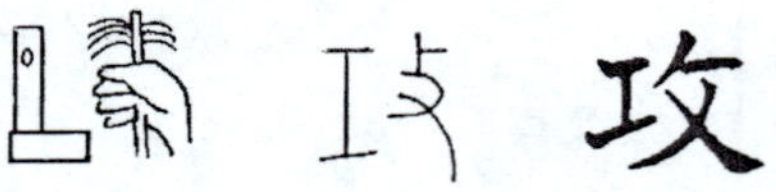

攻 KŌ, sé(méru). le radical 工, symbole du travail, se prononce comme 叩 : attaquer. La clé est celle de la main au fouet. L'incitation doit convaincre les énergies défaillantes, au sens propre, "d'attaquer" et, au sens figuré, de chercher des solutions aux travaux en cours.

紅 KŌ, KU, béni, kurénai. Le radical, symbole du travail artisanal, désigne ici la teinture car il est complété par la clé du fil 糸. La teinte la plus répandue en Asie autrefois était le rouge foncé, le cramoisi.

貢 KŌ, KU, mitsu(gu). Le radical, symbole du travail, est complété par la clé de l'argent 貝. Autrefois, en Asie comme partout, les villageois acquittaient leur tribut au seigneur en réalisant pour lui des travaux domestiques. Par extension, le sens s'étend à la notion d'aide financière.

項 KŌ. Le radical représente ici, au sens propre, l'équerre du constructeur, de l'architecte. On y ajoute la clé de la tête, symbole, bien évidemment des choses importantes. La partie importante des spécifications architecturales sont les clauses, articles, paragraphes d'un contrat.

– FAMILLES DE RADICAUX –

Cas de "JI" 寺

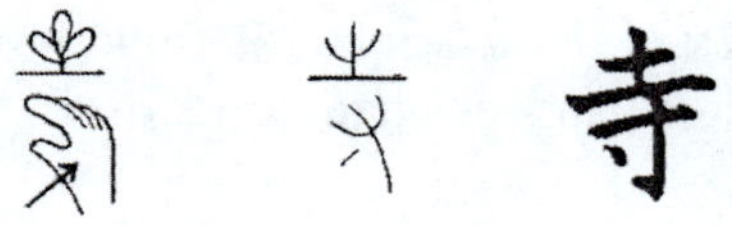

寺 JI, téra. Ce radical est constitué par l'image d'une plante sortant de terre 土 symbole de l'action continue et de 寸 : la loi. Il exprime donc l'idée de loi appliquée avec continuité. Ces endroits d'où émanaient la loi autrefois étaient la cour ou le temple.

Sept Kanji usuels sont formés sur ce radical : 侍 待 持 時 特 等 詩 :

侍 JI, samouraï. Au radical signifiant la cour, on le temple, on adjoint la clé de l'homme 亻. L'homme qui se rendait à la cour était le dignitaire, le samouraï ; celui qui allait étudier au temple, le lettré.

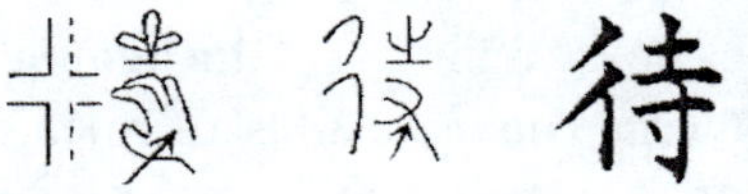

待 TAI, machi, ma(tsu). Au radical qui désigne ici un endroit fixé - suivant une loi , un lieu de rendez-vous, on ajoute la clé "aller" 彳. Aller à un rendez-vous implique l'attente qui le précède.

持 JI, mo(chi), mo(tsu). Au radical signifiant la cour, le temple, on joint la clé de la main 扌, symbole universel de possession. Historiquement, les nobles et les religieux furent, à l'encontre du peuple, les premiers à avoir, posséder, conserver des biens de valeur.

時 JI, toki. Le radical 寺 décrit le temple, l'institution garante de la loi. La clé du soleil 日 y est associée. La position du soleil permettait aux bonzes d'estimer l'heure ; cette expression de la loi du temps.

特 TOKU. Au radical 寺, on ajoute la clé du bovin 牛. Le caractère signifie alors "spécial" vraisemblablement à cause de la loi, du statut particulier de cet animal au sein du troupeau. Selon d'autres sources, le sens tirerait son origine des conditions spéciales réservées aux bovins dans la religion hindoue, source du bouddhisme.

等 TŌ. Au radical signifiant l'endroit où la loi appliquée avec continuité, est associée la clé du bambou 竹. La loi consistait à répartir les terres par rang, classes, lots égaux marqués par des plaquettes de bambou.

詩 SHI. Le radical, à prendre ici dans son sens premier de loi appliquée avec continuité, est associé à la clé de la parole, du discours 言. Les paroles qui suivent des lois (de la rime) sans faillir, sont les poèmes, les chants.

Enfin pour compléter la série, et bien qu'il ne fasse pas partie des Kanji usuels, signalons le caractère 痔 : les hémorroïdes, la maladie 疒 dont étaient souvent victimes les prêtres, ces sédentaires passant la majeure partie de leur vie assis, à recopier les textes sacrés.

- FAMILLES DE RADICAUX -

C a s   d e   "HŌ " 方

方 BŌ. Le radical signifie la "direction". Son graphisme représente pour certains une fourche, une bêche qui, en traçant son sillon indique une direction. Pour d'autres il s'agirait de la déformation d'une croix bouddhique tournée dans les quatre directions.

Dix Kanji usuels sont formés sur ce radical: 坊 妨芳 防 房 放 肪 倣 紡 訪

坊 BŌ. Au radical 方, symbolisant la direction, est associée 1a clé de 1a terre 土. La terre alignée, c'est une digue ou une zone urbaine. Par un cheminement difficile à expliquer le caractère en est venu à signifier la "cellule du bonze" et, par extension, le jeune bonze lui-même.

妨. BŌ, samata(géru). Le radical, symbolisant la direction, est complété par la clé de la femme 女. La femme, autrefois cantonnée dans une position subalterne, ne pouvait s'affirmer qu'en s'opposant. C'était sa "direction", symbole pour le scribe misogyne d'opposition, d'obstruction, d'empêchement.

芳. HŌ, kanba(shi). le radical, symbolisant la direction, est coiffé par la clé de l'herbe, des plantes, des fleurs. La direction de la fleur est indiquée par sa –bonne- odeur, sa fragrance. Par extension, le caractère signifie "favorable".

防. BŌ, fusé(gu). Au radical exprimant la direction est adjoint la clé de la terre accumulée 阝. La terre accumulée dans une direction donnée, c'est la digue ; digue qui est faite pour protéger, défendre les terres.

房.BŌ, fusa. Le radical "direction" est suggéré par la bêche qui divise les champs ou la croix qui divise l'espace. Avec la clé de la porte 戸, cela décrit la maison divisée en chambres. Par extension aux plantes, les touffes, grappes ...

放. HŌ. hana(tsu). La direction qui est, ici, celle de l'exil et la clé de "la main au fouet 攴". Autrefois on relâchait, libérait, laissait aller, les condamnés à l'exil après les avoir fouettés.

肪.BŌ. Le radical n'a ici qu'un contenu phonétique. Le son 'bo" est proche de "hi" E :l'engrais, le gras. Avec la clé de la chair, le caractère signifie la graisse, le suif.

倣 HŌ, nara(u). Le radical exprime à la fois la direction et l'action soutenue (方). S'y ajoute la clé de l'homme イ. L'homme prend intensément (de façon soutenue) la "direction" de ses semblables lorsqu'il les imite.

紡.BŌ, tsumu(gu). Au radical signifiant la direction est adjoint la clé du fil 糸. Quand un fil a pris une direction, a été orienté, c'est qu'il a été filé.

訪.HŌ, otozu(réru), tazu(néru). Le radical "direction" et la clé de la parole 言, du discours. C'est à l'occasion d'une visite que l'on peut le mieux `"orienter" le mieux ses paroles - ou celles de son hôte.

- FAMILLES DE RADICAUX -

Cas de “HAN” 反

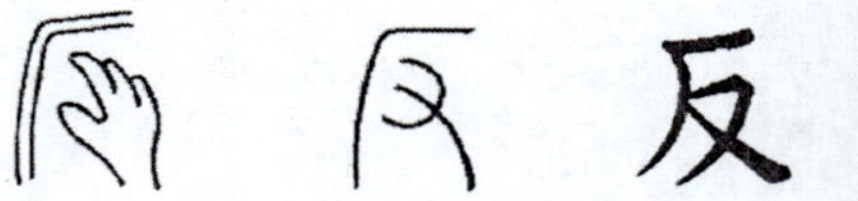

反 HAN, le radical, représente une main qui fait tourner ou appuie sur une planche. Au sens propre, l'action décrit l'impression - par bloc de bois - ou la courbure. Au figuré, l'image évoque la réaction, le contraire, alors que le retour à une position initiale après déformation, autorisé par l'élasticité du matériau, symbolise la répétition.

Six Kanji usuels sont formés sur ce radical : 坂 返 板 版 販 飯 :

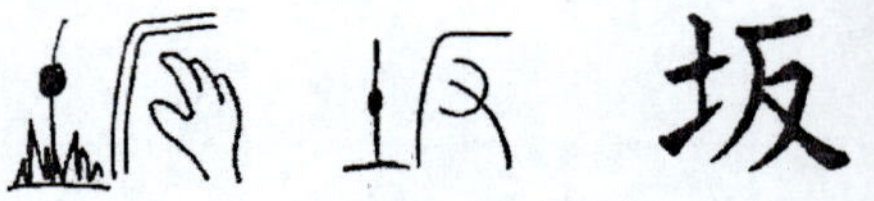

坂 HAN, saka. Au radical, qui évoque ici la courbure, on ajoute la clé de la terre 土 Une terre au profil courbe, c'est une déclivité, une pente de colline...

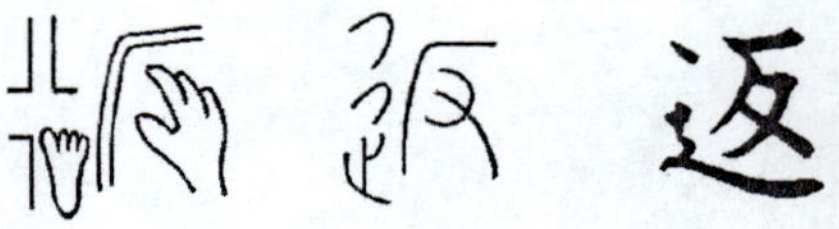

返 HEN, kaésu. Au radical qui symbolise ici le retour à une position initiale, on ajoute la clé 辶. Aller remettre les choses à leur place, c'est rendre, retourner, repayer.

板 HAN, BAN, ita. Au radical, à prendre ici au sens propre de planche, on ajoute la clé du bois 木 dont elle est faite. Il s'agit sans conteste de planche.

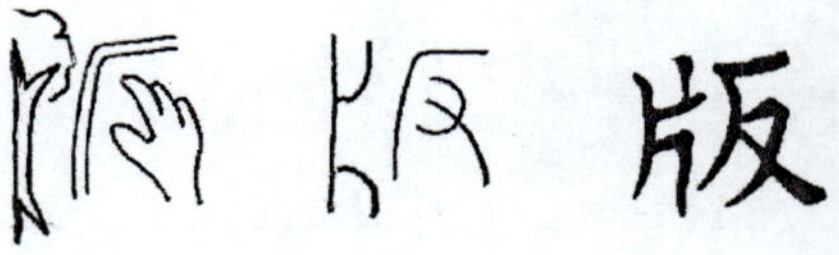

版 HAN, BAN. Au radical à prendre au sens propre de main qui presse un élément de bois, est accolé la clé 片 - le demi-arbre, la demie planche, la matrice en bois. Avec les techniques de l'époque, ce caractère signifie impression, édition.

販 HAN. Le radical, à prendre ici au sens figuré de répétition, est combiné avec la clé de l'argent 貝 pour signifier vente, négoce. Sans utiliser les termes de marketing, les vendeurs devaient déjà répéter leurs arguments, insister pour vendre.

飯 HAN, méshi. Au radical, à prendre ici dans son acception figurée de répétition, on ajoute la clé de la nourriture 食. Une nourriture qui se répète, c'est le repas quotidien ;

- PRINCIPE DE LECTURE DES KANJI -

LECTURES SINO-JAPONAISES ET JAPONAISES

L'homme | La bouche | L'Est

恋 人 口 東 京

Lecture japonaise (kunyomi) 訓読み	hito, bito ひと, びと Ex : 恋人 こいびと les amoureux	kuchi, guchi higashi くち, ぐち ひがし Ex : 東(出)口 ひがし(で)ぐち sortie Est
Lecture sino-japonaise (onyomi) 音読み	JIN – NIN KŌ -KŪ ジン, ニン コウ, ク Ex : 人口 ジンコウ la population	TŌ KYŌ トウ キョウ Ex : 東京 トウキョウ TOKYO

Exemples de lectures avec les même radicaux phonétiques 東 et 口. D'où, en théorie, même prononciation sino-japonaise que la radical de base

方向 ← 向 コウ ホウコウ	凍傷 ← 凍 トウ トウショウ
皇后 ← 后 ゴウ コウゴウ	病棟 ← 棟 トウ ビョウトウ

Remarques

- seules les lectures des trois caractères centraux ont été détaillées. Il va de soi qu'on pourrait aussi le faire pour les deux caractères 恋 et 京 dont on n'a utilisé ici qu'une seule lecture
- les exemples de composés sont soit des lectures "KUN-KUN" soit "ON-ON" :
  La majorité des composés (80% environ) se lisent en "ON-ON"
  10% en "KUN-KUN" (en particulier pour les noms propres et les noms géographiques du Japon)
  Les 10% restant regroupent les lectures mixtes "ON-KUN" et "KUN-ON".

- LECTURES SINO-JAPONAISES "ON" ET JAPONAISES "KUN"-

dont Kanji utilisés seuls en lecture "ON"

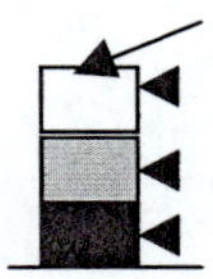

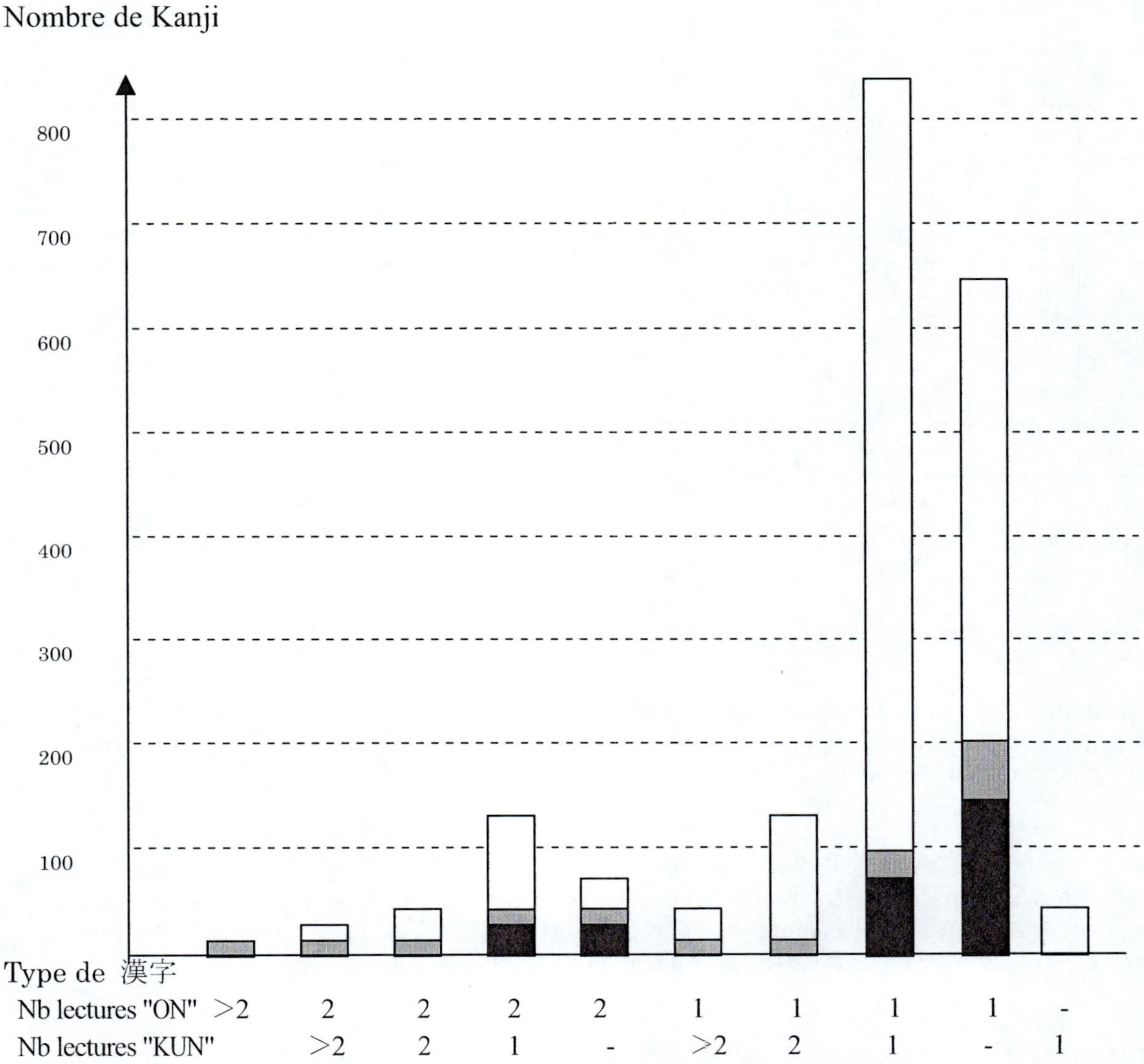

L'ensemble des 1945 Kanji usuels + 3 non usuels = 1948 Kanji du Mémento (100%) totalise 3415 lectures dont 1917 lectures "ON" et 1498 lectures "KUN"

soit ~ 1,8 lecture par Kanji (1 lecture "ON" et 0,8 "KUN")

Sur les 1948 -304 (16 %) peuvent être utilisés seuls en lecture "ON" comme noms
- 130 (6,8%) " " " sous une autre forme (*)

(*) chiffre, unité, préfixe, suffixe, adjectif, verbe, adverbe

- ECRITURE DES KANJI -

SYLLABAIRES KANA

ORIGINE DES HIRAGANA ET KATAKANA

あ 安	い 以	う 宇	え 衣	お 於
か 加	き 幾	く 久	け 計	こ 己
さ 左	し 之	す 寸	せ 世	そ 曽
た 太	ち 知	つ 川	て 天	と 止
な 奈	に 仁	ぬ 奴	ね 祢	の 乃
は 波	ひ 比	ふ 不	へ 部	ほ 保
ま 末	み 美	む 武	め 女	も 毛
や 也		ゆ 由		よ 与
ら 良	り 利	る 留	れ 礼	ろ 呂
わ 和				を 遠
ん 无				

ア 阿	イ 伊	ウ	エ 江	オ
カ	キ	ク	ケ 介	コ
サ 散	シ	ス 須	セ	ソ
タ 多	チ 千	ツ	テ	ト
ナ	ニ	ヌ	ネ	ノ
ハ 八	ヒ	フ	ヘ	ホ
マ	ミ 三	ム 牟	メ	モ
ヤ		ユ		ヨ 與
ラ	リ	ル 流	レ	ロ
ワ				ヲ 乎
ン 尓				

Les syllabaires ont été créés au Japon, au septième siècle, à partir des Kanji dont ils reprennent une partie -en la simplifiant dans certains cas. Les tableaux qui précédent en rappellent l'origine. Le lien est évident pour ceux qui connaissent les Kanji.

Mais comme les étudiants occidentaux abordent en général l'apprentissage de l'écriture japonaise par les syllabaires et qu'ils éprouvent des difficultés à mémoriser les formes graphiques, on leur fournit parfois des moyens mnémotechniques - tels que des représentations d'animaux aux formes vaguement ressemblantes...- pour les aider au début de leurs études.

C'est la raison des illustrations présentées dans certains ouvrages ou cours. Ces illustrations ne doivent pas faire oublier pour autant la véritable origine des syllabaires.

- ECRITURE DES HIRAGANA -

おこそとのほもよろを
えけせてねへめれ
うくすつぬふむゆるん
いきしちにひみり
あかさたなはまやらわ

- REGLES D'ECRITURE – Exemple de 永

Le Kanji "EI" est *éternellement* cité en exemple car son tracé implique la mise en oeuvre de huit des principales règles d'écritures. Les connaître permet de composer la majorité des caractères.

Rappelons la teneur de ces règles

Oblique montant
droit effilé
Effiler en relevant
progressivement
le pinceau

Trait horizontal
Démarrer à gauche en
trois angles puis
Accélérer la vitesse
du tracé au centre

Point
Bien réaliser les
trois angles

Oblique descendant
gauche effilé
Effiler en relevant
progressivement
le pinceau

Oblique descendant
gauche large
Relâcher la force
sur le pinceau en
fin de tracé

Trait vertical
simple
Revenir un peu
en hauteur pour
arrêter le trait

Trait vertical terminé
par un crochet
En fin de trait vertical,
remonter avant de
tirer le crochet à gauche

Oblique descendant
droit large
Tracé difficile
Voir détail
page de droite

Crochet large
Changement
directions à
même hauteur

Angle droit
Noter les trois
changements de
directions
à l'angle

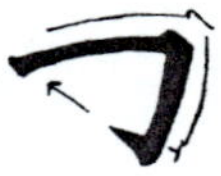

Forme en "マ"
Angle identique
à angle droit
Extrémité crochet
vers pointe gauche

Clé de la bouche
En écriture
ronde, le coin
haut droit se trace
en arrondi

Clé "couvrir"
Noter
l'amincissement
avant l'angle
de droite

Clé "aller"
Partie gauche un
peu inclinée,
inférieure cf.
"Oblique descen-
dant large"

Forme en て
Tracé difficile
Voir détail
.page de droite

Crochet oblique
relevé
A l'extrémité basse
de l'oblique, remontée
après un angle droit

Clé de la
clôture
Attention à
l'ouverture °
den coin bas
à droite

Trois traits
horizontaux
Celui du centre
moins large
Quelle est belle
l'asymétrie !

- REGLES D'ECRITURE – Exemples de 春 et 風

Cas des traits obliques larges

Commencer par poser le pinceau légérement. Ensuite, en descendant augmenter la pression tout en gardant le pinceau vertical. Arriver à l'horizontale en l'inclinant vers la droite. Continuer à droite en le relevant progressivement pour terminer en pointe.
La difficulté du tracé consiste à bien synchroniser les mouvements simultanés de pression et d'inclinaison

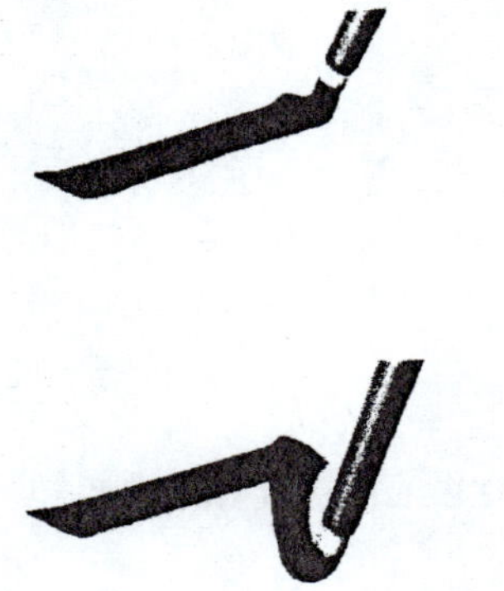

Même principe qu'au dessus. Cependant, dans ce cas, les changements de pressions aussitôt après l'introduction et aux angles sont nets (pas progressifs).

Symétrie et tracé des angles de carrés

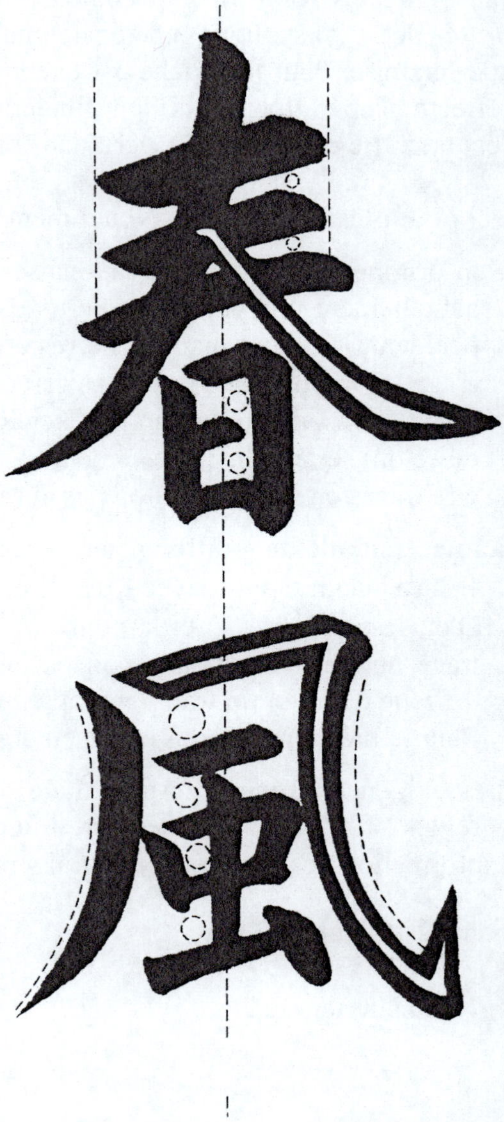

風　春

Ces deux Kanji illustrent les règles de symétrie et de tracé des traits obliques détaillées à gauche.
Ainsi que les onuvertures - indiquées par un cercle pointillé - à ménager dans le tracé au pinceau des angles de carré. A noter que cette règle ne s'applique pas dans les textes imprimés où le carré est fermé (cf. caractères imprimés ci-dessus).

- ECRITURE DES KANJI - ORDRE DES TRAITS -

Pour écrire les Kanji, il faut connaître les règles d'écriture évoquées précédemment, mais aussi l'ordre des traits. Pour un occidental en début d'études, cette contrainte semble parfois superfétatoire. Pour la bouche par exemple, il doit tracer un carré. Quelque soit l'ordre dans lequel il effectue l'opération, s'il obtient finalement son carré, il parait avoir réussi.
C'est faux. Le carré doit être écrit dans un ordre donné et une seul.

Ceci pour plusieurs raisons. Notamment :

- Son origine. L'écriture sino-japonaise se traçait, à, verticalement, de droite à gauche. Même si actuellement une partie des écrits est réalisée horizontalement de gauche à droite comme en occident, l'écriture manuscrite reste marquée par sa genèse. Les règles de base (numéro 1／ et 2／) imposent de tracer les caractères de haut en bas et de gauche à droite.
  Donc, après avoir écrit un premier Kanji, il faut pour le suivant repartir du haut - à l'encontre de ce qui se fait chez nous en cursif. De même les "accents" de tête, comme dans 永, doivent être tracés en premier et non pas après avoir écrit la "lettre" comme avec "e" et "é".
- La nécessite de bien différencier les caractères. Pour cela, il faut arrêter parfaitement les traits : 田 n'a aucun rapport avec 由, 甲 ou 申 ; 矢 signifie la flèche et 失う perdre....
  D'où les règles 3／ et surtout 4／, car on peut "viser" le bas d'un trait vertical quand on trace un trait horizontal (non caché par la main, contrôle du trait "facile"), alors qu'il est difficile d'arrêter un trait vertical à un endroit précis. Faites l'expérience !
  Pour la même raison, on ferme en dernier les clés du type "clôture" (cf. 5／)
- Les exigences d'équilibre graphique. Pour réaliser de tracés symétriques, il faut appliquer les règles 6／ et 7／. Inversement, il faut savoir créer des dissymétries (cf. le caractère 三 page p).
- La formation des caractères aux traits incurvés ou obliques (Règles 8／, 9／et 10／).

Voici les 10 règles de base :

1／Du haut vers le bas

Ex 一 二 三 | 一 亠 亠 亖 言 言

2／De la gauche vers la droite

Ex : 丿 川 川 | 丶 丷 ⺍ ⺍ 𭕄 学 学 学
Sauf pour les clés 廴, 辶 et 匚 (comme dans 直) qui sont écrites en dernier

Ex : 一 厂 斤 斤 丶斤 沂 近

3／Trait horizontal avant trait vertical

Ex : 一 十 土 | 一 十 古 古 古 | 一 七 | 一 ナ 大
一 寸 寸 | 一 十 卄 廾 共 共 | 一 二 井 井

Sauf pour les caractères de type 田 ou 気 où la règle 1／ l'emporte

Ex : 丨 冂 日 田 田 | 丿 𠂉 牛 牛 生

4／Si trait vertical non sécant, toujours boucler par le trait horizontal

Ex : 一　十　土　et non 一　二　土 (Exception à la règle : 書)

5／Pour clé du type "clôture", tracer la clôture à l'exception du dernier trait, puis l'élément intérieur et enfin boucler par le trait horizontal du bas

Ex : 丨 冂 冂 冃 冃 国 国 国 | 一 ㇇ 㐅 区 | 丨 厂 ㄏ 戶 戸 臣 臣 臣

6／Pour caractère symétrique avec partie centrale non sécante, tracer d'abord le trait central, puis les éléments symétriques (Sans cela, la symétrie serait plus difficile à assurer)

Ex : 亅 小 小 | 丨 丷 业 当 当 当 | 业 业 业 业 丵 丵 業

Exceptions : clés 忄 (丶 忄 忄) et 火 (丶 丷 少 火)

7／Pour caractère symétrique (ou assimilé) avec partie centrale sécante, tracer le trait central en dernier

Ex : 丨 冂 口 中 | 一 厂 百 百 亘 亘 車 | 丨 冂 日 日 申

8／Si trait sécant horizontal, le tracer en dernier (corollaire de 4／)

Ex : 人 女 女 | ㇇ 了 子 | ノ 丿 舟 舟 舟 舟 (mais pas 世)

9／Pour caractère à 2 traits incurvés (jetés), tracer d'abord le trait gauche

Ex : 丶 亠 ナ 文 | ノ ハ ク 父 | ノ 入

10／Si intersection d'un trait horizontal et d'un trait incurvé à gauche, tracer d'abord le trait le plus court

Ex : 一 ナ 左 左 左 | 一 ナ 方 友 mais ノ ナ 才 右 右 | ノ ナ 冇

Il faut souligner que si les règles de base sont justifiées - ou au moins justifiables-, on trouve des cas particuliers où deux modes d'écriture s'avèrent possibles , comme dans :
- les caractères de type ⺊ (Ex : 止, 正, 足...) qui s'écrivent dans l'ordre 丨 ⺊
mais qui dans 上, 占, 店 peuvent aussi s'écrire avec ⺊ dans l'ordre : - ⺊ (style gyōsho)
- 耳 s'écrit 一 丆 下 下 芷 耳 mais la clé s'écrit 一 丆 丌 丌 耳 耳
- 必 s'écrit 丶 乚 心 必 ou ノ 乄 必 必 ...

Rappelons enfin que quelques fonctionnaires zélés introduisent encore de nos jours, à la marge heureusement, des modifications dans ces règles d'écriture. Des règles pourtant vielles de plus de deux mille ans ! Si donc les principes de base doivent être respectés et appliqués, il semble que l'on puisse voir avec plus de recul les points de détail, surtout s'ils ont été introduits récemment,.

t

- COURS DE 漢字 – CLASSEMENT PAR LECON -

Premier niveau : 210 漢字

①	一	二	三	四	五	六	七	八	九	十	百	千	日	月	火	Chiffres Temps
②	水	木	金	土	曜	年	時	分	人	男	女	子	母	父	口	Personne Corps
③	耳	目	手	足	心	上	下	左	右	外	内	午	前	後	小	Place Grandeur
④	中	大	学	生	先	校	言	語	国	本	何	刀	力	方	万	Ecole Pays-Clés
⑤	行	見	来	聞	出	書	川	山	林	森	松	竹	米	糸	円	Verbes Nature
⑥	毎	週	朝	昼	夜	夕	春	夏	秋	冬	今	間	半	南	西	Espace Géographie
⑦	北	東	京	都	阪	州	家	駅	町	村	室	会	社	門	庭	Lieu
⑧	名	紙	線	石	車	雨	電	事	物	天	気	私	者	友	魚	Mots Etres animés
⑨	鳥	馬	牛	犬	虫	肉	入	話	読	続	売	買	立	食	着	Verbes
⑩	好	休	帰	作	切	考	思	知	通	止	歩	走	合	白	赤	Couleurs
⑪	黒	青	黄	新	明	長	短	太	高	早	枚	個	和	仏	英	Adjectifs Suffixes
⑫	映	辞	典	字	文	花	葉	空	星	雲	風	雪	光	海	池	Pays Littérature
⑬	谷	地	野	田	畑	原	道	首	頭	顔	歯	体	毛	自	親	Nature Corps
⑭	兄	姉	弟	妹	妻	工	場	所	店	市	商	品	質	研	究	Famille Professionnel Mots

Deuxième niveau : 276 漢字

⑮	機	械	理	科	計	算	数	歌	声	絵	画	図	形	色	記	Arts
⑯	試	験	答	点	才	玉	王	戸	台	音	元	世	界	番	不	Autres Mots
⑰	組	運	転	練	習	建	写	真	病	医	院	薬	酒	飯	氷	
⑱	貝	草	麦	茶	寺	特	別	船	美	術	館	引	当	交	教	
⑲	楽	用	回	晴	待	持	使	飲	寝	起	取	遊	動	助	急	Verbes
⑳	乗	正	遠	近	強	弱	多	少	広	古	同	重	暗	暑	寒	Adjectifs
㉑	冷	静	悪	産	業	開	発	閉	関	係	予	契	約	実	地	Professionnel
㉒	仕	務	役	員	銀	費	貸	輸	置	型	指	録	鉄	結	号	
㉓	路	荷	橋	航	港	飛	受	伝	全	部	屋	洋	服	旅	以	Mots
㉔	有	集	守	住	送	返	選	消	終	打	泳	向	死	退	招	Verbes
㉕	注	意	安	案	念	故	証	状	法	去	昨	晩	代	度	最	Idées Temps
㉖	卒	勉	筆	説	問	題	次	例	失	礼	様	君	申	願	式	Education Politesse
㉗	身	側	性	植	落	由	岸	園	両	借	族	活	公	級	面	Famille Social
㉘	良	温	昭	横	料	利	味	堂	階	球	期	秒	主	詩	命	Adjectifs Mots
㉙	岩	湖	根	湯	陽	炭	油	波	県	島	深	軽	細	直	平	Nature Adjectifs
㉚	定	決	進	整	調	帳	農	客	化	具	丁	配	局	庫	第	Adjectifs Professionnel
㉛	投	流	育	曲	登	放	表	拾	勝	負	婚	祭	神	宮	柱	Verbes Rituel
㉜	列	反	対	坂	板	皮	血	角	他	輪	章	童	緑	等	息	Mots
㉝	悲	痛	苦	感	幸	福										Sentiments

- COURS DE 漢字 – CLASSEMENT PAR LECTURE 音-

ア
- 悪 ㉑ o
- 安 ㉕ o
- 暗 ⑳
- 案 ㉕

イ
- 以 ㉓ o
- 意 ㉕ o
- 医 ⑰ o
- 育 ㉛
- 一 ① *
- 員 ㉒ o
- 引 ⑱
- 飲 ⑲ o
- 院 ⑰ o

ウ
- 右 ③ *
- 雨 ⑧ *
- 運 ⑰ o
- 雲 ⑫

エ
- 英 ⑪ o
- 映 ⑫ o
- 泳 ㉔
- 駅 ⑦ o
- 円 ⑤ *
- 園 ㉗
- 遠 ⑳

オ
- 黄 ⑪
- 横 ㉘
- 王 ⑯
- 屋 ㉓ o
- 温 ㉘
- 音 ⑯ o

カ
- 下 ③ *
- 化 ㉚
- 花 ⑫ o
- 何 ④ *
- 夏 ⑥ o
- 家 ⑦ o
- 科 ⑮
- 歌 ⑮ o
- 火 ① *
- 荷 ㉓
- 画 ⑮ o
- 会 ⑦ o
- 回 ⑲
- 械 ⑮
- 海 ⑫ o
- 界 ⑯ o
- 絵 ⑮
- 開 ㉑ o
- 階 ㉘
- 貝 ⑱
- 外 ③ *
- 角 ㉜
- 学 ④ *
- 楽 ⑲ o
- 活 ㉗
- 寒 ⑳
- 関 ㉑
- 館 ⑱ o
- 感 ㉝
- 間 ⑥ *
- 岸 ㉗
- 岩 ㉙
- 顔 ⑬
- 願 ㉖

キ
- 期 ㉘
- 機 ⑮
- 帰 ⑩ o
- 気 ⑧ *
- 記 ⑮
- 起 ⑲ o
- 客 ㉚
- 休 ⑩ *
- 宮 ㉛
- 急 ⑲ o
- 球 ㉘
- 究 ⑭ o
- 級 ㉗
- 牛 ⑨ o
- 去 ㉕ o
- 魚 ⑧ o
- 京 ⑦ o
- 強 ⑳ o
- 教 ⑱ o
- 橋 ㉓
- 業 ㉑ o
- 局 ㉚
- 曲 ㉛
- 玉 ⑯
- 近 ⑳ o
- 金 ② *
- 銀 ㉒ o

ク
- 九 ① *
- 苦 ㉝
- 具 ㉚
- 空 ⑫ o
- 君 ㉖

ケ
- 係 ㉑
- 兄 ⑭ o
- 型 ㉒
- 契 ㉑
- 形 ⑮
- 計 ⑮ o
- 軽 ㉙
- 決 ㉚
- 結 ㉒
- 血 ㉜
- 月 ① *
- 建 ⑰ o
- 犬 ⑨ o
- 研 ⑭ o
- 県 ㉙
- 見 ⑤ *
- 験 ⑯ o
- 元 ⑯ o
- 原 ⑬
- 言 ④ o

コ
- 個 ⑪
- 古 ⑳ o
- 故 ㉕
- 湖 ㉙
- 庫 ㉚
- 戸 ⑯
- 五 ① *
- 午 ③ *
- 後 ③ *
- 語 ④ *
- 交 ⑱
- 光 ⑫
- 公 ㉗
- 口 ② o
- 向 ㉔
- 好 ⑩
- 工 ⑭ o
- 幸 ㉝
- 広 ⑳ o
- 校 ④ *
- 港 ㉓
- 考 ⑩ o
- 航 ㉓
- 行 ⑤ *
- 高 ⑪ *
- 号 ㉒
- 合 ⑩
- 国 ④ *
- 黒 ⑪ o
- 谷 ⑬
- 今 ⑥ *
- 婚 ㉛
- 根 ㉙

サ
- 左 ③ *
- 最 ㉕
- 妻 ⑭
- 才 ⑯
- 祭 ㉛
- 細 ㉙
- 作 ⑩ o
- 昨 ㉕
- 三 ① *
- 山 ⑤ *
- 産 ㉑
- 算 ⑮

シ
- 仕 ㉒ o
- 使 ⑲ o
- 四 ① *
- 始 ㉑ o
- 姉 ⑭ o
- 子 ② *
- 市 ⑭
- 思 ⑩ o
- 指 ㉒
- 止 ⑩ o
- 死 ㉔ o
- 私 ⑧ o
- 糸 ⑤
- 紙 ⑧ o
- 詩 ㉘
- 試 ⑯ o
- 歯 ⑬
- 事 ⑧ o
- 字 ⑫ o
- 寺 ⑱ o
- 持 ⑲ o
- 時 ② *
- 次 ㉖
- 耳 ③
- 自 ⑬ o
- 辞 ⑫
- 式 ㉖
- 七 ① *
- 失 ㉖
- 室 ⑦ o
- 質 ⑭ o
- 実 ㉑
- 写 ⑰ o
- 社 ⑦ o
- 者 ⑧ o
- 車 ⑧ *
- 借 ㉗ o
- 弱 ⑳
- 主 ㉘ o
- 取 ⑲
- 守 ㉔
- 手 ③ o
- 酒 ⑰
- 首 ⑬
- 受 ㉓
- 州 ⑦
- 拾 ㉛
- 秋 ⑥ o
- 終 ㉔ o
- 習 ⑰ o
- 週 ⑥ o
- 集 ㉔ o
- 十 ① *
- 重 ⑳ o
- 住 ㉔ o
- 出 ⑤ *
- 術 ⑱
- 春 ⑥ o
- 所 ⑭
- 暑 ⑳
- 書 ⑤ *
- 助 ⑲
- 女 ② *
- 勝 ㉛
- 商 ⑭
- 小 ③ *
- 少 ⑳ o
- 招 ㉔
- 昭 ㉘
- 松 ⑤
- 消 ㉔
- 章 ㉜
- 証 ㉕
- 上 ③ *
- 乗 ⑳
- 場 ⑭ o
- 状 ㉕
- 植 ㉗
- 色 ⑮ o
- 食 ⑨ *
- 寝 ⑲
- 心 ③ o
- 新 ⑪ o
- 森 ⑤
- 深 ㉙
- 申 ㉖
- 真 ⑰ o
- 神 ㉛
- 親 ⑬ o
- 身 ㉗
- 進 ㉚
- 人 ② *

ス
- 図 ⑮ o
- 水 ② *
- 数 ⑮

セ
- 世 ⑯ o
- 性 ㉗
- 整 ㉚
- 星 ⑫
- 晴 ⑲
- 正 ⑳ o
- 生 ④ *
- 声 ⑮
- 西 ⑥ *
- 青 ⑪ o
- 静 ㉑
- 石 ⑧
- 夕 ⑥ o
- 赤 ⑩ o
- 切 ⑩ o
- 説 ㉖
- 雪 ⑫
- 先 ④ *
- 千 ① *
- 川 ⑤ *
- 線 ⑧
- 船 ⑱
- 選 ㉔
- 前 ③ *
- 全 ㉓

ソ
- 組 ⑰
- 早 ⑪ o
- 草 ⑱
- 走 ⑩ o
- 送 ㉔ o
- 側 ㉗
- 息 ㉜
- 足 ③ o
- 族 ㉗ o
- 続 ⑨ *
- 卒 ㉖
- 村 ⑦

タ
- 他 ㉜
- 多 ⑳ o
- 太 ⑪
- 打 ㉔
- 体 ⑬ o
- 対 ㉜
- 待 ⑲ o
- 貸 ㉒ o
- 退 ㉔
- 代 ㉒ o
- 台 ⑯ o
- 大 ④ *
- 第 ㉚
- 題 ㉖ o
- 炭 ㉙
- 短 ⑪
- 男 ② *

チ
- 知 ⑩ o
- 地 ⑬ o
- 池 ⑫
- 置 ㉒
- 竹 ⑤
- 茶 ⑱ o
- 着 ⑨ o
- 中 ④ *
- 昼 ⑥ o
- 柱 ㉛
- 注 ㉕ o
- 虫 ⑨
- 丁 ㉚
- 帳 ㉚
- 朝 ⑥ o
- 町 ⑦ o
- 調 ㉚
- 長 ⑪ *
- 鳥 ⑨ o
- 直 ㉙

ツ
- 痛 ㉝
- 通 ⑩ o

テ
- 定 ㉚
- 庭 ⑦
- 弟 ⑭ o
- 鉄 ㉒
- 典 ⑫
- 天 ⑧ *
- 店 ⑭ o
- 転 ⑰ o
- 点 ⑯
- 伝 ㉓
- 田 ⑬ o
- 電 ⑧ *

ト
- 登 ㉛
- 都 ⑦
- 度 ㉕ o
- 土 ② *
- 冬 ⑥ o
- 刀 ④
- 島 ㉙
- 投 ㉛
- 東 ⑦ *
- 湯 ㉙
- 当 ⑱
- 等 ㉜
- 答 ⑯ o
- 頭 ⑬
- 動 ⑲ o
- 同 ⑳ o
- 堂 ㉘ o
- 童 ㉜
- 道 ⑬ o
- 特 ⑱ o
- 読 ⑨ *

ナ
- 内 ③
- 南 ⑥ *

ニ
- 二 ① *
- 肉 ⑨ o
- 日 ① *
- 入 ⑨ *

ネ
- 年 ② *
- 念 ㉕

ノ
- 農 ㉚

ハ
- 波 ㉙
- 馬 ⑨
- 配 ㉚
- 買 ⑨ o
- 売 ⑨ o
- 白 ⑩ *
- 麦 ⑱
- 畑 ⑬
- 八 ① *
- 発 ㉑ o
- 半 ⑥ *
- 反 ㉜
- 板 ㉜
- 坂 ㉜
- 阪 ⑦
- 飯 ⑰ o
- 晩 ㉕
- 番 ⑯

ヒ
- 悲 ㉝
- 皮 ㉜
- 費 ㉒
- 飛 ㉓
- 美 ⑱
- 筆 ㉖
- 百 ① *
- 氷 ⑰
- 表 ㉛
- 病 ⑰ o
- 秒 ㉘
- 品 ⑭ o

フ
- 不 ⑯ o
- 父 ② *
- 負 ㉛
- 部 ㉓
- 風 ⑫ o
- 服 ㉓ o
- 福 ㉝
- 仏 ⑪
- 物 ⑧ o
- 分 ② *
- 文 ⑫ o
- 聞 ⑤ *

ヘ
- 平 ㉙
- 閉 ㉑
- 米 ⑤
- 別 ⑱ o
- 返 ㉔
- 勉 ㉖ o

ホ
- 歩 ⑩ o
- 母 ② *
- 放 ㉛
- 方 ④ o
- 法 ㉕
- 北 ⑦ o
- 本 ④ *

マ
- 妹 ⑭ o
- 枚 ⑪
- 毎 ⑥ *
- 万 ④ *

ミ
- 味 ㉘ o

ム
- 務 ㉒

メ
- 名 ⑧ *
- 命 ㉘
- 明 ⑪ o
- 面 ㉗

モ
- 毛 ⑬
- 木 ② *
- 目 ② o
- 問 ㉖ o
- 門 ⑦

ヤ
- 夜 ⑥ o
- 野 ⑬ o
- 役 ㉒
- 約 ㉑
- 薬 ⑰

ユ
- 油 ㉙
- 輸 ㉒
- 友 ⑧ *
- 有 ㉔ o
- 由 ㉗
- 遊 ⑲

ヨ
- 予 ㉑
- 曜 ② o
- 様 ㉖
- 洋 ㉓ o
- 用 ⑲ o
- 葉 ⑫
- 陽 ㉙

ラ
- 来 ⑤ *
- 落 ㉗

リ
- 利 ㉘
- 理 ⑮ o
- 立 ⑨ o
- 流 ㉛
- 旅 ㉓ o
- 両 ㉗
- 料 ㉘ o
- 良 ㉘
- 力 ④ o
- 緑 ㉜
- 林 ⑤
- 輪 ㉜

レ
- 例 ㉖
- 冷 ㉑
- 礼 ㉖
- 列 ㉜
- 練 ⑰

ロ
- 路 ㉓
- 六 ① *
- 録 ㉒

ワ
- 和 ⑪
- 話 ⑨

* 4ème et o 3ème niveau de la Fondation du Japon

- PRINCIPALES CONVENTIONS D'ECRITURE -

Lectures et traductions (colonnes 5, 6 et 7 de la page gauche)

-Lecture "ON"(5ème colonne) de Kanji isolé: MAJUSCULE DROIT. Ex "KŌ"
- " " " dans un composé : " *ITALIQUE*. Ex "*KŌ*"
-Lecture japonaise "kun""(6ème colonne) : minuscule . Ex: ué(ru)
-Significations "(7ème colonne):droit = traduction; *italique = sens général dans composé*

Explications dans l'analyse (colonne centrale de la page droite)

Suivant la classification décrite en page **b**, il existe six types de Kanji, notés de [A] à [F]. Ils se différencient par la ponctuation et la place de cette ponctuation dans le texte de l'analyse. Sachant que :

- //// désigne un Kanji non repris dans l'index des radicaux phonétiques car il s'agit de clé "pure" (non phonétique) [A] ou de Kanji "unique", "orphelin" de type [D].
- qu'à l'intérieur des parenthèses on trouve le sens des phonétiques.
- que les clés sont précédées du signe "+" ou explicitées en fin de texte, entre [ ] pour les [A], on obtient les présentations correspondant aux six types de Kanji :

[A] X //// Clé "pure"----.

[B] X clé et phonétique. (--------).

[C] X phonétique (----) + --- = ----.
ou X phonétique (---------). Clé Y.

[D] X phonétique //// ---- + ---- .
ou X phonétique //// --- . Clé Y .

[E] X phonétique (---) + ---- = ----.

[F] ---+ X phonétique.(---) . ----.

Un lecteur peut, s'il le désire, retrouver ainsi le type du Kanji qu'il étudie.
Si en revanche la précision ne lui apporte rien, il peut également ignorer - ou remettre à plus tard - l'utilisation de cette fonction. Les signes distinctifs sont, nous l'espérons, suffisamment discrets pour ne pas troubler la lecture de celui qui n'éprouve pas le besoin d'en tenir compte .

On peut également rappeler, pour ceux qui ne possèdent pas le Mémento, les définitions relatives aux radicaux phonétiques (citées en tête de l'index correspondant dans le livre).
Les 1745 Kanji de l'index sont regroupés autour de 493 phonétiques de base (cf. pag. **c** du cours)

- 144 Kanji non usuels ou partie de Kanji. Ex : ナ,亼,⺍...
- 98 Clés et phonétiques [B]. Dans la liste de la famille (4ème colonne page gauche du cours), ils sont identifiés par l'* qui précède leur dénomination. Ex : * MON 門 à la leçon 5.
- 251 Kanji usuels, eux-mêmes répartis en 194 radicaux de base et 57 radicaux dérivés. Lorsque les rejetons sont suffisamment forts, ils quittent le giron familial pour aller fonder leur propre sous-famille. Ex : SEI 生 qui donne SAN 産 etc...

Il existe également des :

- simplifié [sim.]. Le radical de base a engendré un radical au graphisme simplifié.
- assimilé [ass.]. Kanji d'étymologie différente, mais regroupé par analogie graphique.

Enfin il faut noter que, dans l'index du Mémento, la famille est classée sous le son qui précède le mot "phonétique" lorsque la lecture du Kanji diffère de celle du radical d'origine
Ex : dans 右, puisque "shū → yū phonétique", le Kanji est classé au radical *YŪ* ナ
dans 後, " " yō phonétique → go" " " *YŌ* 幺

COURS DE 漢字

15 漢字 par leçon

◇ 1ère cycle : 14 premières leçons (210 漢字 de base)

◇ 2ème cycle :19 leçons suivantes (276 漢字 complémentaires)

漢字	Page Mémto	Nb traits	Clé	Radical phonétique (//// = pas à l'index)	Lecture ON	Lecture KUN	Signification	Exemples de composés (1)
一		1	一 (clé)	////	*ICHI* *ITSU*	**hito(tsu)**	un	一部 いちぶ partie, portion 一番 いちばん le plus, le premier
二	1	2	二 (clé)	*NI 二　二 仁	*NI*	**futa(tsu)**	deux	二月 にがつ février 二人 ふたり deux personnes
三	2	3	一	////	*SAN*	**mi(tsu)**	trois	三月 さんがつ mars 三日 みっか le trois
四	13	5	口	////	*SHI*	**yo(tsu)** **yo-yon**	quatre	四月 しがつ avril 四日 よっか le quatre
五	5	4	二	GO 五　五- dérivé 吾 悟 語	*GO*	**itsu(tsu)**	cinq	五月 ごがつ mai 五日 いつか le cinq
六	6	4	八	////	*ROKU*	**mu(tsu-i)**	six	六月 ろくがつ juin 六日 むいか le six
七	1	2	一	////	*SHICHI*	**nana(tsu)**	sept	七月 しちがつ juillet 七日 なぬか-なのか le sept
八	1	2	八 (clé)	////	*HACHI*	**ya-yat(tsu)**	huit	八月 はちがつ août 八日 ようか le huit
九	1	2	乙	KYŪ 九　九 究 – assimilé 軌 (KI)	*KU* *KY~~Ō~~Ū*	**kokono(tsu)**	neuf	九月 くがつ septembre 九日 ここのか le neuf
十	2	2	十 (clé)	*JŪ 十　十 汁 計 (KEI)	*JŪ*	**tō**	dix	十月 じゅうがつ octobre 十日 とおか le dix
百	18	6	白	**HAKU* 白　白 伯 (HAKU-HYŌ)　拍 泊 迫 舶 dérivé 百 ((B/H)YAKU)　楽 (RAKU)	*HYAKU* *BYAKU*		cent	三百 さんびゃく trois cents 百景 ひゃっけい cent (fameux) paysages
千	3	3	一	////	*SEN* *ZEN*	**chi**	mille	三千 さんぜん trois mille 千鳥 ちどり pluvier
日	8	4	日 (clé)	////	*NICHI* *JITSU*	**hi-*bi*　*ka***	soleil, jour	本日 ほんじつ aujourd'hui 朝日 あさひ aube, soleil levant
月	9	4	月 (clé)	////	*GETSU* *GATSU*	**tsuki**	lune, mois	来月 らいげつ mois suivant, mois prochain 三日月 みかずき croissant de lune
火	9	4	火 (clé)	*KA 火　火 灰 (かい) 畑 (はたけ) 秋 (シュウ) - dérivé 炎 (エン)	*KA*	**hi-*bi***	feu, flamme	火事 かじ feu, incendie 火鉢 ひばち brasero

☒ Le Kanji est une clé　* Le phon. de base est une clé　*Italique : ne se lit qu'en composé*

Exemples de composés (2)	ANALYSE (Radical phonétique + Clé)	CHEMINEMENT GRAPHIQUE
一般 いっぱん général ordinaire 一人 ひとり une personne	ichi //// Clé "pure". Un. Ciel et horizon symbolisent l'unité. Pour les Taoistes, "l'un" représente l'absolu, la source de toute vie.	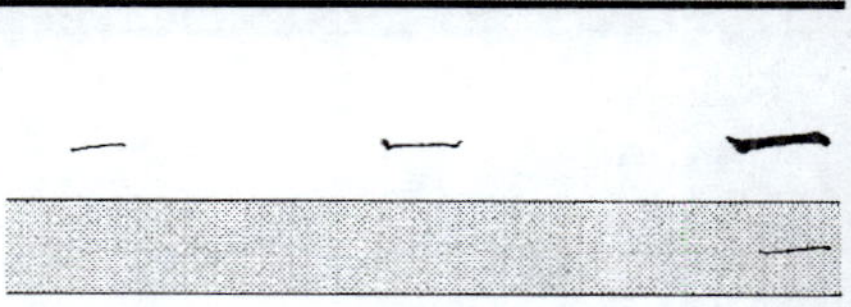
二回 にかい deux fois 二枚目 にまいめ beau garçon jeune premier	ni clé et phonétique (Deux, comme le ciel et la terre ou encore, les deux principes qui régissent le monde : le Yin et le Yang).	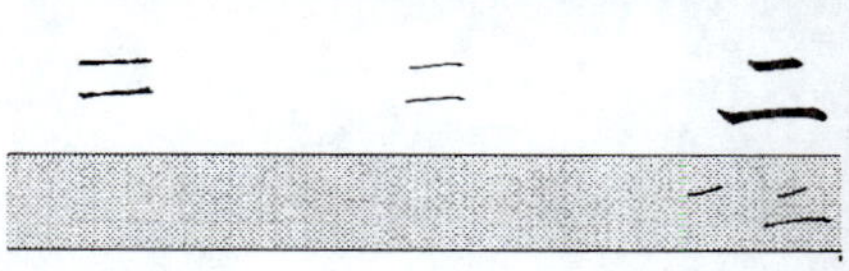
三味 さんまい concentration 三角形 さんかくけい triangle	san phonétique //// Le ciel, la terre et l'humanite : les trois pouvoirs. Clé 一.	
四季 しき quatre saisons 四方 しほう de tous côtés	shi phonétique //// Quatre. Clé 口.	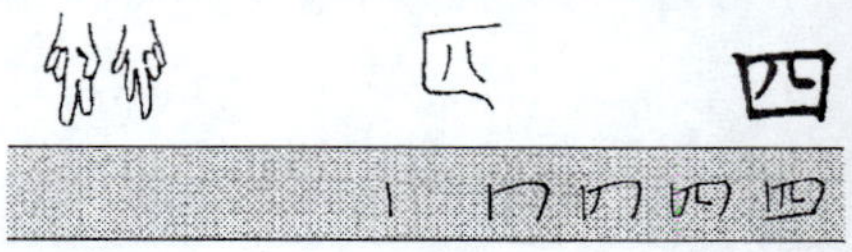
五人 ごにん cinq personnes 五輪 ごりん cinq anneaux (olympiques)	go phonétique (Le chiffre cinq, décrit par l'échange entre le ciel et la terre - ou le Yin et le Yang : deux lignes horizontales - diagonales - et le centre où elles se croisent. Clé 二).	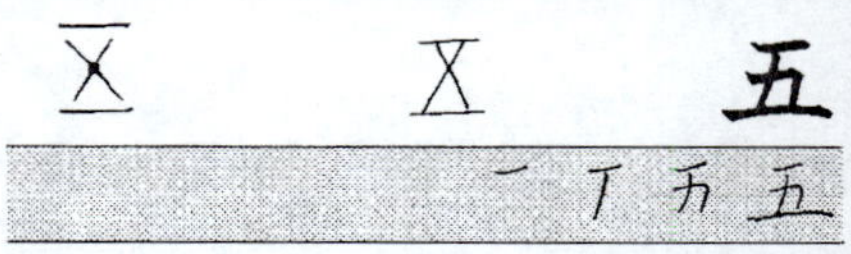
六法 ろっぽう code des (six) lois	roku phonétique //// Après quatre, le nombre divisible par deux - d'où la symétrie du dessin, c'est six. Clé 八.	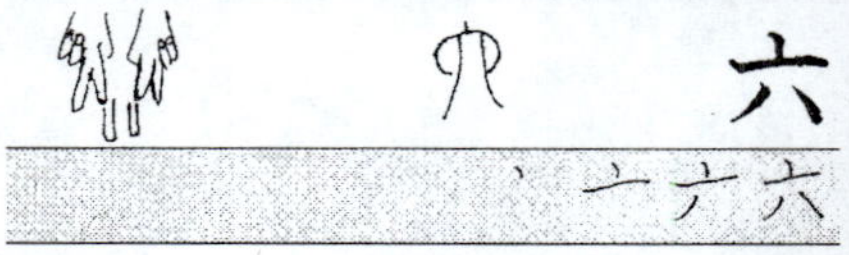
七ヵ月 なな げつ sept mois 七味 しちみ sept épices	sichi phonétique //// Le chiffre sept. Origine incertaine. Peut venir de la dent 歯, 7 ans étant l'âge de la dentition définitive. Graphiquement, peut représenter "l'approche" de dix 十. Clé 一.	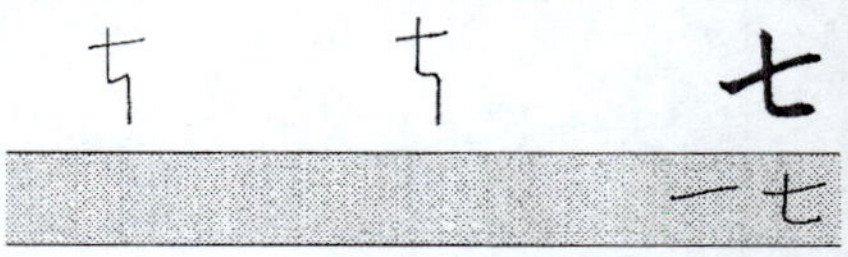
八百 はっぴゃく huit cents 八重歯 やえば surdent	hachi //// Clé "pure". Huit. Le nombre pair, divisible, représenté par la division en deux éléments ハ, en deux directions.	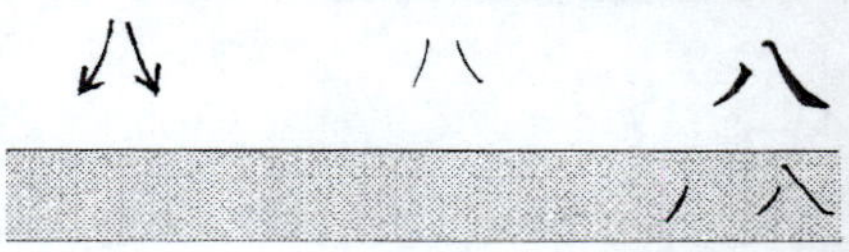
九官鳥 きゅうかんちょう mainate (oiseau siffleur) 九九 くく table de multiplication	kyū phonétique (Le mouvement ascendant ↑ et descendant ↓ d'une plante qui retombe - d'une unité - après avoir atteint sa plus grande hauteur, 10, symbolise le chiffre neuf. Clé 乙).	
十分 じゅうぶん assez suffisant 五十音 ごじゅうおん syllabaire japonais (50s)	jū clé et phonétique (Dix : symbole du chiffre le plus élevé dans l'échelle de la numération commune - de l'époque. Ou encore 2 fois 5 : les 4 points cardinaux et le centre).	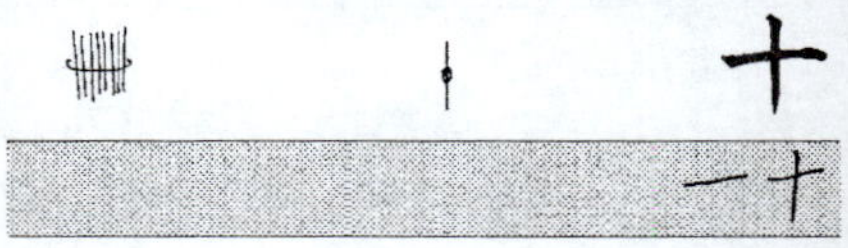
百姓 ひゃくしょう fermier, paysan 百貨店 ひゃっかてん grand magasin	Le doigt + haku phonétique → hyaku (白 abréviation du nez, 自 symbole de la personne). Le doigt le montrant désigne l'homme devenu, alors, miraculeusement centenaire. D'où, cent.	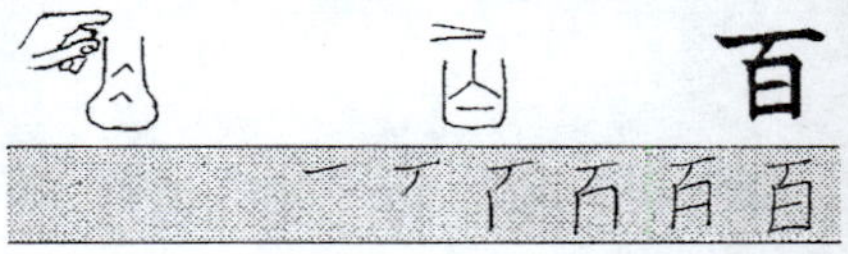
千一夜 せんいちや (Conte des) 1001 nuits 千里 せんり à des milliers de kilomètres	sen phonétique //// La troupe, les soldats qui devaient être au moins un millier pour impressionner l'ennemi. Ou encore, cent 百, abrégé en 匕, que multiplie dix 十 soit mille. Clé 十.	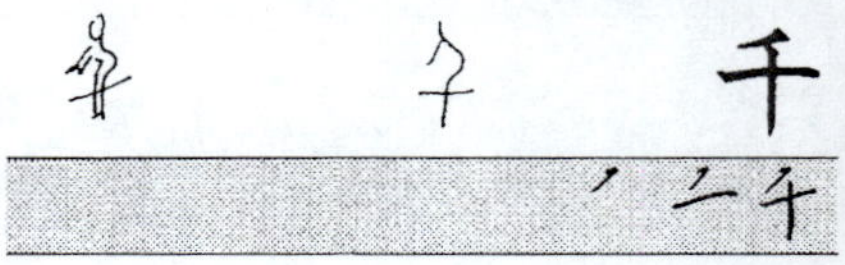
毎日 まいいち tous les jours 日程 にってい agenda emploi du temps	nichi //// Clé "pure". Le soleil, le jour.	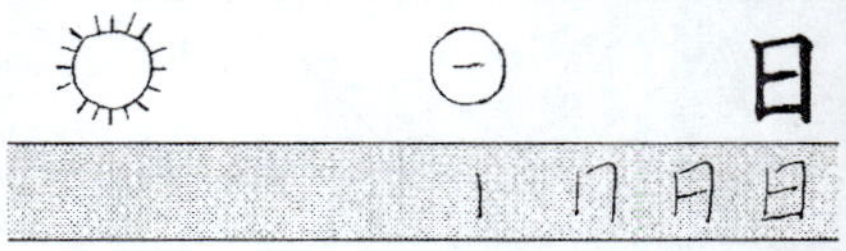
毎月 まいつき chaque mois 月曜日 げつようび lundi	getsu //// Clé "pure". La lune, le mois.	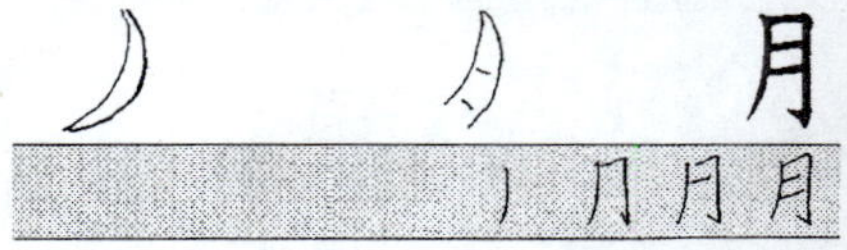
火星 かせい Mars (planète) 火曜日 かようび mardi	ka clé et phonétique (Le feu et ses flammes).	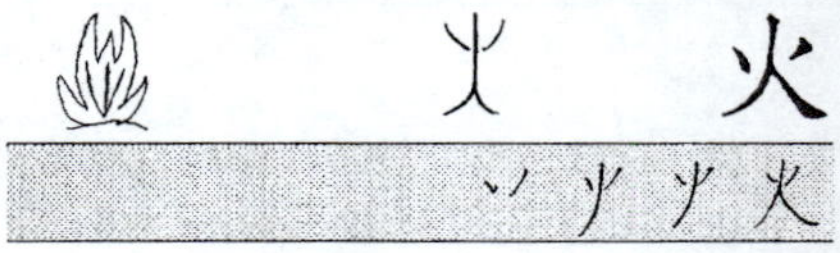

漢字	Page Mémto	Nb traits	Clé	Radical phonétique (//// = pas à l'index)	Lecture ON	Lecture KUN	Signification	Exemples de composés (1)
水	9	4	水	*SUI 水 水 氷 尿 - dérivé 永 HYŌ NYŌ EI	SUI	mizu	eau	水道 すいどう eau (courante) 大水 おおみず inondation
木	9	4	木	*MOKU 木 木 休 朴 困 MOKU-BOKU KYŪ BOKU KON -assimilé 床 - dérivé 本 SHŌ HON	MOKU BOKU	ki	arbre, bois	木造 もくぞう (fait) en bois 木材 もくざい grume bois d'œuvre
金	53	8	金	////	KIN KON	kané kana	métal, or métal, fonds argent	黄金 おうごん or, métal jaune 現金 げんきん fonds, argent comptant
土	3	3	土	*TO 土 土 吐 社 TO-DO SHA-JA	TO-DO	tsuchi	terre, sol	土人 どじん indigène, natif 土地 とち terre, sol
曜	157	18	日	TAKU 翟 濯 曜 躍 YŌ YAKU	YŌ		jour de la semaine	日曜日 にちようび dimanche 曜日 ようび jour de semaine
年	18	6	干	////	NEN	toshi	an, année	今年 ことし/こんねん cette année 青年 せいねん les jeunes la jeunesse
時	76	10	日	JI 寺 寺 侍 待 持 時 特 等 詩 TAI TOKU TŌ SHI	JI	toki doki	heure temps, moment	時間 じかん temps instants 時代 じだい âge, époque ère, période
分	6	4	刀	BUN 分 分 盆 粉 紛 貧 BUN-FUN BON FUN FUN HIN-BIN 雰 頒 -simplifié.班 FUN HAN HAN	-FUN BUN BU	wa (kéru/katsu) wa(karéru) wa(karu)	minute part(ie),fraction,% se séparer comprendre	自分 じぶん soi-même 分析 ぶんせき analyse
人	1	2	人	*JIN 人 人 囚- dérivé 因 SHŪ IN	NIN JIN	hito-bito	être humain homme, personne	人口 じんこう population 人間 にんげん humanité être humain
男	36	7	田	*DEN 田 田 男 - dérivé 苗 NAN-DAN BYŌ	DAN NAN	otoko	homme, mâle	男性 だんせい (sexe, genre) masculin 男装 だんそう déguisé en homme
女	3	3	女	*JO 女 女 如 姦 JO-NYO JO-NYO KAN	JO NYO	onna	femme	女性 じょせい femme 女体 にょ/じょたい corps féminin
子	3	3	子	*SHI 子 子 好 字 SHI-SU KŌ JI	SHI-SU	ko-go	graine, pousse enfant, petit	子供 こども enfant 様子 ようす état, aspect situation
母	15	5	母	*BO 母 母 毒 -dérivé 毎 侮 悔 海 DOKU MAI BU KAI KAI 敏 梅 繁-assimilé 畝 BIN BAI HAN sé-uné	BO	haha	mère	母の日 はは ひ Fête des Mères 母親 ははおや parents maternels
父	9	4	父	////	FU	chichi	père	父親 ちちおや père お父さん とう père
口	3	3	口	KŌ 口 口 后 -assimilé 向- dérivé 品 KŌ-KŪ KŌ-GŌ HIN	KŌ-KU	-guchi kuchi	orifice ouverture bouche,	人口 じんこう population 入り口 い ぐち entrée

Exemples de composés (2)	ANALYSE (Radical phonétique + Clé)	CHEMINEMENT GRAPHIQUE
水準 すいじゅん norme 水曜日 すいようび mercredi	sui clé et phonétique (L'eau).	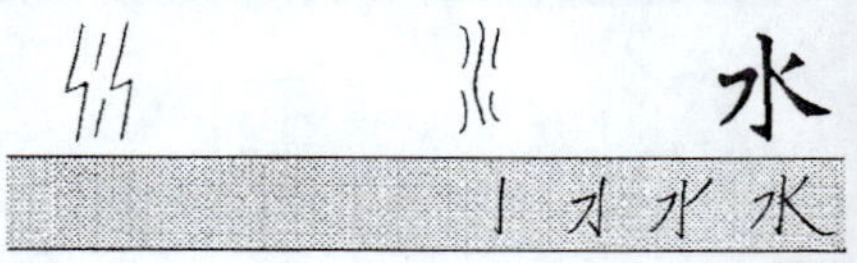
白木 しらき bois blanc 木曜日 もくようび jeudi	moku clé et phonétique (L'arbre, représenté avec ses branches et ses racines. Par extension, terme générique désignant la matière dont il est constitué : le bois).	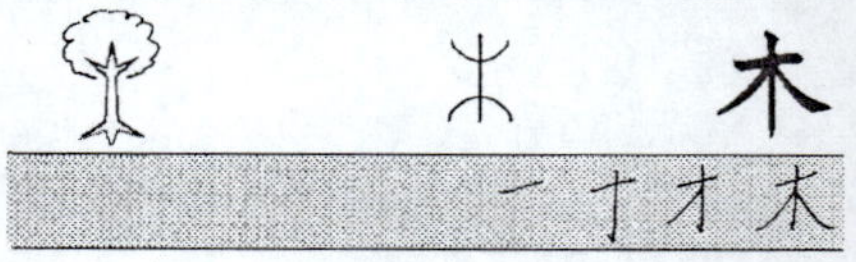
金属 きんぞく métal 金持ち かねも (personne) riche	kin //// Clé "pure". Le métal précieux que l'on extrait du flanc des montagnes : l'or. Par extension, l'argent, la monnaie.	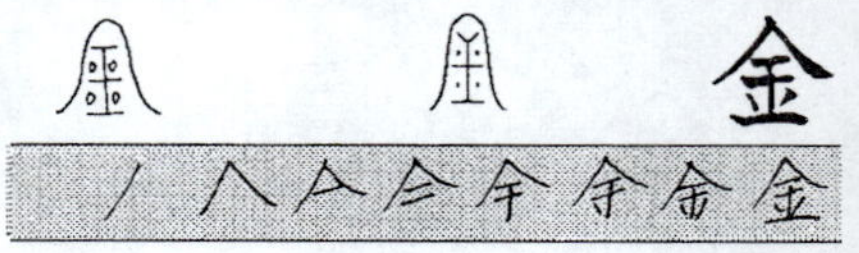
土曜日 どようび samedi 土臭い つちくさ plouc cul terreux	to clé et phonétique (La terre, le sol d'où sortent les plantes).	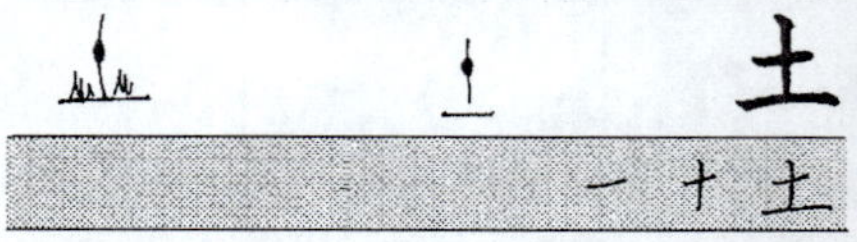
月曜日 げつようび lundi 火曜日 かようび mardi	taku phonétique → yō (L'oiseau qui s'élève dans les airs, ailes déployées) + le soleil, le jour. Le soleil qui, tel un oiseau, se lève chaque matin, décrit les jours de la semaine.	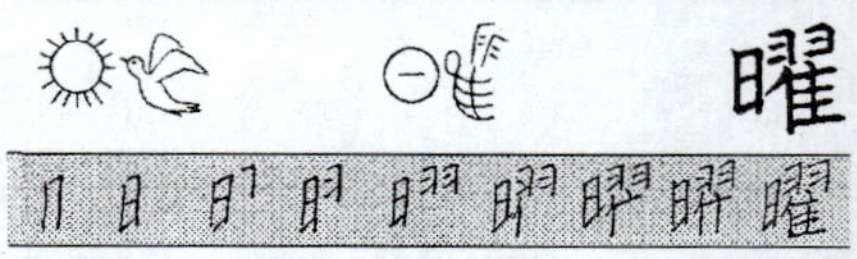
年寄り としよ troisième âge 年齢 ねんれい âge	nin phonétique → nen //// Un homme portant une charge - ici de céréales. Ces éléments désignent l'année car avant les engrais chimiques, il fallait un an pour obtenir une récolte. Clé 干 .	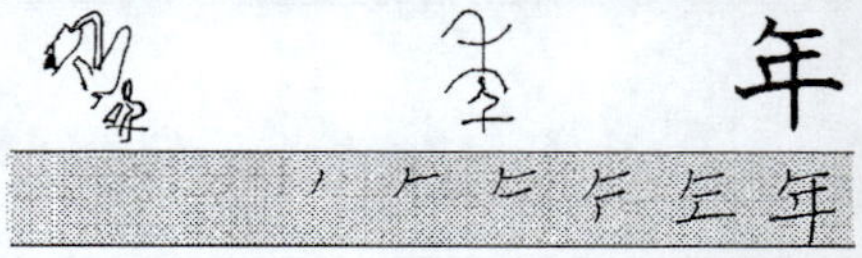
時計 とけい montre, horloge 時々 ときどき parfois, de temps en temps	ji phonétique (Les temples où était appliquée la loi 寸) + le soleil. La position du soleil permettait aux bonzes d'estimer l'heure ; cette expression de la loi du temps.	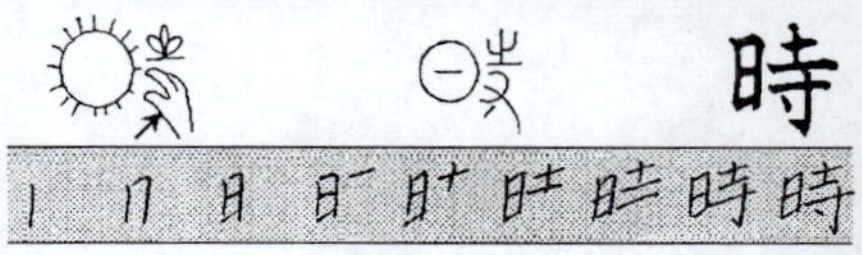
部分 ぶぶん part, partie 分かれ道 わ みち embranchement	bun phonétique (Le bambou + le sabre. Après avoir été coupé, le bambou est divisé, partagé. D'où, le sens de division, part, fraction. Par extension, la division du temps : la minute).	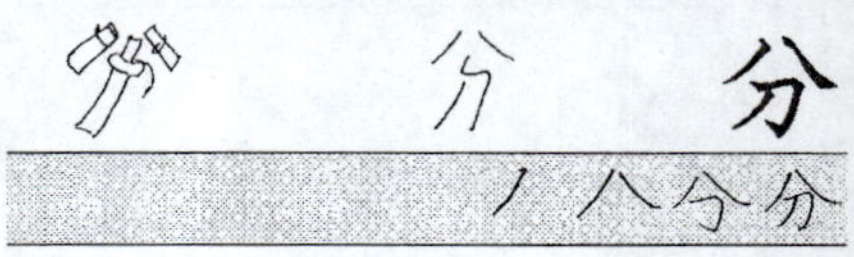
人気 にんき popularité 恋人 こいびと amoureux bien-aimé(e)	jin clé et phonétique (L'homme, la personne, représenté debout, marchant).	
長男 ちょうなん fils aîné 男勝りの女 おとこまさ virago, maî-tresse femme	La force + den phonétique → dan (La rizière). Il faut la force de l'homme, du mâle, pour défoncer les rizières.	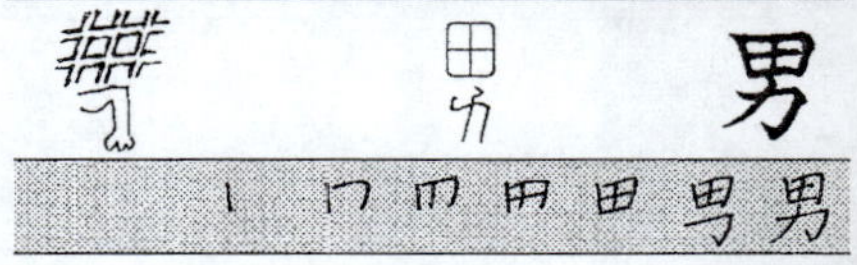
女の人 おんな ひと femme 彼女 かのじょ elle	jo clé et phonétique (La femme représentée courbée ou assise en tailleur, en train de travailler selon la tradition, au ras du sol).	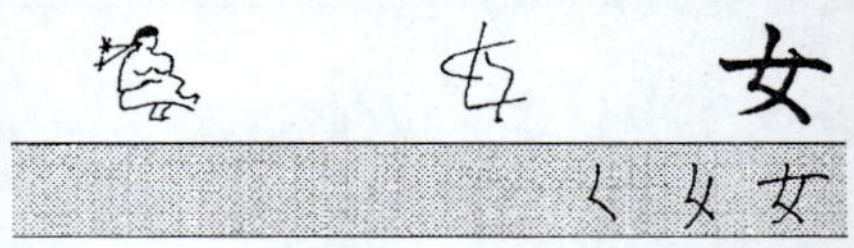
原子 げんし atome 教え子 おし ご disciple	shi clé et phonétique (L'enfant représenté emmailloté dans ses langes. Par extension, la graine, la pousse).	
母国 ぼこく mère patrie 保母 ほぼ maîtresse d'école maternelle	bo clé et phonétique (La mère représentée avec les attributs de sa maternité : des seins découverts, prêts à donner la tétée).	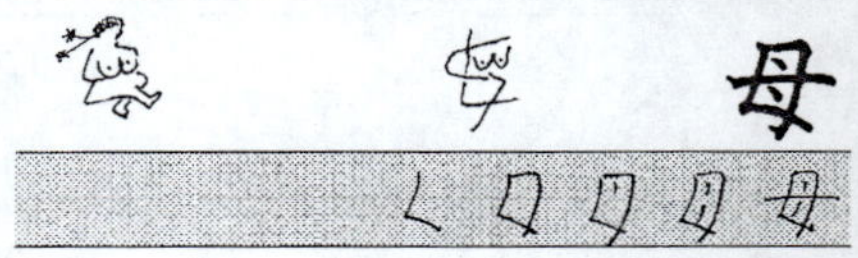
父母 ふぼ père et mère 父兄会 ふけいかい Association de parents	fu //// Clé "pure". Le père, dépeint par la force qu'il incarne ; sa main tient la hache qui chasse, repousse l'ennemi ou, plus tard, la baguette qui lui sert à mener sa famille..	
口述 こうじゅつ exposé oral 窓口 まどぐち guichet	kō clé et phonétique (La bouche. Par extension, l'orifice, l'ouverture).	

漢字	Page Mémto	Nb traits	Clé	Radical phonétique (//// = pas à l'index)	Lecture ON	Lecture KUN	Signification	Exemples de composés (1)
耳	25	6	耳	*JI 耳 耳 恥 CHI	JI	mimi	oreille	耳鼻科 じびか oto-rhino-logie 耳鳴り みみな bourdonnement d'oreille
目	17	5	目	////	MOKU BOKU	mé -mé	*article* oeil *suffixe pour nombres ordinaux*	注目 ちゅうもく attention 目盛り めも degré graduation
手	8	4	手	////	SHU	té	main	手段 しゅだん moyen, mesure 手紙 てがみ lettre
足	38	7	足	*SOKU 足 足 促 SOKU-ZOKU	SOKU -SOKU ZOKU	ashi ta(ru/riru) ta(su)	pied, paire *suff." chaussure"* suffire ajouter	遠足 えんそく excursion 不足 ふそく manque insuffisance
心	8	4	心	*SHIN 心 心 - dérivé 必 HITSU	SHIN	kokoro	cœur, mèche, mine cœur, esprit sentiment, fond	中心 ちゅうしん noyau, cœur centre, milieu 真心 まごころ fond du cœur
上	2	3	一	////	JŌ	ué *uwa-kami* a(géru) a(garu) nobo(ru)	sur, dessus supérieur, haut lever, donner élever, soulever monter, s'élever	値上げ ねあ hausse (prix) 風上 かざかみ au vent
下	2	3	一	////	KA GE	shita-*moto* shimo sa(gé/garu) o(riru) ku-da(ru/saru)	(des)sous, fond inférieur, bas abaisser/ pendre descendre/ daigner accorder	風下 かざしも sous le vent 以下 いか moins que, de.à au-/ci-dessous
左	14	5	工	SA 左 左 佐 差 堕 惰 DA DA	SA	hidari	gauche	左側 ひだりがわ côté gauche 左利き ひだりき gaucher
右	13	5	口	YŪ ナ 右 雄- dérivés 有 賄 随- 友 YŪ-U WAI ZUI YŪ	YŪ-U	migi	droite	右派 うは droite (parti) 座右の ざゆう favori, de chevet
外	14	5	夕	SEN 占 占 店 点 粘 - simp.赴-dér.貞 TEN TEN NEN FU TEI	GAI GE	hoka soto hazu(su) hazu(réru)	autre extérieur, dehors décrocher,omettre se décrocher, manqer	外科 げか chirurgie 外国 がいこく (pays) étranger
内	6	4	冂	NA I 内 内 納 NAI-DAI NA-NŌ-TŌ	NAI DAI	uchi	intérieur dans, parmi	内容 ないよう contenu 境内 けいだい enceinte (de temple)
午	7	4	十	*GO 午 午 許 KYO	GO		*midi*	午前 ごぜん matin(ée) 正午 しょうご midi juste
前	55	9	刂	////	ZEN	maé	en face de devant, avant antérieur	前後 ぜんご contexte avant et après 前売り まえう vendu à l'avance
後	59	9	彳	*YŌ 幺 幺 幼 後 - dérivé 幽 GO-KŌ YŪ	-GO KŌ	nochi ushi(ro) ato oku(réru)	après derrière ultérieur, reste tarder être en retard	最後 さいご le dernier 後退り あとずさ recul
小	4	3	小	*SHŌ 小 小 dér 少 劣 妙 抄 砂 省 秒 RETSU MYŌ SA SHŌ BYŌ SHA SEI	SHŌ	*ko-o* chii(sai)	petit, "mini"	小説 しょうせつ roman nouvelle 小人 こびと nain, nabot

Exemples de composés (2)	ANALYSE（Radical phonétique + Clé）	CHEMINEMENT GRAPHIQUE
初耳 はつみみ entendu une 1ére fois, révélation 耳が遠い みみ とお dur d'oreille	ji clé et phonétique (L'oreille).	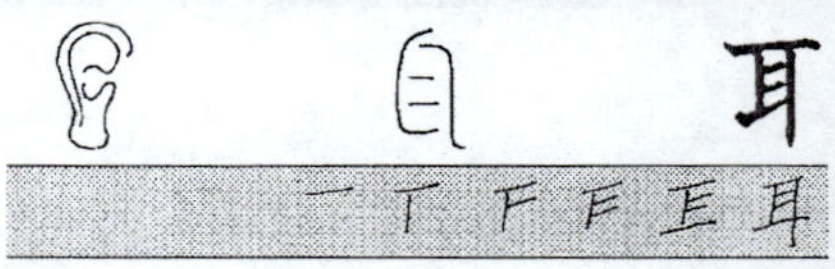
目的 もくてき but, objet 面目 めんぼく/もく honneur, "face" réputation	moku //// Clé "pure". L'œil. Aussi suffixe pour nombres ordinaux.	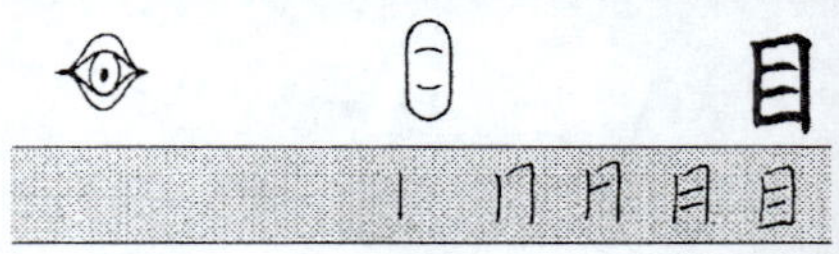
握手 あくしゅ poignée de main 切手 きって timbre	shu //// Clé "pure". La main.	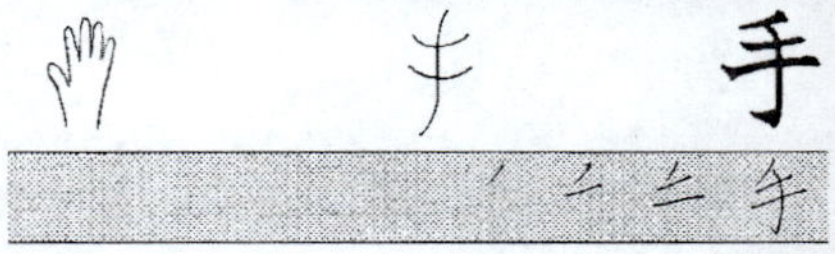
素足 すあし pieds nus 満足 まんぞく satisfaction prendre son pied	soku clé et phonétique (Le pied, représenté par sa forme et l'empreinte - rond, transcrit en carré en haut du dessin- laissée sur le sol. Par extension, paire et suffixe pour compter ces paires).	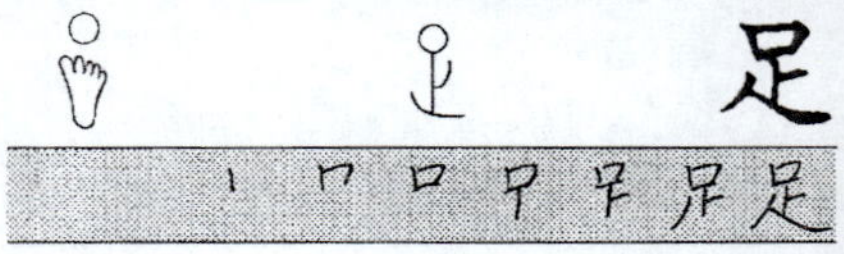
心配 しんぱい souci inquiétude 心地 ここち sensation sentiment	shin clé et phonétique (Le cœur. Par extension, sentiment, esprit, fond - d'un problème).	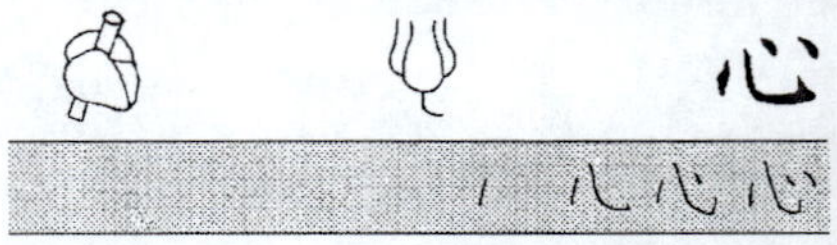
上昇 じょうしょう montée, hausse 以上 いじょう plus (de, que) ci-/au-dessus	jō phonétique //// Sur, dessus, haut, supérieur. Par extension, (é)lever, s'élever, soulever, donner. Clé 一.	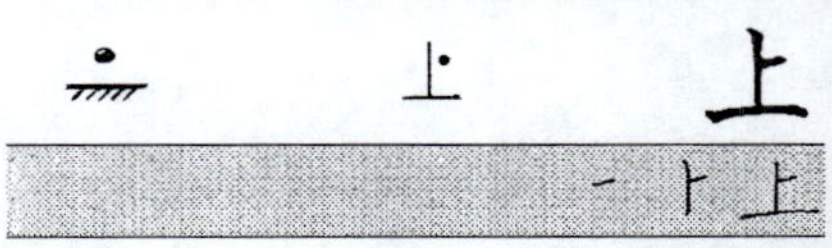
地下鉄 ちかてつ métro 下車する げしゃ descendre de (train, car..)	ka phonétique //// Sous, dessous, bas, inférieur. Par extension, pendre, descendre, rabaisser, daigner. Clé 一.	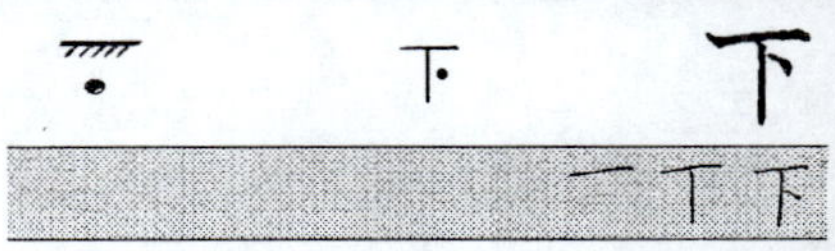
左手 ひだりて main gauche 左派 さは gauche(parti de)	sa phonétique (La main + l'équerre qu'elle tient. Cette main apporte son aide tandis que la droite exécute le travail : c'est la main gauche).	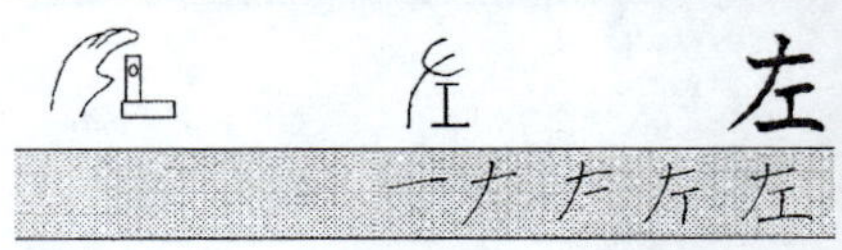
左右 さゆう influence(r) droite & gauche 右側 みぎがわ côté droit	shū → yū phonétique (La main ナ) + la bouche. Avant d'avoir inventé les baguettes, les Asiatiques mangeaient en portant la nourriture à la bouche de la main droite.	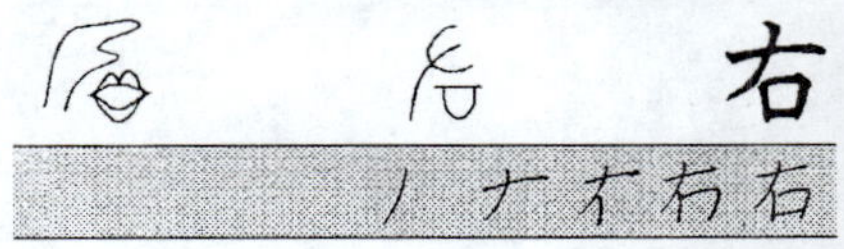
以外 いがい en plus, outre 外側 そとがわ côté extérieur	gai phonétique //// (La divination) + la nuit tombante. Le devin interprétait la forme des craquelures de tortue dans une hutte. Le soir, pour les voir, il fallait sortir à l'extérieur.	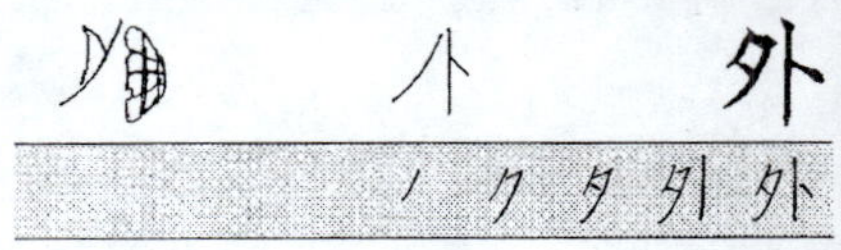
案内 あんない guide introduction 内訳 うちわけ articles (d'un compte)	nai phonétique (L'homme qui entre 入 à l'intérieur d'une maison ou l'animal qui saute une barrière + l'enclos 冂 à l'intérieur duquel il pénètre. Par extension, dans, parmi).	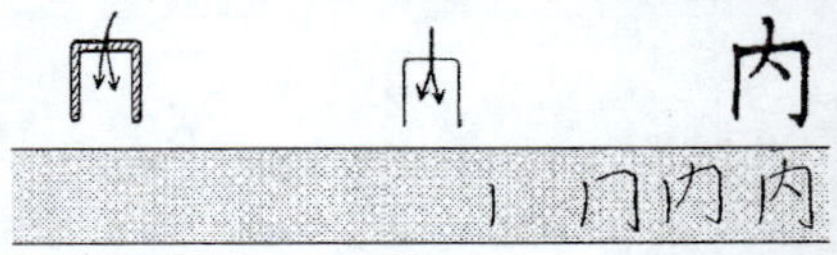
午後 ごご après-midi 丙午 ひのえうま année du cheval dans cycle 60 ans	go phonétique (午 graphiquement, un pilon ; aussi forme du cheval utilisée dans les douze signes zodiacaux. Ce signe, le septième, se situe au milieu. D'où, la mi-journée : midi. Clé 十).	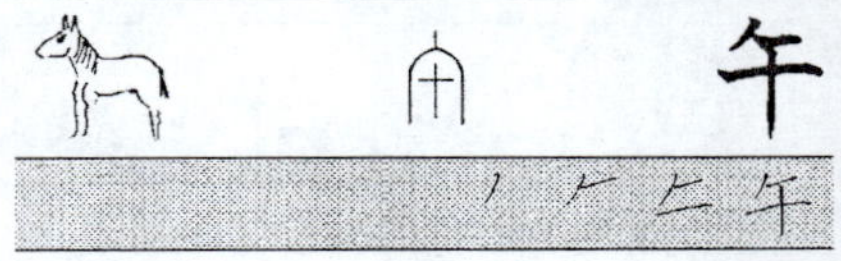
以前 いぜん antérieur il y a longtemps 前向き まえむ attitude positive aller de l'avant	肯 sen → zen phonétique //// Compléter, égaliser + le couteau. Peut-être le couteau du boucher alignant devant lui les morceaux de viande coupés en parts égales. Par extension, antérieur.	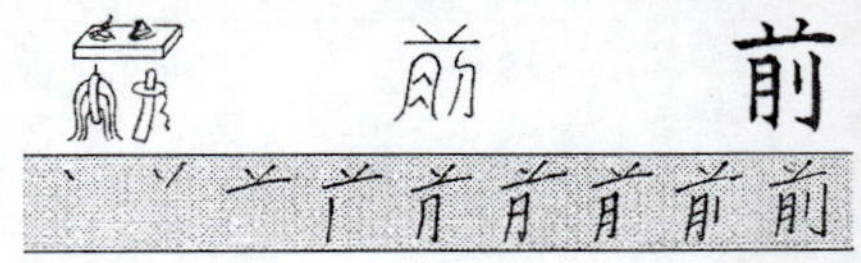
後援 こうえん patronage appui, protection 後ろ姿 うし すがた silhouette vue de dos	yō phonétique → go (Le fil fin qu'on dévide derrière soi) + marcher, aller. D'où le sens de suivre et par extension, tarder, être en retard, venir après, derrière, être postérieur, ultérieur.	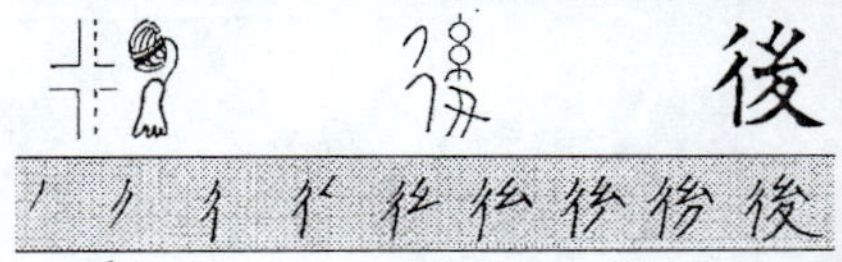
小川 おがわ ruisseau 小学校 しょうがっこう école primaire	shō clé et phonétique (Le petit élément 亅 partagé 八. Graphiquement, l'homme aux bras serrés le long du corps - opposé à 大 , les bras écartés -, symbole de ce qui est petit, "mini").	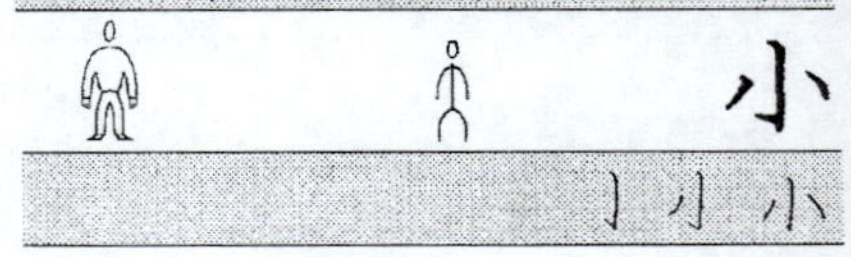

漢字	Page Mémto	Nb traits	Clé	Radical phonétique (//// = pas à l'index)	Lecture ON	Lecture KUN	Signification	Exemples de composés (1)
中	4	4	亅	*CHŪ* 中 中 仲 沖 忠- dérivé 衷	***CHŪ***	**naka**	milieu, centre parmi, dans à l'intérieur	中心 ちゅうしん noyau, foyer centre, cœur 中国 ちゅうごく Chine
大	3	3	大	**TAI* 大 大 太 駄 *TAI*-DAI *TAI-TA DA*	**DAI** ***TAI***	**ō(kii)-ō**	grandeur grand, étendu important, sérieux	大学 だいがく Université 大会 たいかい congrès grande réunion
学	43	8	子	*SHŌ* ⺍ 労 学 栄 蛍 覚 RŌ GAKU *EI KEI KAKU* - déri. 𭕄 当 尚 党 堂 常 掌 賞 償 *TŌ* TŌ *DŌ JŌ*	**GAKU**	**mana(bu)**	étude étudier apprendre	科学 かがく science 学生 がくせい élève étudiant
生	16	5	生	*SEI 生 生 姓 性 星 牲 -dérivé 産 SEI SEI SEI ***SEI*** SAN ***SHŌ SHŌ*** SHŌ ***JŌ***	**SEI** ***SHŌ*** **u(m**	**i(ki)-i(kiru)** **i(kéru/kasu)** **u-maréru)** **ha(yasu)** **ki-nama**	vie - vivre (laisser) vivre porter, être né (faire) pousser original, cru	生活 せいかつ vie, existence 学生 がくせい élève étudiant
先	19	6	儿	*SEN* 先 先 洗 銑	***SEN***	**saki**	*avant, avenir* pointe, en avant extrémité	先生 せんせい maître professeur 先日 せんじつ récemment l'autre jour
校	76	10	木	*KŌ* 交 交 効 郊 校 絞 較 ***KAKU***	***KŌ***		*école* *recherches* *corrections*	学校 がっこう école 校舎 こうしゃ bâtiment scolaire
言	37	7	言	**GON* 言 言 信 ***GON***-GEN SHIN	**GEN** ***GON***	**-koto** **i(u)**	mot, déclaration parole, discours dire	伝言 でんごん message 発言 はつげん parole intervention
語	137	14	言	*GO* 五 五- dérivé 悟 語	***GO***	**kata(ri)** **kata(ru)** **kata(rau)**	mot, parole langue, langage raconter, narrer converser	物語 ものがたり récit, légende roman,"dit du" 熟語 じゅくご expression
国	42	8	囗	*Ō 王 王 玉 全 狂 宝 皇 栓 GYOKU *ZEN KYŌ HŌ Ō-KŌ* SEN -assimilé 往 国 KOKU	***KOKU***	**kuni-*guni***	pays	国民 こくみん nation, peuple 国会 こっかい la "Diète" les Chambres
本	15	5	木	HON 本 本 鉢 pour 体 cf. *Hō* 豊 HACHI-*HATSU* TAI	**HON*BON*** ***-HON***	**moto**	livre, origine, cause *suff objets longs*	日本 にほん Japon 一本 いっぽん un objet long (crayon...)
何	28	7	亻	KA 可 可 何 河 荷 歌 - dérivé 奇 *KA-GA* KI	***KA***	**nani-nan**	quoi, comment combien	何度 なんど combien de fois 如何 いかが comment ?
刀	1	2	刀	////	***TŌ***	**katana**	sabre	太刀 たち sabre long 小刀 こがたな couteau de poche
力	1	2	力	////	***RIKI*** ***RYOKU***	**chikara**	force puissance	魅力 みりょく charme, attrait 協力 きょうりょく coopération collaboration
方	8	4	方	*HŌ 方 方 坊 妨 芳 防 房 放 HŌ-*BŌ BŌ BŌ BŌ BŌ* 肪 倣 紡 訪 傍 BŌ *BŌ BŌ*	**HŌ** ***BŌ***	**kata**	direction, côté façon de faire personne	夕方 ゆうがた soir, soirée 地方 ちほう région localité
万	2	3	一	*MAN* 万 万- dérivé 励 *REI*	***MAN*** ***BAN-***		*dix mille* *nombreux* *tous les...*	百万 ひゃくまん million 万国 ばんこく tous les pays (universel)

Exemples de composés (2)	ANALYSE (Radical phonétique + Clé)	CHEMINEMENT GRAPHIQUE
中央 ちゅうおう centre, milieu 背中 せなか dos	chū phonétique (Le centre, milieu de la cible. Par extension, dans, à l'intérieur, parmi. Clé 一).	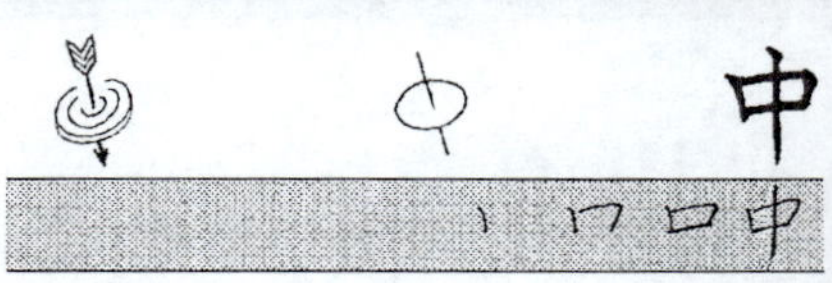
大変 たいへん très, beaucoup 大型の おおがたい grand, gros	tai clé et phonétique (L'homme, représenté les bras écartés, symbole de ce qui est grand, étendu. Par extension, important, sérieux).	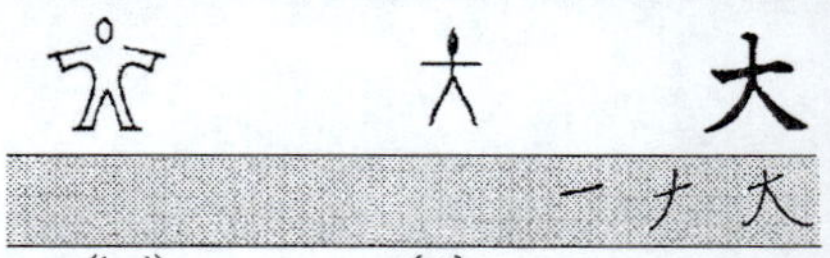
学校 がっこう école 大学 だいがく Université	shō phonétique → gaku (⺍ abréviation de 𦥯 : l'endroit où se passent des échanges) + l'enfant. En ces lieux - institut, école...- on échange les connaissances ; l'enfant étudie, apprend	
一生 いっしょう une vie 長生き ながい longévité	sei clé et phonétique (La vie de la plante qui "naît", pousse. Par extension, original, frais, authentique, pur; la pureté de la nature, autrefois, quand elle n'était pas encore polluée).	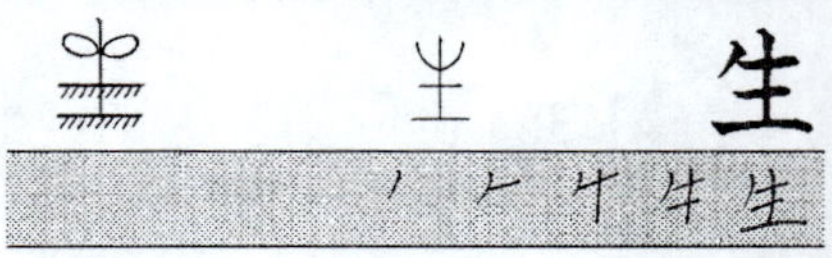
優先 ゆうせん priorité 行き先 い/ゆ さき destination	sen phonétique (La plante qui pousse + les jambes 儿 de celui qui va de l'avant symbolisent la pointe, l'extrémité. Par extension, avant, antérieur).	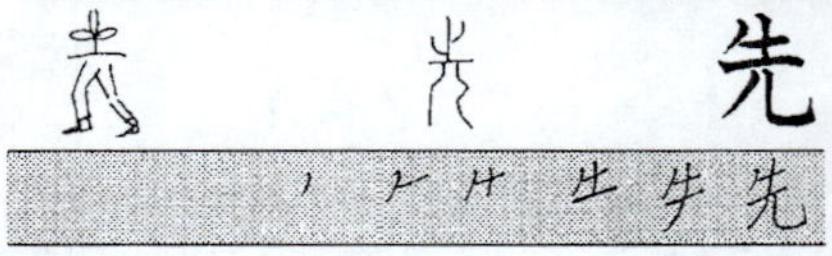
校正 こうせい correction (épreuves) 校長 こうちょう proviseur, directeur d'école	kō phonétique (L'homme accroupi, assis en tailleur) + l'arbre. Les premières écoles se tenaient en plein air, sous un arbre. D'où, ce qui est lié à l'étude : recherches, corrections...	
言葉 ことば mot, langue, langage 無言 むごん silence, mutisme	gen, gon clé et phonétique (Un flot de paroles, de mots, de discours, sort d'une bouche : on dit, on parle. Le scribe a inventé la "bulle" bien avant les auteurs des bandes dessinées !).	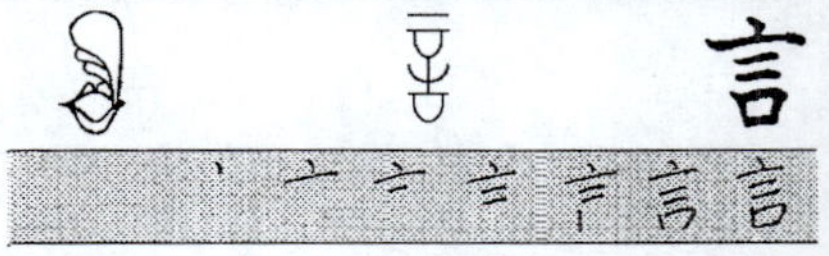
英語 えいご anglais, langue anglaise 国語 こくご langue maternelle, " japonaise	go phonétique (L'échange 㐅 touchant le cœur grâce aux mots employés) + les mots, la parole. Mots, paroles, langue, permettent l'échange à travers la conversation, la narration, le conte.	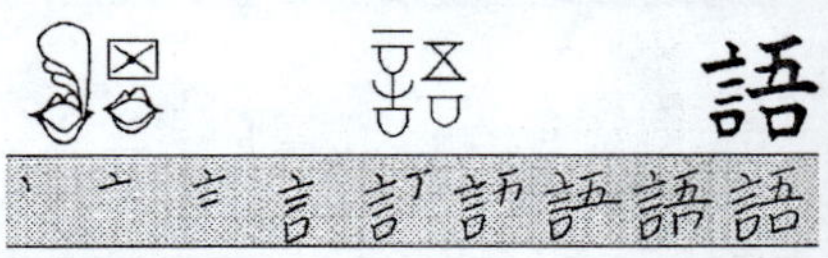
全国 ぜんこく tout le pays 国柄 くにがら caractère national	waku → koku phonétique classé à 囗 (A l'origine 或 : 口 le château et 戈 les armes défendant le territoire, abrégé en 玉 le jade, symbole de trésor national) + la limite, la frontière de ce pays.	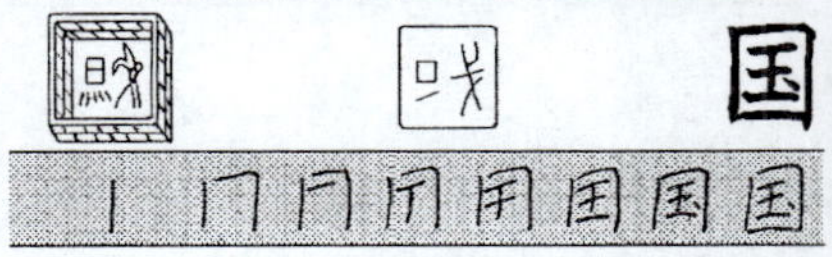
基本 きほん base, fondation 日の本 ひ もと Japon (pays du Soleil Levant)	hon phonétique (一 une flèche + l'arbre. La flèche, pointée vers ses racines, désigne son origine, sa "cause". Aussi livre et suffixe pour les objets longs).	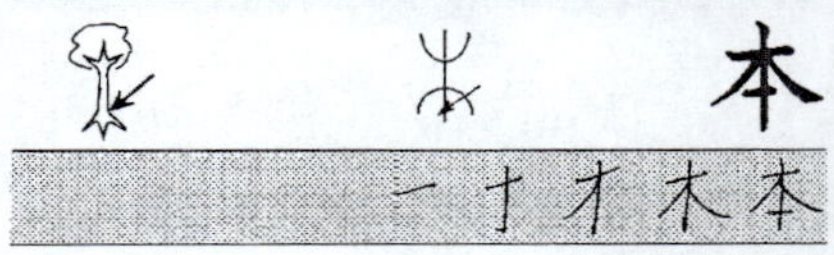
何時 なんじ quelle heure ?	ka phonétique (Le souffle, l'exclamation ici de surprise) + l'homme. Sa surprise appelle des questions : quoi, combien, comment ? Graphiquement: un palanquin qui fait se demander ce qu'il contient.	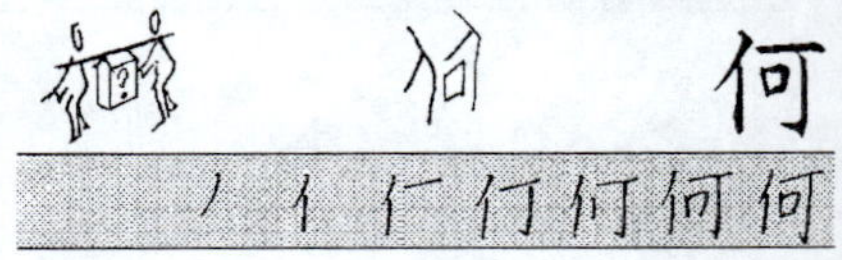
短刀 たんとう dague 執刀 しっとう (procéder à une) opération	tō //// Clé "pure". Le sabre, le couteau. Le couteau à découper très utilisé dans la cuisine asiatique où la nourriture est hachée menu.	
努力 どりょく effort 馬力 ばりき cheval-vapeur	ryoku, riki //// Clé "pure". La force, la puissance du poing ou des nerfs.	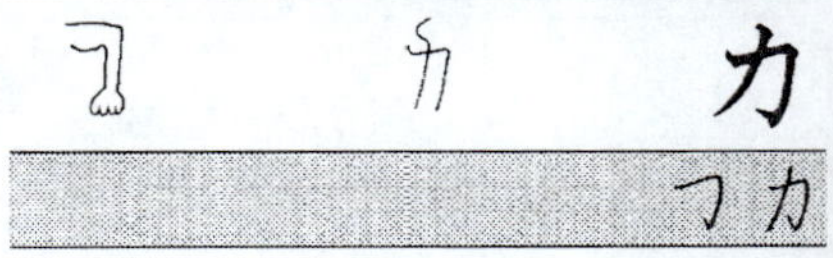
作り方 つく かた manière de faire 方法 ほうほう méthode, façon de faire	hō clé et phonétique (La direction suggérée par une croix 卍, croisement, divisant l'espace ou, de façon plus terre à terre, par une bêche creusant un sillon dans une direction donnée).	
万一 まんいち si jamais, si par hasard 万年筆 まんねんひつ stylo	tai → man phonétique (Le scorpion 萬, abrégé en 万 : l'animal, mais aussi la constellation qui évoque la myriade, les dix mille étoiles. Par extension, nombreux, tous les... . Clé 一).	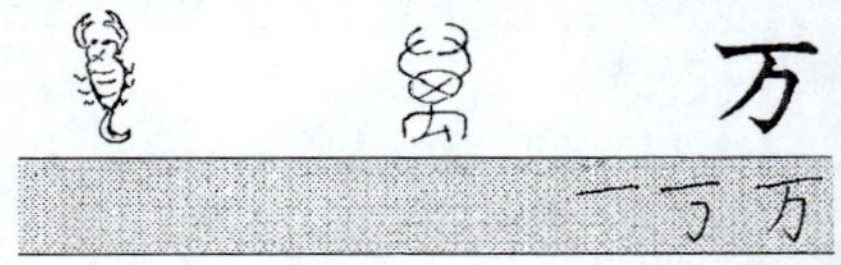

漢字	Page Mémto	Nb traits	Clé	Radical phonétique (//// = pas à l'index)	Lecture ON	Lecture KUN	Signification	Exemples de composés (1)	
行	26	6	行	////	**GYŌ** ***KŌ-AN***	**i(ku)** **yu(ku)** **okona(u)**	ligne, colonne aller, se rendre à accomplir exécuter	銀行 ぎんこう 旅行 りょこう	banque voyage
見	37	7	見	**KEN* 見 見 現 規 寛 - simplifié 看 *GEN KI KAN KAN*	***KEN***	**mi(ru)** **mi(éru)** **mi(séru)**	voir, regarder être visible faire voir, montrer	意見 いけん 見栄 みえ	point de vue opinion, avis vanité ostentation
来	35	7	木	////	***RAI***	**ku(ru)** **ki(taru)** **ki(tasu)**	*futur, avenir* venir entraîner donner lieu à	将来 しょうらい 来賓 らいひん	futur hôte, invité
聞	136	14	耳	*MON 門 門 問 聞 ***MON-BUN***	***BUN*** ***MON***	**ki(ku)** **ki(koéru)**	demander, entendre, écouter être audible	新聞 しんぶん 聴聞会 ちょうもんかい	journal audience audition
出	12	5	凵	*SHUTSU* 出 出 拙 -dér. 屈 -simp. 凸 *SHUTSU-SUI SETSU KUTSU TOTSU*	***SHUTSU*** ***SUI***	**dé(ru)** **da(su)**	(ap)paraître, se produire, surgir sortir, envoyer s'éloigner	出発 しゅっぱつ 出口 でぐち	départ sortie
書	81	10	日	ITSU 聿 律 津 書 筆 *RITSU SHIN* SHO *HITSU-PITSU* - dérivé 建 健 *KEN KEN*	**SHO**	**ka(ku)**	écrit(ure) écrire, dessiner	辞書 じしょ 書道 しょどう	dictionnaire calligraphie
川	4	3	川	**SEN* 川 川 訓 順 - dérivé 巡 ***KUN*** JUN ***JUN***	***SEN***	**kawa, *gawa***	cours d'eau rivière, fleuve	河川 かせん 谷川 たにがわ	rivière rivière de montagne
山	4	3	山	**SAN* 山 山 岩 炭 - assimilé 仙 *SAN-ZAN GAN TAN SEN*	***SAN*** ***ZAN***	**yama**	montagne	山羊 やぎ 山道 やまみち	chèvre sentier de montagne
林	48	8	木	*KIN* 林 林 森 - dérivé 禁 襟 *RIN SHIN*	***RIN***	**hayashi**	forêt, bois	農林 のうりん 林立 りんりつ	agriculture et forêts forêt de (mâts...)
森	109	12	木	*KIN* 林 林 森 - dérivé 禁 襟 *RIN SHIN*	***SHIN***	**mori**	forêt	森林 しんりん 森羅万象 しんらばんしょう	bois, forêt l'univers entier toute la création
松	48	8	木	*KŌ* 公 公 松 翁 訟 *SHŌ Ō SHŌ*	***SHŌ***	**matsu**	pin, résineux	松林 まつばやし 松風 まつかぜ	pinède vent dans les pins
竹	25	6	竹	**CHIKU* 竹 竹 篤 築 *TOKU*	***CHIKU***	**také**	bambou	竿竹 さおだけ 竹藪 たけやぶ	perche en bambou fourré de bambou
米	25	6	米	**BEI* 米 米 迷 *MEI*	***MAI*** ***BEI*** ***BEI-***	**komé**	riz *américain*	白米 はくまい 米国 べいこく	riz blanc (décortiqué) U.S.A. Etats-Unis
糸	25	6	糸	////	***SHI***	**ito**	fil	毛糸 けいと 糸口 いとぐち	fil de laine indice fil conducteur
円	6	4	冂	////	**EN**	**maru(i)**	¥, cercle rond, circulaire	円滑 えんかつ 円満 えんまん	sans à-coups régularité concorde harmonie

Exemples de composés (2)	ANALYSE (Radical phonétique + Clé)	CHEMINEMENT GRAPHIQUE
行政 ぎょうせい administration 行き先 い/ゆ さき destination	gyō //// Clé "pure". Le croisement. Aux croisements les gens vont, viennent de partout. Par extension, ce qui "va et vient", arrive, est exécuté, accompli. D'où, ligne et colonne.	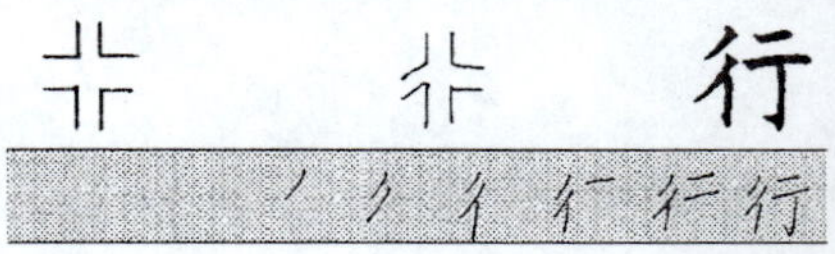
見本 みほん spécimen échantillon 見物 けんぶつ visite touristique	ken clé et phonétique (L'œil sur deux jambes décrit le fait de voir, de regarder - du haut de sa grandeur. Par extension, être visible, montrer, faire voir).	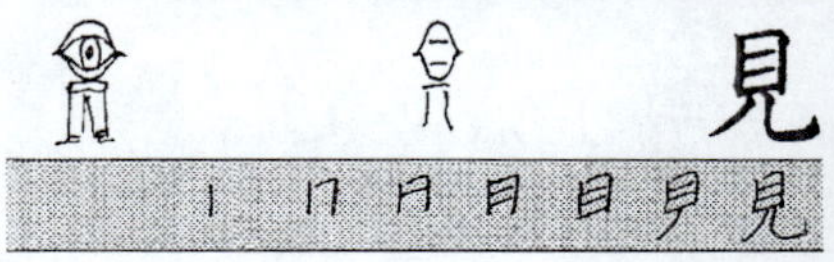
来年 らいねん l'an prochain 行き来 い/ゆ き circulation allée et venue	rai phonétique //// 來 simplifié : les céréales et leurs épis mûrs. Cette nourriture, manne tombée du ciel, était considérée comme un gage du futur, de l'avenir de l'humanité. D'où, venir.	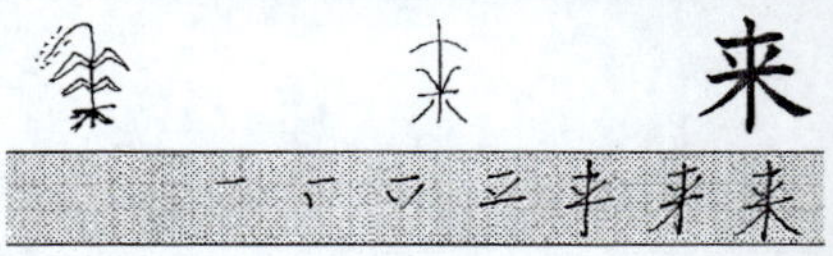
醜聞 しゅうぶん scandale esclandre 外聞 がいぶん réputation qu'en-dira-t-on	mon phonétique (La porte à double battant, la barrière) + l'oreille. On colle une oreille derrière la porte pour écouter, entendre, ce qui se dit. Par extension, demander, être audible.	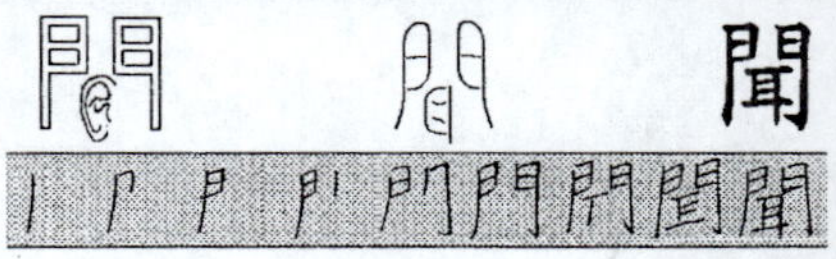
出納 すいとう dépenses et recettes 追出す おいだ chasser expulser	shutsu phonétique (La plante + le trou - de terre- 凵 dont elle sort, symbole de ce qui apparaît, surgit, est produit. Par extension, s'éloigner, partir, envoyer).	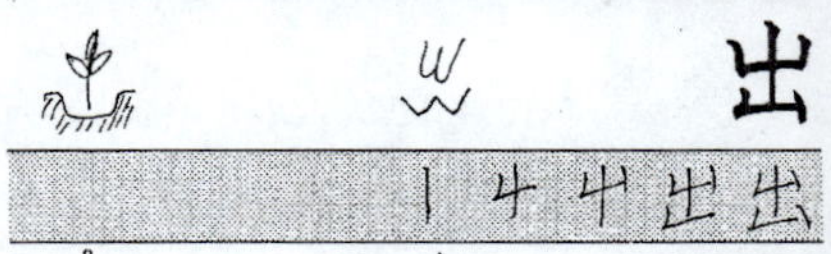
書物 しょもつ ouvrage volume 覚書 おぼえがき mémorandum note, remarque	itsu phonétique → sho (La main qui tient un pinceau) + 日 abréviation de 者 : la personne, l'individu : ici le texte original - individuel - peint, écrit, dessiné par le calligraphe.	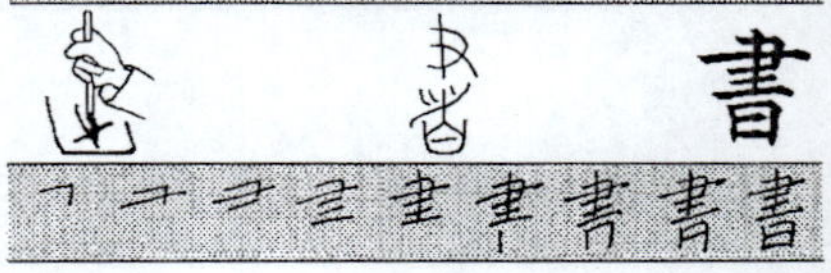
川端 かわばた berge 川魚 かわうお/ざかな poisson d'eau douce	sen clé et phonétique (Le cours d'eau, la rivière divisée en trois bras ou le fleuve et ses deux affluents).	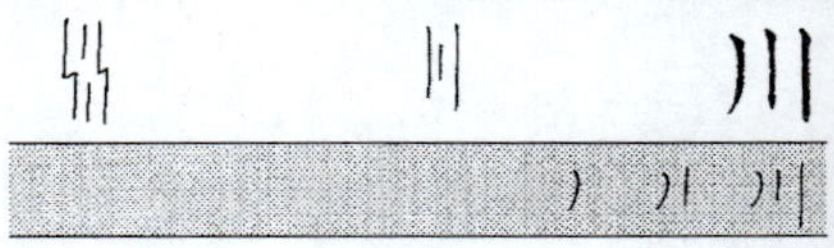
火山 かざん volcan 登山 とざん escalade	san clé et phonétique (La montagne).	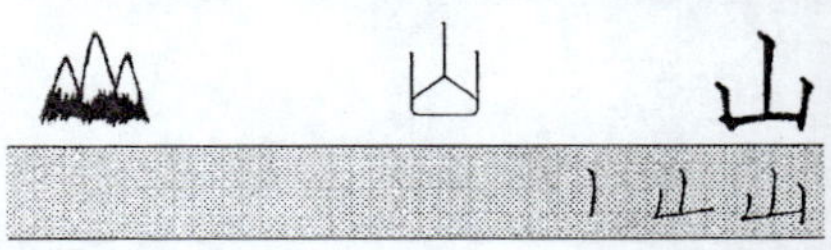
植林 しょくりん plantation reboisement 山林 さんりん massif boisé	kin phonétique → rin (L'arbre) + l'arbre encore. Deux, c-à-d. un certain nombre d'arbres : le bois, le bosquet, le taillis.	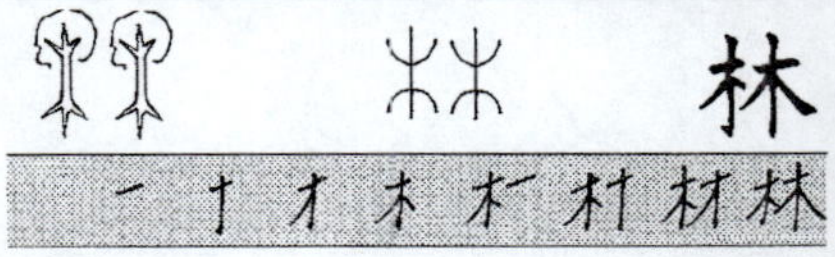
森閑 しんかん profond silence	kin phonétique → shin (Deux - c-à-d. de nombreux-arbres) + un arbre encore qui, ici, ne cache pas la forêt, mais la symbolise.	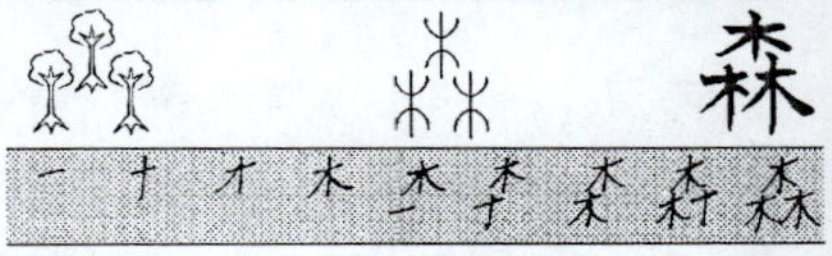
松明 たいまつ torche, flambeau 松竹梅 しょうちくばい pin, bambou et prune (symbole de bonheur)	kō phonétique → shō (La division ハ de biens privés ム) + l'arbre. Ici le pin, le résineux, avec ses aiguilles "divisées". Phonétiquement, shō est proche de shin 針 : l'aiguille - de pin.	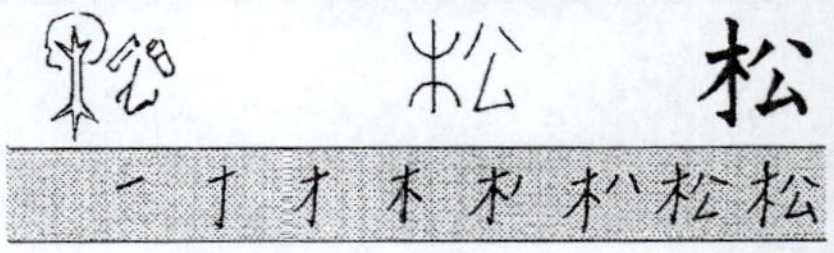
竹林 ちくりん-たけばやし forêt de bambou 竹馬の友 ちくば とも ami d'enfance	chiku clé et phonétique (Le bambou).	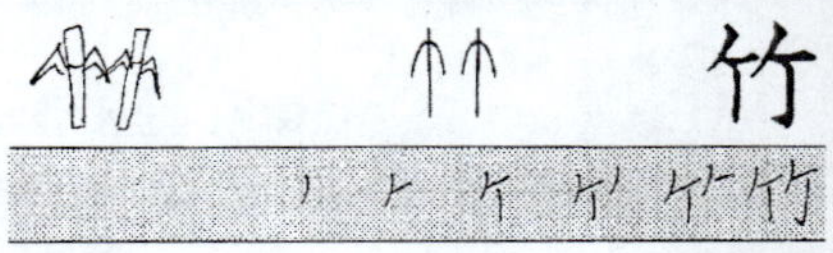
米作 べいさく riziculture 米屋 こめや magasin vendant du riz	bei clé et phonétique (Le riz, représenté par quatre grains séparés par le battage des fléaux. Ce caractère désigne aussi l'Amérique).	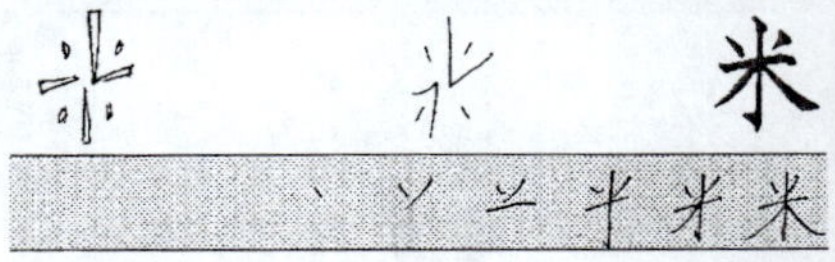
生糸 きいと soie grège 綿糸 めんし fil de coton	shi //// Clé "pure". 絲 abrégé en 糸. Le fil évoqué par l'image d'un écheveau, d'une pelote.	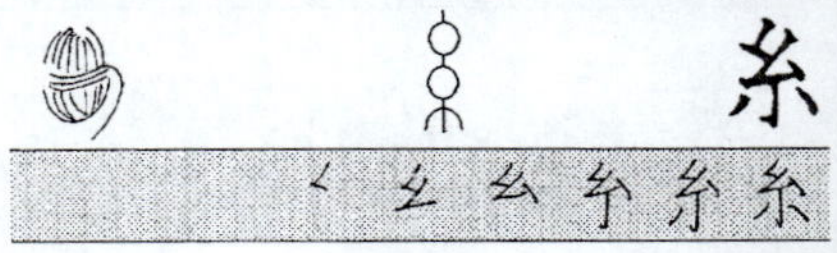
円卓 えんたく table ronde 千円札 せんえんさつ billet de 1000¥	en phonétique //// 圓 abrégé en 円 le cauris ; monnaie ronde qui s'arrondissait encore en passant de main en main. D'où le sens de cercle, circulaire. Aussi monnaie du Japon, le Yen ¥.	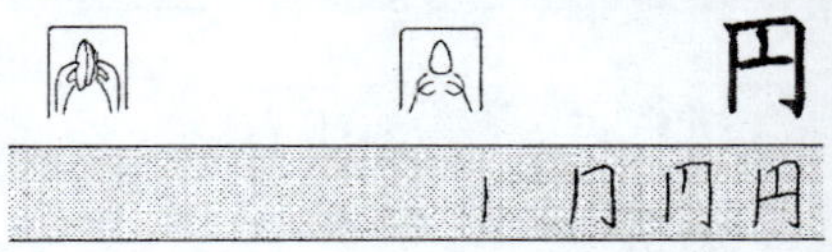

漢字	Page Mémto	Nb traits	Clé	Radical phonétique (//// = pas à l'index)	Lecture ON	Lecture KUN	Signification	Exemples de composés (1)
毎	24	6	毋	**BO* 母 母 毒-dérivé 毎 侮 悔 海 DOKU ***MAI*** ***BU*** ***KAI*** ***KAI*** 敏 梅 繁-assimilé 畝 *BIN* *BAI* *HAN* sé-uné	***MAI***		chaque tous les...	毎朝 まいあさ chaque matin 毎日 まいにち quotidien, chaque jour
週	100	11	⻌	*SHŪ* 周 周 彫 週 調 *CHŌ* *CHŌ*	**SHŪ**		semaine	今週 こんしゅう cette semaine 週末 しゅうまつ fin de semaine, week-end
朝	108	12	月	***CHŌ*** 朝 朝 潮	***CHŌ***	**asa**	*dynastie, règne* matin	朝日 あさひ soleil levant 朝食 ちょうしょく petit déjeuner
昼	61	9	日	*TAN* 旦 但 担 胆 ||壇 - assimilé 昼 tada(shi) || *TAN*-DAN *CHŪ*	***CHŪ***	**hiru**	midi, jour (opposé à la nuit)	昼夜 ちゅうや jour et nuit 昼間 ひるま jour, journée
夜	39	8	夕	*YA* 夜 夜 液 EKI	***YA***	**yoru-yo**	soir, nuit	夜間 やかん pendant la nuit, de nuit 夜店 よみせ boutique ambulante de nuit
夕	3	3	夕	**SEKI* 夕 夕- dérivé 多 移 ***TA*** ***I***	***SEKI***	**yū**	soir	一夕 いっせき un soir 夕食 ゆうしょく diner
春	61	9	日	////	***SHUN***	**haru**	printemps	青春 せいしゅん jeunesse 売春 ばいしゅん prostitution
夏	72	10	夂	////	***KA-GE***	**natsu**	été	夏期 かき été 夏至 げし solstice d'été
秋	65	9	禾	*SHŪ* 秋 秋 愁	***SHŪ***	**aki**	automne	今秋 こんしゅう cet automne 秋風 あきかぜ brise d'automne
冬	13	5	冫	*SHŪ* 攸 修 悠- sim. 条 -assim.冬 終 *SHŪ-SHU* *YŪ* JŌ *TŌ*	***TŌ***	**fuyu**	hiver	冬季 とうき saison d'hiver 冬眠 とうみん hibernation
今	5	4	𠆢	*KIN* 今 今 吟 含 念 –assim.琴 *KIN-KON* *GIN* *GAN* NEN	***KON-*** ***KON*** ***KIN***	**ima**	ce, cet,... présent maintenant	今日 こんにち(きょう) aujourd'hui 今後 こんご désormais
間	117	12	門	KAN 間 間 簡 *KAN-KEN*	***KAN*** ***KEN***	**ma-aida**	espace, durée temps entre... intervalle	時間 じかん temps, heure 人間 にんげん homme, être humain
半	12	5	十	*HAN* 半 半 伴 判 畔 ***HAN-BAN*** ***HAN-BAN***	***HAN***	**naka(ba)**	moitié, demi	半分 はんぶん moitié 半年 はんとし six mois
南	56	9	十	*NAN* 南 南 献 *KEN-KON*	***NAN***	**minami**	sud	南極 なんきょく pôle Sud 南口 みなみぐち sortie sud
西	27	6	西	////	***SEI*** ***SAI-ZAI***	**nishi**	ouest	西洋 せいよう l'Ouest, Occident 東西 とうざい est et ouest, orient-occident

Exemples de composés (2)	ANALYSE (Radical phonétique + Clé)	CHEMINEMENT GRAPHIQUE
毎年 まいねん annuel, chaque année 毎週 まいしゅう hebdomadaire, chaque semaine	bo phonétique → mai. (La plante) + la mère. Chacun des, tous les végétaux "naissent" d'une plante, comme chaque enfant d'une mère.	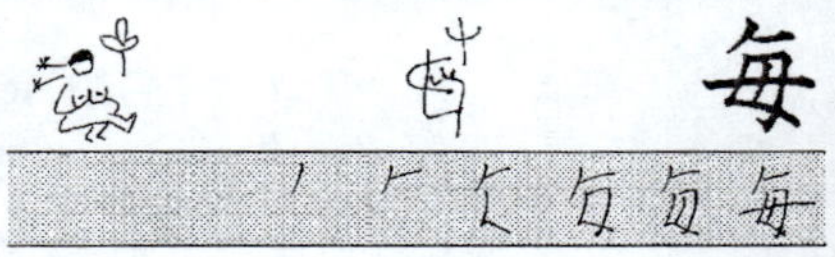
週刊 しゅうかん hebdomadaire 週休 しゅうきゅう congé hebdomadaire	shū phonétique (Le vase des ancêtres et 及 transcrit en 口 : l'aptitude, le contrôle) + aller. Le contrôle du temps lorsqu'on allait faire des travaux à l'extérieur se mesurait en semaines.	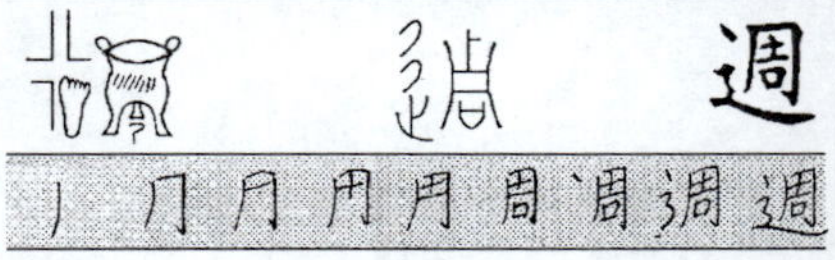
毎朝 まいあさ chaque matin 朝鮮 ちょうせん Corée	chō phonétique (Le soleil se levant dans la brume et les herbes + le bateau. Le soleil se lève ; les bateaux recommencent à naviguer. C'est le matin. Par extension, dynastie, règne).	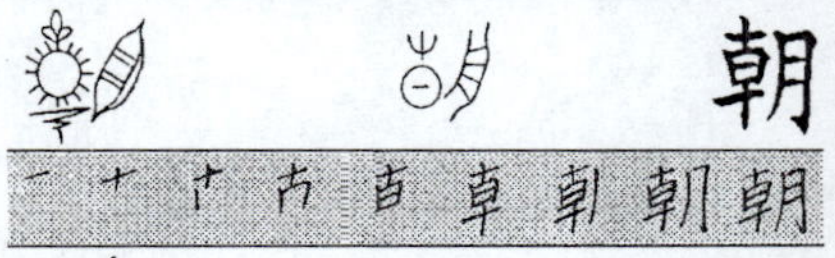
昼食 ちゅうしょく déjeuner 昼寝 ひるね sieste	shu phonétique → chū (書, abrégé en 尺. Assimilé au milieu du dos 尺 et au phonétique 旦) + le soleil au-dessus de l'horizon. Le milieu de la cour- se du soleil marque midi. Par extension, le jour.	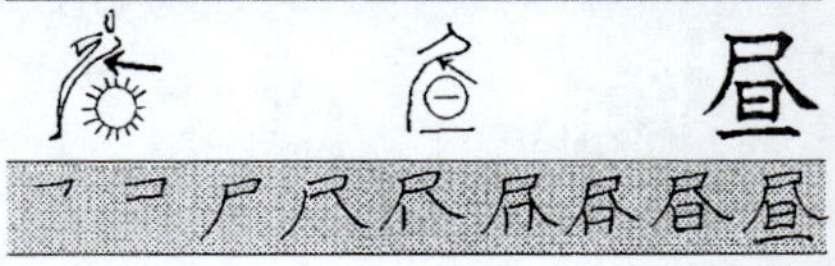
今夜 こんや ce soir, cette nuit 十五夜 じゅうごや pleine lune de septembre	ya phonétique (Mauvaise transcription de 夾 : l'homme "tenant" la lune sous les bras et le toit + la lune qui se lève. L'homme rentre chez lui le soir, à la nuit tombée).	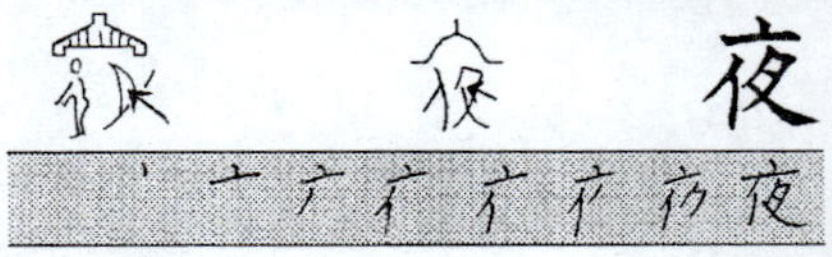
夕方 ゆうがた soir 七夕 たなばた Véga	seki clé et phonétique (Le soleil qui disparaît - ou la lune qui se lève - derrière la colline. La nuit tombe ; c'est le soir).	
来春 らいしゅん printemps prochain 常春 とこはる (pays de) l'éternel printemps	shun phonétique //// La plante qui sort de terre + le soleil. Sous l'action du soleil, la nature perce à nouveau la croûte terrestre ; c'est le printemps.	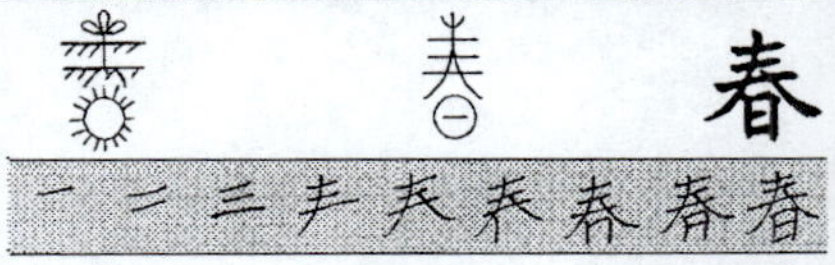
初夏 しょか début de l'été 夏休み なつやす vacances d'été	ka phonétique //// Un paysan marche allègrement, les bras ballants, son travail achevé, la récolte rentrée ; c'est l'été. Clé 夊.	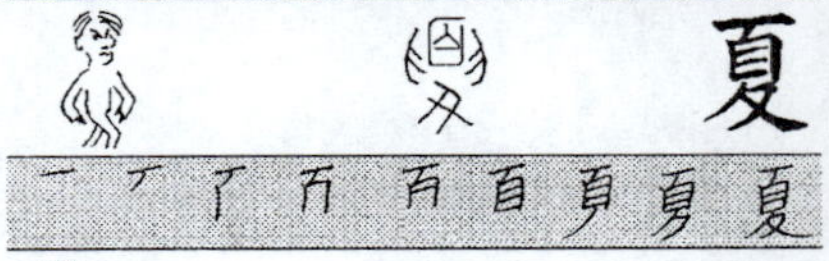
初秋 しょしゅう début d'automne 秋晴れ あきば bel automne, beau jour d' "	ka phonétique → ki → shū (Le feu et ses flammes + les céréales. Après la récolte on brûle la paille sur les champs ; c'est l'automne).	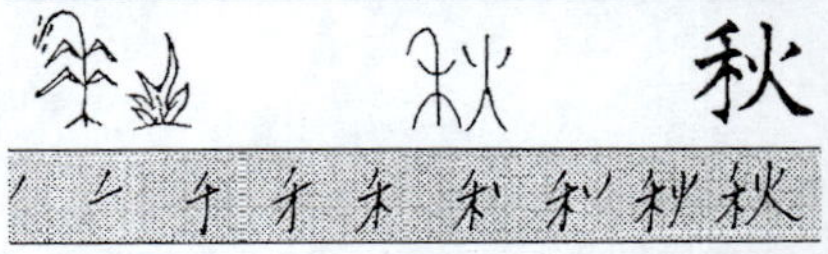
冬至 とうじ solstice d'hiver 冬休み ふゆやす vacances d'hiver	shū phonétique → tō (La source, assimilée graphiquement à la main tenant un bâton 夂) + la glace. En hiver, la glace empêche la source de couler.	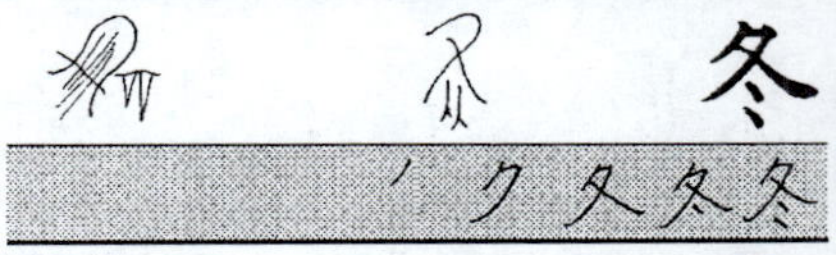
今回 こんかい cette fois 只今 ただいま maintenant, à l'instant	kin phonétique (及, abrégé en フ: idée de mouvement, d'accumulation + la foule 亼: les gens vont, viennent. Le temps accumulé du passé va vers le présent, vers "maintenant").	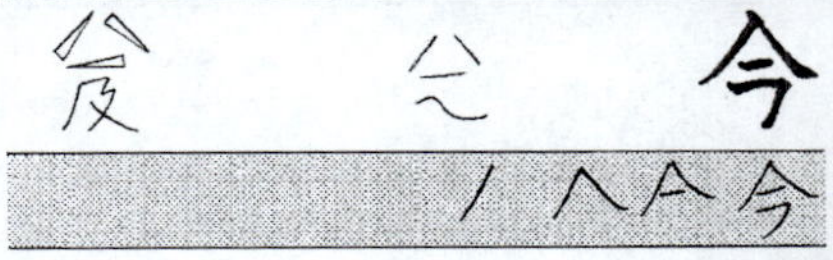
昼間 ひるま jour, journée 間柄 あいだがら relations, termes rapports, liens	getsu → kan phonétique (月 la lune, transcrite en 日 le soleil + la porte à deux battants. Lune - ou soleil - aperçu à travers ces battants évoque l'intervalle, ce qui est entre : durée, espace).	
前半 ぜんはん première moitié 半島 はんとう péninsule	han phonétique (Le demi, la moitié, symbolisés par la division d'un bien essentiel aux yeux du "citoyen-paysan" de l'époque : la tête de bétail). Clé 一.	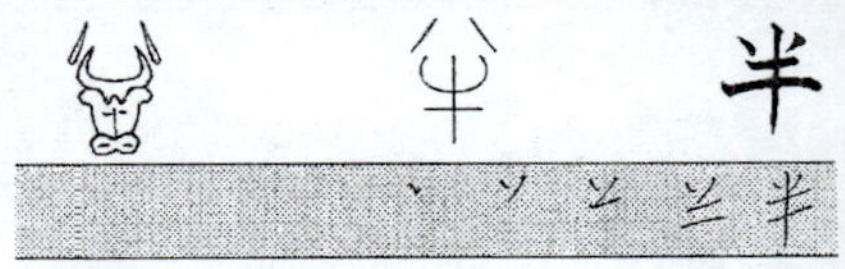
南部 なんぶ partie sud 南寄り みなみよ passant par le sud	nan phonétique (La végétation luxuriante et le pilon qui secoue les graines. L'image évoque la luxuriance de la végétation tropicale qui proliférait dans le sud de la Chine. Clé 十).	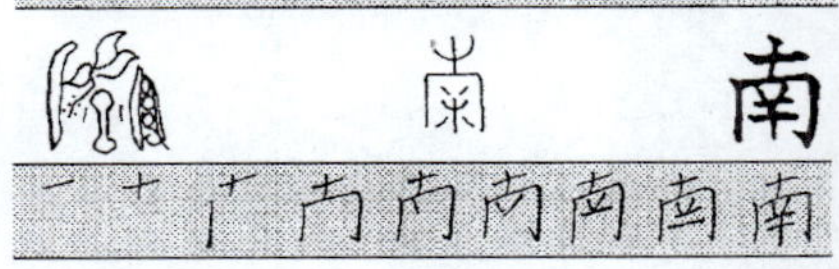
西口 にしぐち sortie ouest 大西洋 たいせいよう Océan Atlantique	sei //// Clé "pure". L'oiseau au nid. Les oiseaux regagnent leur nid, le soir, quand le soleil se couche, à l'ouest.	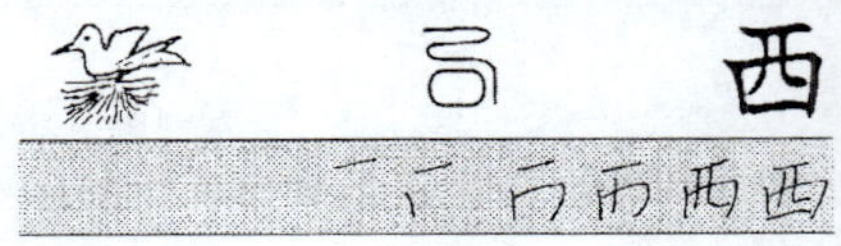

漢字	Page Mémto	Nb traits	Clé	Radical phonétique (//// = pas à l'index)	Lecture ON	Lecture KUN	Signification	Exemples de composés (1)	
北	12	5	匕	*HOKU* 北 北 背 *HOKU-BOKU HAI*	***HOKU BOKU***	**kita**	nord	北極 ほっきょく 北口 きたぐち	pôle Nord sortie nord
東	48	8	木	*TŌ* 東 東 凍 棟	***TŌ***	**higashi**	Est	東南 とうなん 東洋 とうよう	Sud-Est Est, Orient
京	39	8	亠	*KEI* 京 京 涼 就 景 影 鯨 ***KEI-KYŌ RYŌ SHŪ-JU EI GEI***	***KYŌ KEI***		*capitale*	東京 とうきょう 上京 じょうきょう	Tokyo montée sur/à la capitale
都	100	8	阝	*SHA* 者 者著 都 暑 煮 署 緒 諸 CHO TO ***SHO SHO SHO SHO*** ***TSU CHO***	**TO TSU**	**miyako**	capitale métropole	都市 とし 首都 しゅと	ville, cité capitale métropole
阪	-	-	阝	*HAN* 反 反 坂 返 板 版 販 飯-ass.仮 ***HAN HEN HAN HAN- KA*** ***TAN BAN*** BAN ***KE***	***HAN***			大阪	Osaka
州	23	6	川	SHŪ 州 州 酬	**SHŪ**	**su**	Etat, Province étoc haut-fond, banc	本州 ほんしゅう 中州 なかす	Honshu îlot (langue de terre)
家	72	10	宀	**KA* 豕 逐 豚 -dér. 遂 隊 墜‖家 塚 *CHIKU TON SUI* TAI *TSUI* tsuka 嫁 稼	***KA-KE***	**ya-ié uchi**	maison foyer, famille sa propre maison	家族 かぞく 家来 けらい	famille serviteur sujet, vassal
駅	139	14	馬	*TAKU* 尺 尺‖ 択 沢 訳 釈 駅 *SHAKU* YAKU *SHAKU* EKI	**EKI**		gare, station relais, étape	駅前 えきまえ 各駅 かくえき	devant la gare en face de la " chaque gare (omnibus)
町	36	7	田	CHŌ 丁 丁 打 頂 ‖ 訂 ‖ 町 貯 CHŌ-*TEI DA TEI CHO* -dérivé 亭 -assimilé 庁 灯 *TEI TŌ*	***CHŌ - CHŌ***	**machi**	ville, quartier *unité (longueur)*	町長 ちょうちょう 町会 ちょうかい	maire conseil municipal
村	35	7	木	*SUN 寸 寸守 村 狩 討- dérivé 得 *SHU-SU SON SHU TŌ* TOKU	***SON***	**mura**	village	村民 そんみん 農村 のうそん	villageois village rural
室	58	9	宀	**SHI* 至 至 到 室 屋 倒 致 窒 握 *TŌ SHITSU OKU TŌ CHI CHITSU AKU*	***SHITSU***	**muro**	*pièce, chambre* salle, cellier	温室 おんしつ 教室 きょうしつ	serre salle de classe
会	19	6	人	KAI 会 会 絵 KAI-*E KAI*-E	**KAI *E***	**a(u)**	réunion, assemblée, association (se) rencontrer	会社 かいしゃ 会長 かいちょう	société, firme président
社	36	7	ネ	**TO* 土 土 吐 社 ***TO-DO SHA-JA***	***SHA-JA***	**yashiro**	*compagnie* *association* sanctuaire shinto	社会 しゃかい 社長 しゃちょう	monde société, social directeur président
門	54	8	門	*MON 門 門 問 聞 *MON-BUN*	**MON**	**kado**	porte, entrée	専門 せんもん 門出 かどで	spécialité départ, début
庭	74	10	广	*TEI* 呈 呈 程 聖 - dérivé 廷 庭 艇 *SEI*	***TEI***	**niwa**	jardin, cour	家庭 かてい 校庭 こうてい	famille ménage, foyer cour de récréation

Exemples de composés (2)	ANALYSE (Radical phonétique + Clé)	CHEMINEMENT GRAPHIQUE
敗北 はいぼく défaite 北海道 ほっかいどう Hokkaido	hoku phonétique (Deux hommes dos à dos, opposés. En Asie, la position rituelle consiste à s'asseoir face au sud. La direction opposée est bien évidemment, le nord). Clé 匕.	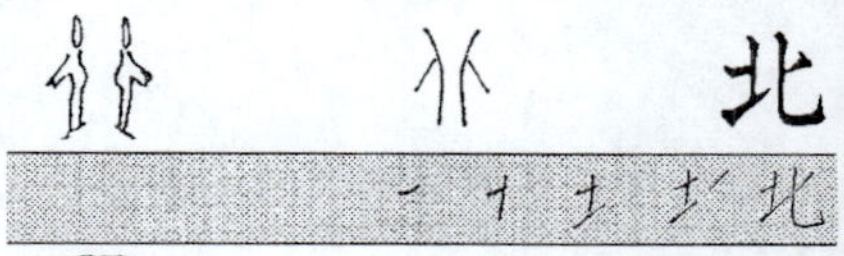
東西 とうざい Est et Ouest 東口 ひがしぐち sortie Est	tō phonétique (Le soleil + l'arbre. A l'Est, du nouveau chaque matin, quand le soleil se lève entre les arbres).	
京都 きょうと Kyoto 帰京 ききょう retour à la capitale	kyō, kei phonétique (La capitale et son palais qui domine la ville. Ou, selon d'autres sources 高, dont le bas est remplacé par un pivot 个, symbole du centre de l'empire, de la capitale. Clé 亠).	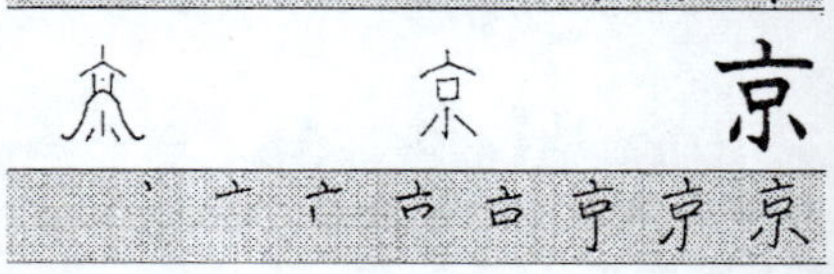
都度 つど toutes les fois 都合 つごう opportunité circonstances	sha phonétique → to (Le four banal autour duquel les gens se rassemblent) + le village. Un rassemblement de villages donne une grande ville, une métropole, une capitale.	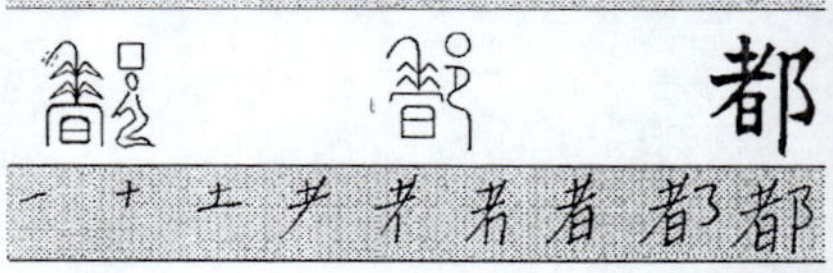
	han phonétique (La main qui appuie sur une planche pour la courber) + la terre accumulée, le rempart, l'enceinte. La terre à la forme courbe décrit une pente, une colline.	
九州 きゅうしゅう Kyushu ユタ州 しゅう Etat d'Utah (USA)	shū phonétique (Tel l'étoc affleurant, les continents séparés par les océans, les terres, symbolisées par des points 〃 + les fleuves qui les partagent décrivent les régions, provinces, Etats).	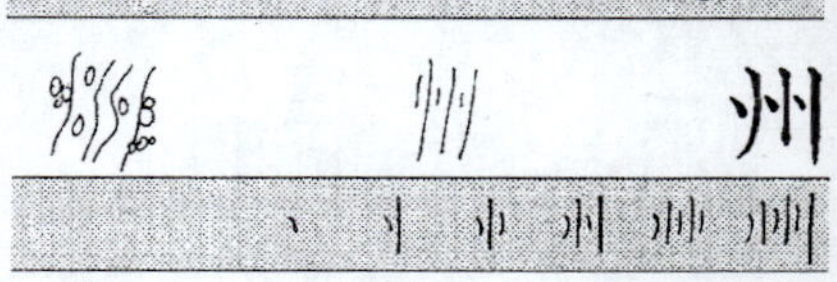
家賃 やちん loyer 家路 いえじ chemin du retour à la maison	ka phonétique (Le cochon) + le toit, la porcherie qui l'abrite. Dans toutes les maisons il y avait des animaux domestiques. Le caractère a gardé le sens de maison, de foyer, de famille.	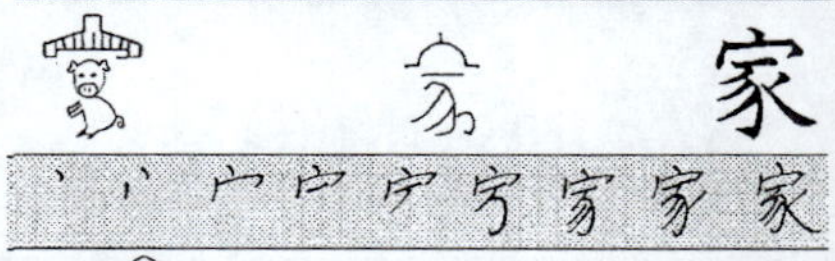
駅員 えきいん employé de gare 中央駅 ちゅうおうえき gare centrale	taku phonétique → eki (尺 abréviation de 睪 : l'œil surveillant les criminels) + le cheval. On surveille les chevaux dans les relais, étapes, où ils descendent. Par extension, la gare	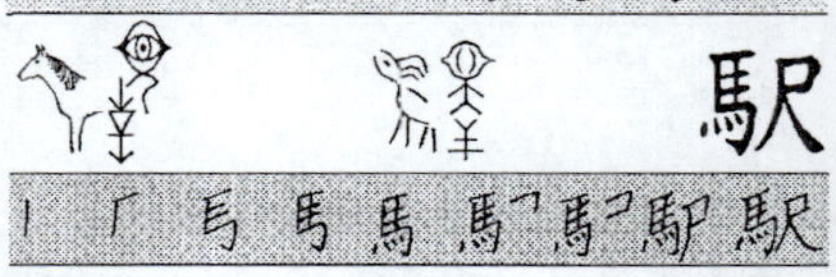
港町 みなとまち ville portuaire 下町 したまち quartier populaire, ville basse	chō phonétique (Le clou à large tête, symbole d'abondance, d'excès) + la rizière. Des rizières, se multipliant à l'excès, indiquent la proximité d'une ville. Par extension, unité de longueur.	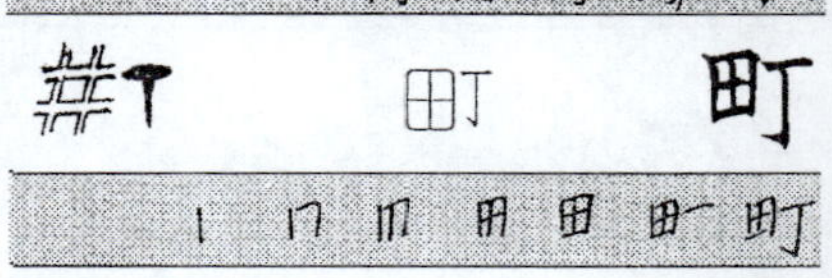
村長 そんちょう maire de village 村八分 むらはちぶ mise à l'écart	sun phonétique → son (Le poignet, unité de mesure, symbole de loi, contrôle) + l'arbre. Pour fonder un village, les anciens commençaient par "contrôler" la terre en brûlant la forêt.	
室内 しつない en salle à l'intérieur 和室 わしつ pièce de style japonais	shi phonétique → shitsu (Arriver, atteindre tel un oiseau piquant vers le sol) + le toit ; la chambre, la salle que l'homme "atteint", regagne comme l'oiseau son nid. Par extension, cellier.	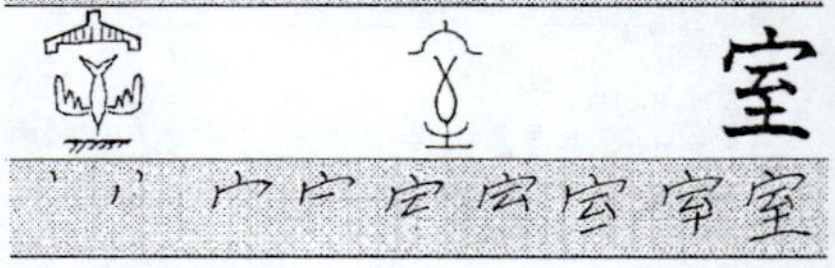
会議 かいぎ congrès conférence 出会う であ (se) rencontrer	shū → ko → kai phonétique (曾 le coin du feu, abrégé en 云: le lieu d'échange + la foule assemblée. Pour échanger des idées, les gens se rencontrent, réunissent, "s'associent" en ce lieu)	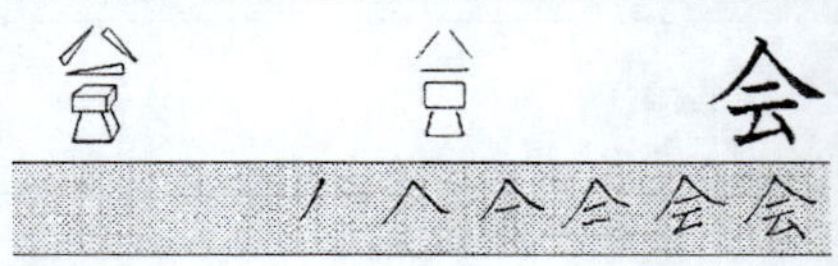
会社 かいしゃ firme, société 神社 じんじゃ sanctuaire shinto	to phonétique → sha (La terre) + le vase à offrandes. Les fidèles faisaient des offrandes, pour avoir bonnes terres et récoltes, au sein de sociétés organisées, dans les sanctuaires.	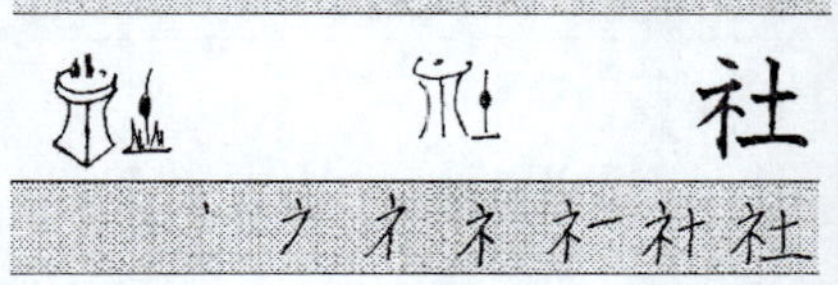
部門 ぶもん catégorie classe, section 入門する にゅうもん devenir disciple, stagiaire	to → mon clé et phonétique (La porte à deux battants, la porte d'entrée de la maison).	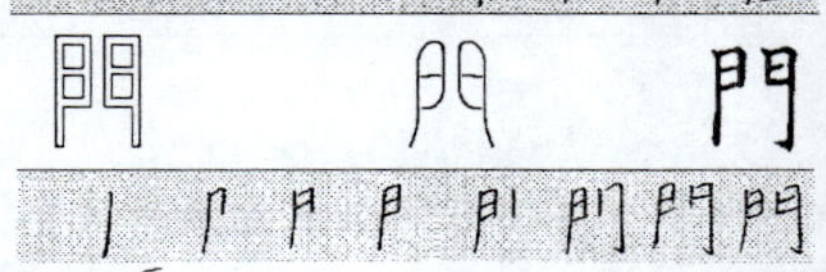
庭園 ていえん jardin, parc 庭先で にわさき dans le jardin	tei phonétique . (L'officiel qui se rend à la cour, au palais) + le toit, le bâtiment. Autrefois les plus beaux jardins, les plus belles cours, se trouvaient à l'intérieur des palais.	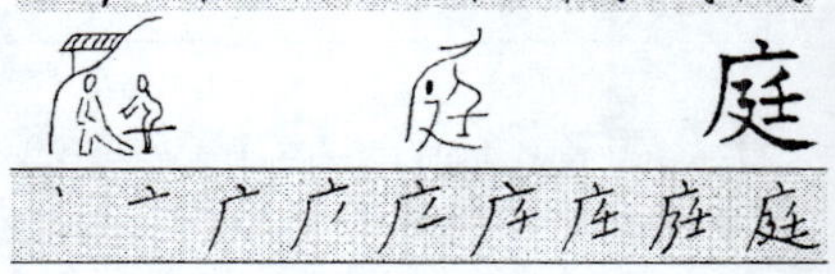

漢字	Page Mémto	Nb traits	Clé	Radical phonétique (//// = pas à l'index)	Lecture ON	Lecture KUN	Signification	Exemples de composés (1)	
名	20	6	口	*MEI* 名 名 銘 *MEI-MYŌ*	***MYŌ*** ***MEI*** ***MEI-*** ***-MEI***	**na**	nom, renom réputation *célèbre,excelent* *suffixe"homme"*	名前 なまえ 大名 だいみょう	nom et prénom "daimyo", seigneur féodal
紙	81	10	糸	**SHI* 氏 氏 紙 - dérivés 民 -氐 *MIN TEI*	**SHI**	**kami** ***-gami***	papier	手紙 てがみ 白紙 はくし	lettre page blanche feuille vierge
線	145	15	糸	*SEN* 泉 泉 線	**SEN**		ligne, fil rai, rayon	路線 ろせん 光線 こうせん	route, ligne de conduite rayon lumineux
石	17	5	石	**SEKI* 石 石 拓 ***SEKI-SHAKU TAKU***	***SEKI*** ***SHAKU*** ***-KOKU***	**ishi**	pierre *unité de capacité (#180l)*	石油 せきゆ 磁石 じしゃく	pétrole aimant boussole
車	38	7	車	**SHA* 車 車 庫 連 陣 - dérivé 軍 ***KO REN*** JIN GUN	***SHA***	**kuruma**	char, charrette véhicule, roue	電車 でんしゃ 自動車 じどうしゃ	train, tram. (électrifié) automobile
雨	54	8	雨	*////*	***U***	**amé** ***ama***	pluie *suffixe"féodal"*	豪雨 ごうう 雨季 うき	pluie torrentielle saison des pluies
電	130	13	雨	*////*	***DEN***		*éclair* *électricité*	電話 でんわ 電波 でんぱ	téléphone onde électrique
事	39	8	亅	*////*	***JI***	**koto-*goto***	fait, action chose, affaire événement	事件 じけん 食事 しょくじ	incident événement repas
物	51	8	牛	*////*	***BUTSU*** ***MOTSU***	**mono**	chose, objet article, affaire	物価 ぶっか 貨物 かもつ	prix marchandises
天	7	4	大	*TEN* 天 天 蚕 *SAN*	***TEN***	**amé** **ama**	ciel, nature, ordre des choses	天気 てんき 天然 てんねん	temps (qu'il fait) nature
気	24	6	气	*KI* 気 気 汽 KI-*KE*	**KI** **KE**		énergie, esprit, âme, souffle vital soupçon, brin de.	気持 きもち 景気 けいき	sentiment marche, état des affaires
友	7	4	又	*YŪ* ナ 右 雄- dérivés 有 賄 随- 友 *YŪ-U WAI ZUI YŪ*	***YŪ***	**tomo**	ami(tié)	友達 ともだち 友好 ゆうこう	amis amitié
私	36	7	禾	*////*	***SHI***	**watakushi**	je, moi personnel, privé	私的な してき 私有 しゆう	privé biens personnels
者	52	8	耂	*SHA* 者 者 著 都 暑 煮 署 緒 諸 CHO TO *SHO* *SHO SHO SHO* *TSU* *CHO*	***SHA***	**mono**	gens, personne ce(lui) qui...	記者 きしゃ 学者 がくしゃ	journaliste chroniqueur savant, érudit spécialiste
魚	102	11	魚	**GYO* 魚 魚 漁 *GYO*-RYŌ	***GYO***	**uo-sakana**	poisson	魚雷 ぎょらい 鮮魚 せんぎょ	torpille poisson frais (de la marée)

Exemples de composés (2)	ANALYSE（Radical phonétique + Clé）	CHEMINEMENT GRAPHIQUE
有名な ゆうめい — bien connu, fameux, célèbre 名札 なふだ — plaque d'identité	mei phonétique (La lune derrière la colline, image du soir + la bouche, parole. La nuit tombée pour être reconnu, il faut dire son nom. Par extension, la réputation qui lui est attachée).	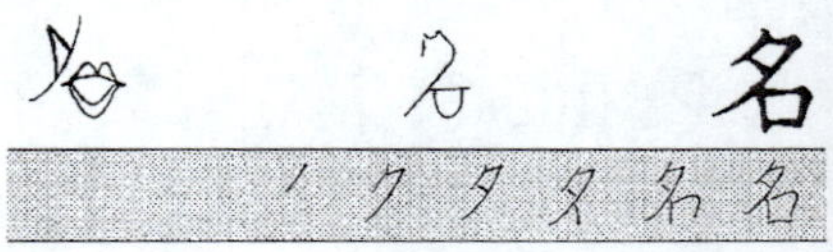
紙屑 かみくず — vieux papier 表紙 ひょうし — couverture (de livre...)	shi phonétique (La plante d'eau et ses fibres) + le fil. Le papier autrefois était fabriqué à partir de fil, chiffons ou plantes d'eau - comme le papyrus - qu'on défibrait par battage.	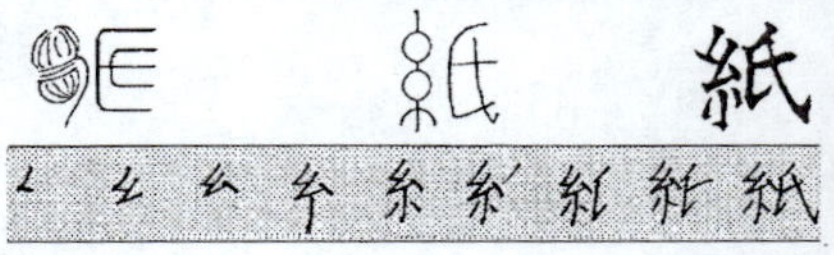
番線 ばんせん — quai numéro... 地平線 ちへいせん — horizon	sen phonétique (La source qui sort de terre et se répand en filets d'eau) + le fil ; fil de soie sortant du cocon, comparable aux lignes formées par les filets d'eau. Par extension, rai, rayon.	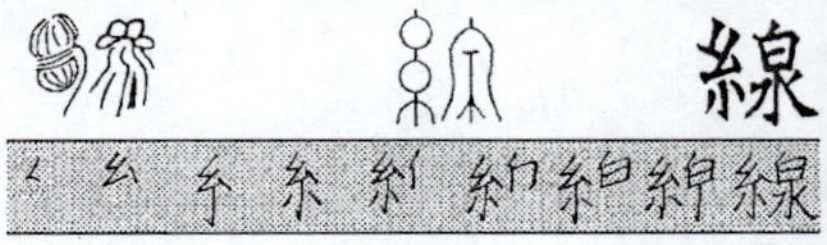
石炭 せきたん — charbon, houille 石頭 いしあたま — têtu, buté	seki clé et phonétique (La pierre, représentée par un bloc de rocher détaché d'une paroi, roulant vers la vallée. Par extension, ce volume est devenu une unité de capacité de # 180 litres).	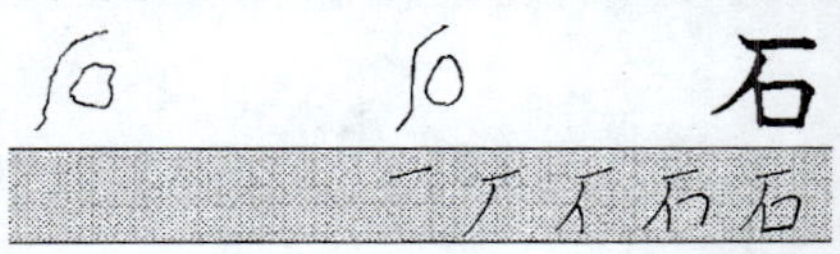
駐車 ちゅうしゃ — parking stationnement 横車を押す よこぐるま — entêtement (absurde)	sha clé et phonétique (Le char, la charrette, le chariot et les roues dont ils sont équipés. Par extension, véhicule).	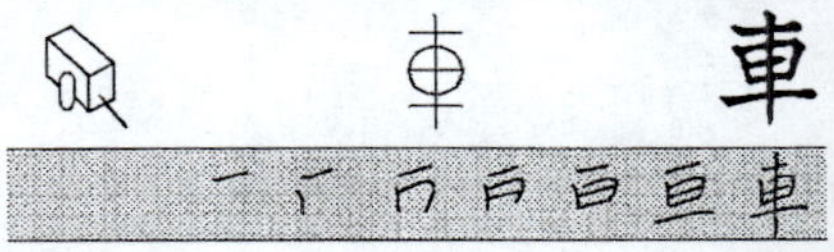
雨戸 あまど — volet glissant 梅雨 ばいう — saison des pluies (et des prunes..)	u //// Clé "pure". De la voûte céleste, des nuages, l'un d'entre eux s'est détaché pour égrener ses gouttes d'eau : c'est la pluie.	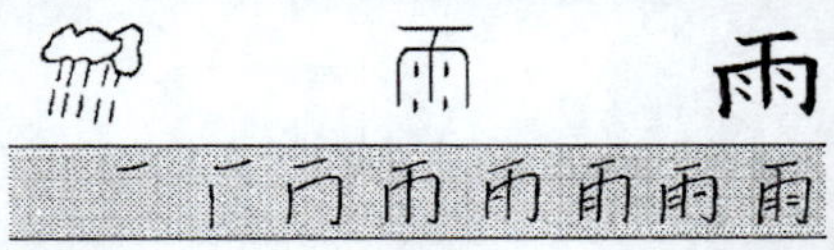
電気 でんき — électricité 電池 でんち — courant, lumière pile, batterie	shin phonétique → den (甲 variation de 申 : l'élément transmis, force des Dieux à l'homme) + la pluie. Venant avec la pluie, l'éclair, décharge d'électricité statique, exprime l'ire divine.	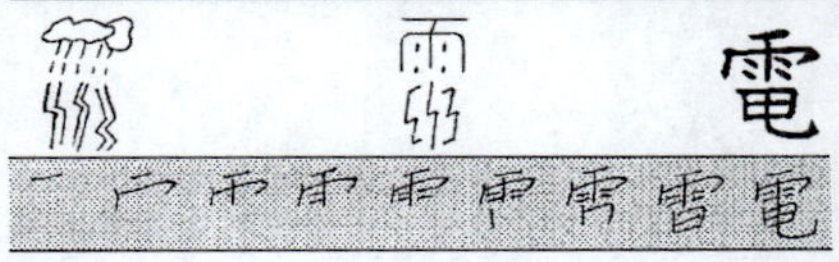
事業 じぎょう — affaire entreprise 見事な みごと — brillant admirable	shi → ji phonétique //// Le tube de bambou où on place les bâtonnets de la divination + la main du devin qui le tient. Il est censé révéler faits, actions, affaires, événements à venir. Clé 亅.	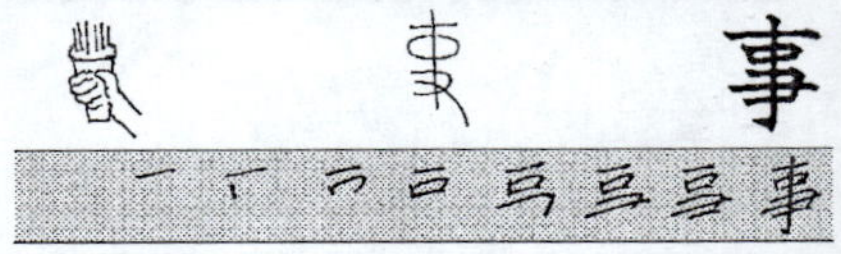
動物 どうぶつ — animal 食べ物 た もの — nourriture	butsu phonétique //// Les oriflammes multicolores + les bœufs aux robes diverses. Jadis, biens précieux, ces éléments ont été retenus pour désigner les choses, objets, articles, affaires.	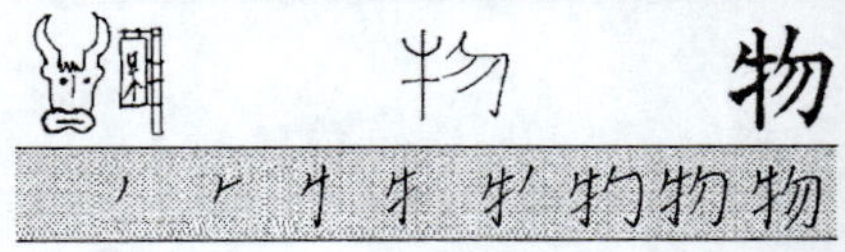
天国 てんごく — ciel, paradis 天下り あまくだ — parachutage (nomination...)	ten phonétique (Une barre supérieure + l'homme bien campé sur ses jambes 大. L'image décrit le ciel qui "coiffe" l'homme. Par extension, nature, ordre des choses)	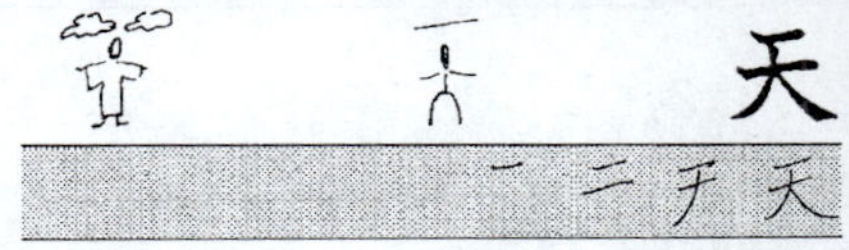
天気 てんき — temps (météo.) 気配 けはい — signe, trace indication	メ abréviation de 米 : le riz + ki phonétique (La vapeur). La vapeur du riz bouillant évoque l'énergie qu'il donne à celui qui le mange. Par extension, le souffle vital, l'esprit, l'âme.	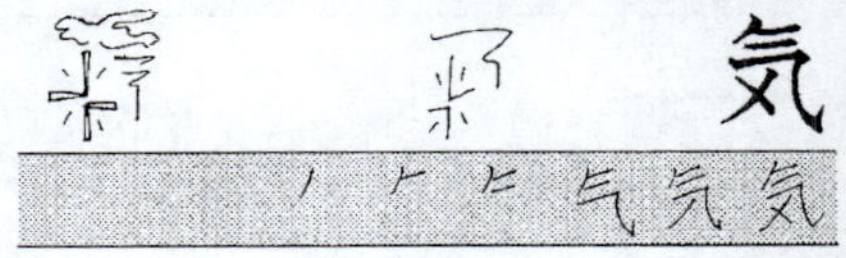
友人 ゆうじん — ami 親友 しんゆう — ami intime meilleur ami	yū phonétique classé à hatsu (Une main + la main dont elle se rapproche. Ceci dépeint des amis, l'amitié).	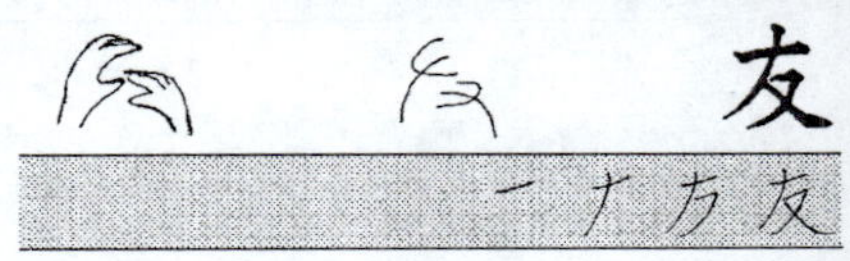
私物 しぶつ — objet personnel 私立の (わたくし)りつ — (école...) privée	shi phonétique //// Le nez, symbole de personnalité ou le cocon lové sur lui même, autre image de besoins personnels + la céréale. A chacun sa céréale, son cocon. D'où, je, personnel, privé.	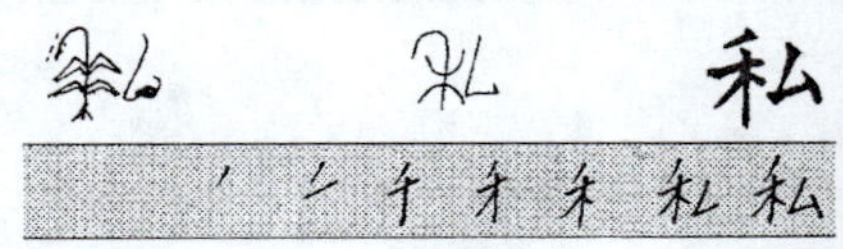
医者 いしゃ — docteur, médecin 働き者 はたら もの — grand travailleur	sha phonétique (Ce qui à la fois relie et différencie les gens : image de la personne. Pourrait venir de celui qui, amenant ses céréales à cuire au four banal 日, doit être différencié des autres).	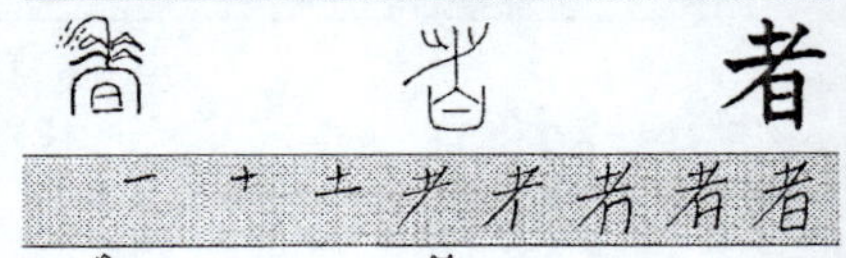
魚屋 さかなや — poissonnerie 川魚 かわうお/ざかな — poisson de rivière, d'eau douce	gyo clé et phonétique (Le poisson).	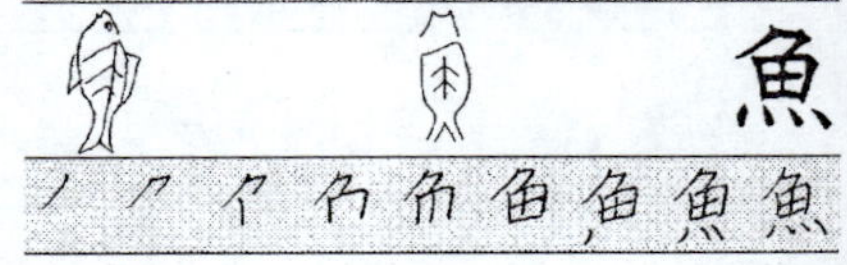

漢字	Page Mémto	Nb traits	Clé	Radical phonétique (//// = pas à l'index)	Lecture ON	Lecture KUN	Signification	Exemples de composés (1)	
鳥	102	11	鳥	**CHŌ* 鳥 鳥 島 鳴 *TŌ MEI*	***CHŌ***	**tori**	oiseau volaille	鳥類 ちょうるい 野鳥 やちょう	oiseaux oiseau sauvage
馬	85	10	馬	////	***BA***	**uma-ma**	cheval	馬鹿 ばか 競馬場 けいばじょう	imbécile idiot, crétin champ de courses
牛	9	4	牛	**GYŪ* 牛 牛 件 KEN	***GYŪ***	**ushi**	bovin bœuf, vache...	牛乳 ぎゅうにゅう 子牛 こうし	lait veau
犬	10	4	犬	**KEN* 犬 犬 伏 突 献-dériv. 獄 - 然 ***FUKU TOTSU KEN-*** ***GOKU NEN*** ***KON***	***KEN***	**inu**	chien	番犬 ばんけん 子犬 こいぬ	chien de garde chiot
虫	26	6	虫	**CHŪ* 虫 虫 独 ***DOKU***	***CHŪ***	**mushi**	insecte ver, larve	昆虫 こんちゅう 防虫剤 ぼうちゅうざい	insecte insecticide
肉	25	6	肉	////	**NIKU**		chair, viande	筋肉 きんにく 皮肉 ひにく	muscle ironie satire
入	1	2	入	**NYŪ* 入 入 込 ko(mu)	***NYŪ***	**iri** **i(réru)** **hai(ru)**	entrée (faire) entrer mettre, insérer introduire	輸入 ゆにゅう 入院 にゅういん	importation hospitalisation
話	127	13	言	**KATSU* 舌 舌 括 活 話 憩 *ZETSU WA KEI* - assimilés. 乱 辞 RAN JI	***WA***	**hanashi** **hana(su)**	histoire, propos conversation parler, dire	電話 でんわ 世話 せわ	téléphone soins bons offices
読	137	14	言	*BAI* 売 売 続 読 *ZOKU DOKU-TOKU*	***DOKU*** ***TOKU***	**yo(mu)**	*lecture* lire	読者 どくしゃ 読み物 よ もの	lecteur lecture ouvrage à lire
続	125	13	糸	*BAI* 売 売 続 読 *ZOKU DOKU-TOKU*	***ZOKU***	**tsuzu(ku)** **" (kéru)**	continuer (pour)suivre se prolonger ne pas cesser de continuer à	相続 そうぞく 持続 じぞく	héritage succession durée continuité
売	31	7	士	*BAI* 売 売 続 読 *ZOKU DOKU-TOKU*	***BAI***	**u(ri)** **u(ru)** **u(réru)**	vente vendre se vendre	販売 はんばい 商売 しょうばい	vente affaires commerce
買	115	12	貝	////	***BAI***	**ka(u)**	acheter échanger	買い物 か もの 買収 ばいしゅう	achats courses achat, corrup- tion (électorale)
立	17	5	立	**RITSU* 立 立 位 泣 粒 翌 *I KYŪ RYŪ YOKU*	***RITSU*** ***RYŪ***	***ta(chi)*** **ta(tsu)** **ta(téru)**	se dresser être debout élever, dresser	立場 たちば 成立 せいりつ	position, état adoption conclusion
食	69	9	食	*RŌ* 良 良 即 郎 娘 朗 浪 廊 節 RYŌ *SOKU* musumé SETSU - dérivé 食 SHOKU	**SHOKU** ***JIKI***	**ta(béru)** **ku(u-rau)**	repas, appétit *nourriture* *aliment* manger manger, vivre	食事 しょくじ 食べ物 た もの	repas nourriture
着	112	12	羊	////	***CHAKU***	**tsu(ku)** **ki(séru)** **ki(ru)-tsu(kéru))**	*(suff.) vêtements* *arrivée* arriver habiller qq'un porter, mettre	着陸 ちゃくりく 着物 きもの	atterrissage kimono vêtements

Exemples de composés (2)	ANALYSE (Radical phonétique + Clé)	CHEMINEMENT GRAPHIQUE
小鳥 ことり petit oiseau 一石二鳥 いっせきにちょ (faire d')une pierre deux coups	chō clé et phonétique (L'oiseau à longue queue, opposé à 隹 : l'oiseau à queue courte, agile ou au phœnix 鳳. Par extension, poule-t).	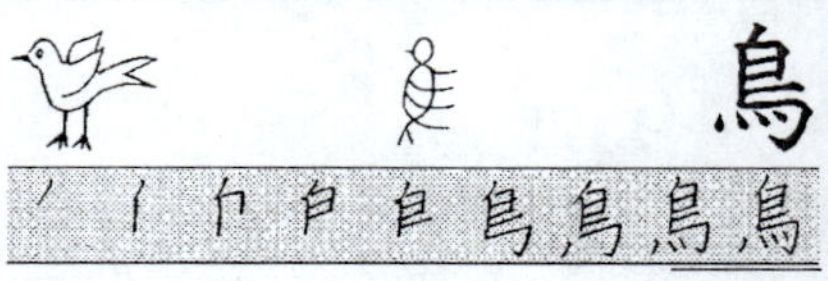
馬屋 うまや écurie 絵馬 えま ex-voto tablette votive	ba //// Clé "pure". Le cheval.	
牛肉 ぎゅうにく (viande de) bœuf 雄牛 おうし taureau	gyū clé et phonétique (Le bœuf, la vache, le taureau. Esprit fort dans les signes du zodiaque, sa puissance faisait de lui l'esprit tutélaire du village, qui "consolidait" les digues).	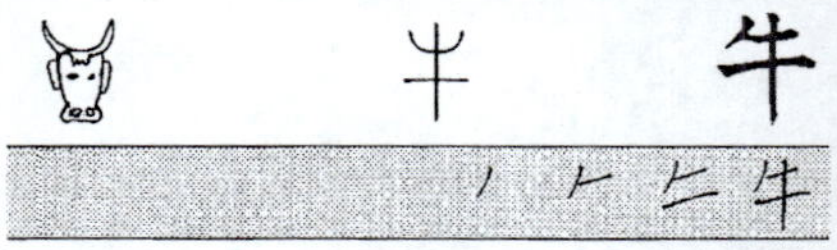
猛犬 もうけん (attention) chien méchant 盲導犬 もうどうけん chien d'aveugle	ken clé et phonétique (Le chien).	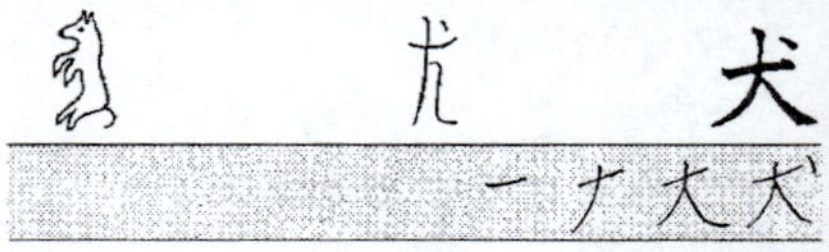
虫歯 むしば carie 水虫 みずむし insecte d'eau eczéma suintant	chū clé et phonétique (蟲 abrégé en 虫. L'insecte ou tout ce qui rampe, grouille, ondule sur le sol : larve, ver...).	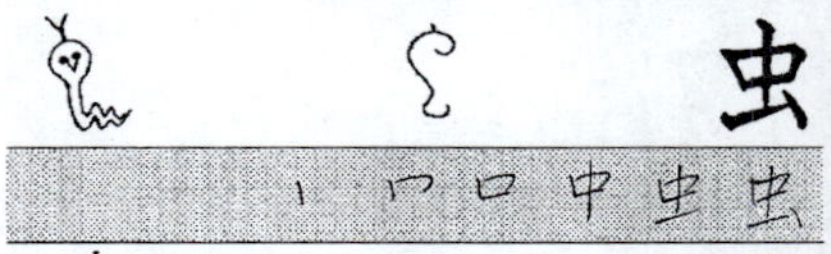
牛肉 ぎゅうにく (viande de) bœuf 肉体 にくたい (le) physique corps, chair	niku //// Clé "pure". La chair, la viande que l'on faisait sécher au soleil en lanières suspendues à un cadre.	
入学 にゅうがく admission (école) 入口 いりぐち (porte d') entrée	nyū clé et phonétique (Entrer comme l'affluent dont les eaux entrent et se mêlent dans le cours d'un fleuve. Par extension, introduire, insérer).	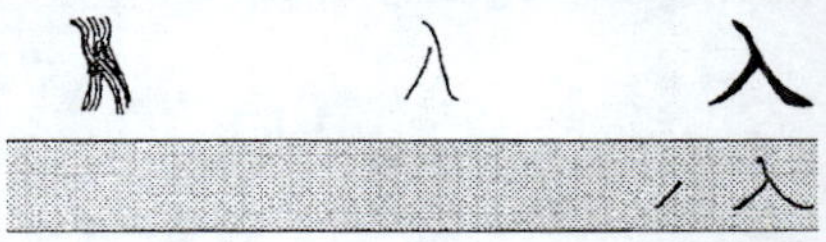
話題 わだい sujet de, matière (conversation..) 笑い話 わら ばなし plaisanterie histoire drôle	katsu phonétique → kuwai → wa (La langue) + les mots, la parole. Que pourrait signifier ce caractère sinon la conversation, les propos, les histoires ou le fait de parler, de dire !	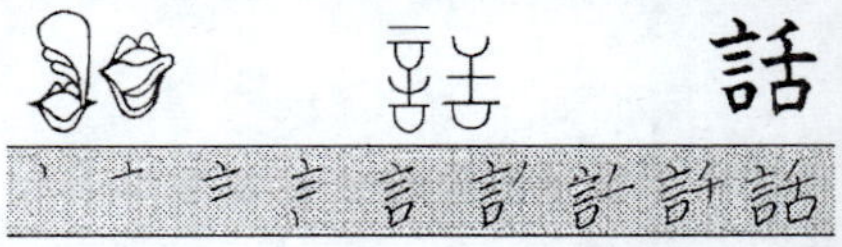
読書 どくしょ lecture 愛読 あいどく lecture favorite "de prédilection	bai phonétique → doku (賣 abrégé en 売 : le marchandage continuant sous l'œil 罒 bienveillant des gens) + les mots. Ces derniers sont vus de façon bienveillante quand on pratique la lecture.	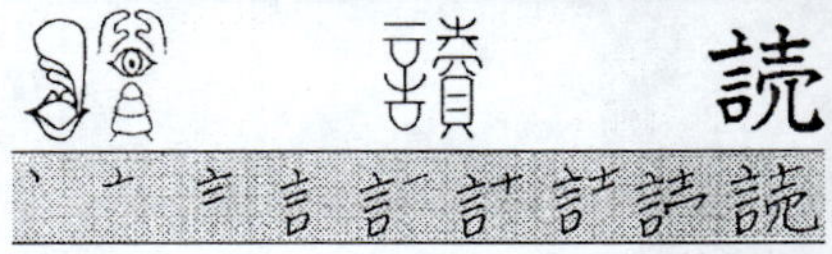
連続 れんぞく suite, continuité 手続き てつづ formalités, procédures, démarches	bai phonétique → zoku (売 abréviation de 賣 : le marchandage pour l'achat d'objets, qui continue à l'infini) + le fil sans fin, pour renforcer l'idée de ce qui se poursuit, se prolonge.	
発売 はつばい mise en vente 売り出す う だ lancer sur le marché	bai phonétique //// Le filet qui enveloppe + le cauris, l'argent. Emporter un objet "enveloppé" dans son filet à provisions contre sa valeur monétaire, c'est acheter.	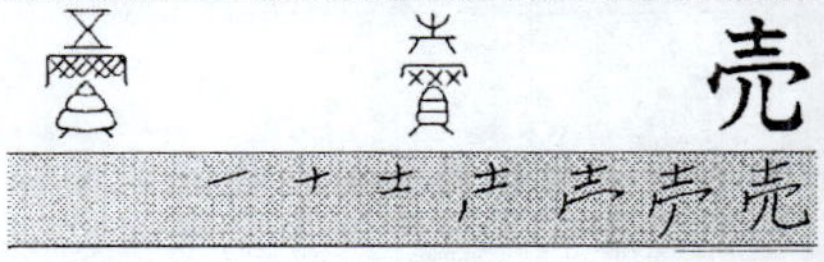
商買 しょうばい affaires commerce 買得 かいどく bon marché "une affaire"	bai phonétique (冗 abréviation de 買 le cauris, l'argent et le filet 网 où sont pris acheteur et vendeur 士, mauvaise transcription de 出 sortir. Ce qui sort du marchandage, la vente)	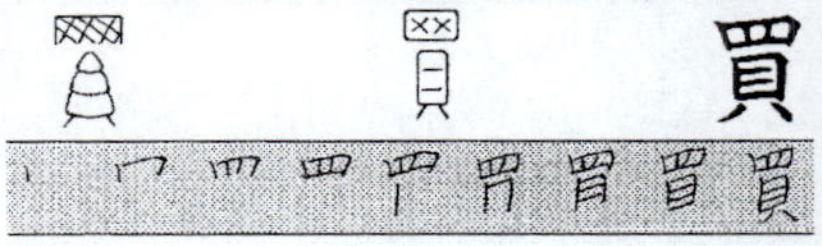
独立 どくりつ indépendance 対立 たいりつ opposition antagonisme	ritsu clé et phonétique (L'homme qui se dresse, se tient debout, bien campé sur ses jambes. Par extension, élever, dresser).	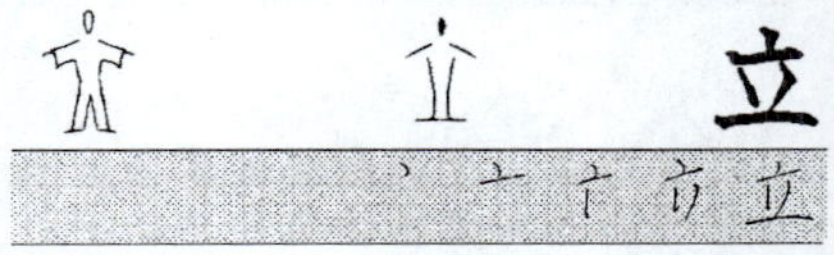
食堂 しょくどう salle à manger buffet, réfectoire 食い違い く ちが décalage divergence	shoku clé et phonétique. (La nourriture, don du ciel à l'homme et le toit. L'homme, assis sous son toit, contemple, l'eau à la bouche, la nourriture, les aliments qu'il va manger).	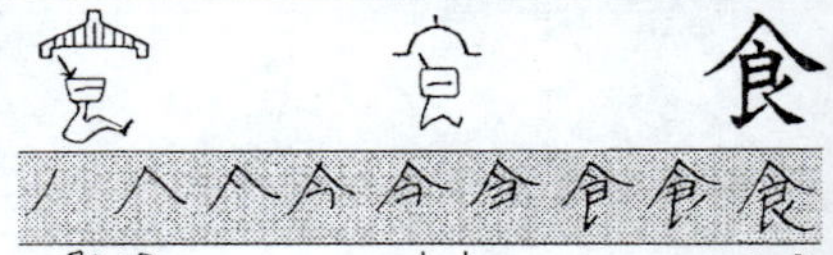
到着 とうちゃく arrivée 決着 けっちゃく décision règlement	chaku phonétique //// Classé sous la clé du mouton 羊. En fait 着 est une déformation de 著, la personne qui va, arrive au four banal, portant des vêtements en fibres 艹 que tous peuvent voir 目.	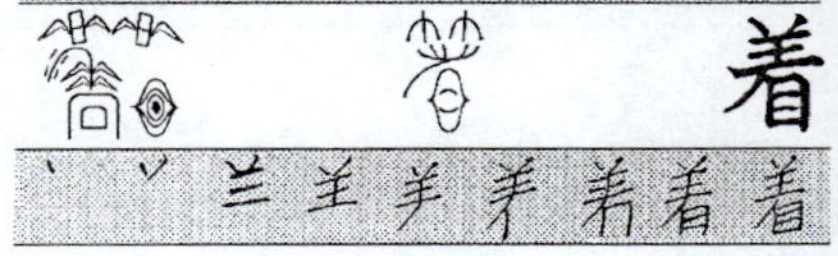

漢字	Page Mémto	Nb traits	Clé	Radical phonétique (//// = pas à l'index)	Lecture ON	Lecture KUN	Signification	Exemples de composés (1)
好	21	6	女	*SHI* 子 子 好 字 *SHI-SU* *KŌ* JI	**KŌ**	**su(ku)** **kono(mu)**	*amour, affection* prendre plaisir avoir du goût pour, aimer	好評 こうひょう popularité, bonne renommée 色好み いろごの homme
休	18	6	亻	**MOKU* 木 木 休 朴 困 *MOKU-BOKU* *KYŪ* *BOKU KON* -assimilé 床 - dérivé 本 *SHŌ* HON	**KYŪ**	**yasu(mi)** **yasu(mu)** **yasu(méru))**	vacances se reposer se détendre détendre	休憩 きゅうけい repos, récréation 休養 きゅうよう détente, délassement
帰	74	10	刂	*FU* 帚 婦 掃 - assimilé 帰 ***SŌ*** ***KI***	**KI**	**kaé(ru)** **kaé(su)**	retourner rentrer, revenir renvoyer	帰国 きこく retour au pays 日帰り ひがえ voyage d'une journée
作	28	7	亻	SAKU 乍 作 昨 詐 酢 搾 SAKU-***SA*** ***SA***	**SAKU** ***SA***	**tsuku(ru)**	oeuvre, récolte faire, fabriquer	作品 さくひん oeuvre (artistique) 作業 さぎょう travail, opération
切	6	4	刀	*SETSU* 切 切 窃 ***SETSU-SAI***	***SETSU*** ***SAI***	**ki(ru)**	*intense* couper	親切 しんせつ gentillesse 締切 しめきり clôture, date limite
考	25	6	耂	KŌ 考 考 拷 ***GŌ***	***KŌ***	**kanga(éru)**	*pensée, opinion* réfléchir raisonner	考慮 こうりょ considération 選考 せんこう choix, sélection
思	59	9	心	*NŌ* 𡿺 悩 脳 - simplifié 思 細 ***SHI*** ***SAI***	***SHI***	**omo(u)**	penser, croire juger, estimer	思想 しそう idée, pensée, philosophie 思慮 しりょ réflexion, sagesse
知	51	8	矢	CHI 知 知 痴	**CHI**	**shi(ru)**	*connaissance* intelligence, sagesse savoir, informer, connaître	知人 ちじん relation, connaissance 知識 ちしき savoir, connaissance
通	84	10	辶	*TSŪ* 甬 通 痛 踊 勇 *YŌ* *YŪ*	***TSŪ***	**tō(su)** **tō(ru)** **kayo(u)**	laisser passer persister passer, pénétrer faire la navette	交通 こうつう trafic, circulation 普通の ふつう commun, ordinaire
止	9	4	止	**SHI* 止 止 企 祉 紫 雌 *KI* - dér.乏 芝 -assi.渋 *BŌ* shiba *JŪ*	***SHI***	**to(méru)** **to(maru)**	*arrêt* arrêter, empêcher s'arrêter, cesser faire halte	足止め あしど confinement, détention 禁止 きんし interdiction, défense de...
歩	49	8	止	HO 歩 歩 渉 頻 *SHŌ* *HIN*	**FU** ***BU*** **HO**	**aru(ku)** **ayu(mu)**	pion, surface(3,3m²) *intérêt, avantage* marcher, pas	進歩 しんぽ progrès, développement 歩合 ぶあい taux, otage, commission
走	38	7	走	**SŌ* 走 走 徒合 *TO*	***SŌ***	**hashi(ru)**	courir, rouler	競走 きょうそう course 口走る くちばし lécher, laisser échapper
合	19	6	口	*GŌ* 合 合 拾 塔 搭 答 給 ***SHŪ-JŪ*** TŌ ***TŌ*** ***TŌ-DŌ*** ***KYŪ***	***GŌ***	**a(u)** **awa(su/séru)**	*joint, mutuel* s'adapter, adapter, régler joindre, réunir	総合 そうごう synthèse 合併 がっぺい union, fusion, combinaison
白	16	5	白	*HAKU* 白 白 伯 拍 泊 迫 舶 HAKU-HYŌ - dérivé 百 楽 (B/H)YAKU RAKU	***HAKU*** ***BYAKU***	**shiro(i)** **shira-**	blanc, pur innocence	告白 こくはく aveu, confession 白人 はくじん (homme) blanc, race blanche
赤	37	7	赤	**SEKI* 赤 赤 赦 嚇 - simplifié 跡 *SEKI-SHAKU* *SHA* *KAKU*	***SEKI*** ***SHAKU***	**aka(i)** **aka(ramu)** **" (raméru)**	*vide, absence de* rouge rougir, faire rougir	赤ん坊 あか ぼう bébé, petit enfant 赤道 せきどう équateur, "la ligne"

Exemples de composés (2)	ANALYSE (Radical phonétique + Clé)
友好 ゆうこう amitié 大好き だいす très aimé dont on raffole	shi phonétique → kō (L'enfant) + la femme. La mère et l'enfant ! Quel meilleur symbole pouvait-on trouver pour exprimer l'amour de ses semblables, l'affection, le goût qu'on leur porte ?
休暇 きゅうか congé, vacances 夏休み なつやす vacances d'été	moku phonétique → kyū (柔 la souplesse, simplifié en 木 : l'arbre) + l'homme. Il est "souple", frais, quand, après avoir piqué un somme sous un arbre, il est reposé. D'où, vacances, détente.
復帰 ふっき retour (au pouvoir...) 帰り道 かえ みち chemin du retour	ヨ fu phonétique → ki (Le balai à la main, symbole de l'épouse) +追 tsui, poursuivre, transcrit en 刂. Après avoir pris femme, le mari revient, rentre, retourne à la maison avec elle.
作家 さっか auteur, écrivain 手作り てづく fait à la main	saku phonétique (L'homme qui s'isole, "se cache" pour travailler) + l'homme, l'artisan. Il fait", fabrique. Par extension, le résultat de ces travaux : œuvres, réalisations, récoltes.
大切な たいせつ précieux important 一切れ ひとき un morceau une tranche	setsu phonétique (Le bambou + le sabre qui le coupe).
参考 さんこう référence consultation 考え方 かんが かた façon de penser	kō phonétique (La difficulté pour une plante de pousser + le vieillard. Il est difficile de raisonner correctement. Jadis, la réflexion, la pensée, était l'apanage des gens âgés, des sages).
思い出 おも で souvenir 不思議 ふしぎ mystère merveille	nō phonétique → shi (囟 abrégé en 田 : le cerveau et pas le champ) + le cœur. Selon les anciens, quand l'homme pense, se souvient, estime son fluide vital remonte du cœur au cerveau.
知恵 ちえ sagesse, intelligence, entendement 承知 しょうち accord consentement	La bouche, la parole + shitsu → chi phonétique (La flèche). La parole frappant au but avec la précision d'une flèche est celle du sage possédant le savoir, la connaissance, l'information.
通信 つうしん communication correspondance 見通し みとお prévision, vue perspectives	tsū phonétique (L'homme priant sur le vase des ancêtres pour que ses vœux s'accomplissent sans obstacle) + marcher. Marcher sans obstacle, c'est passer, pénétrer, faire la navette.
防止 ぼうし prévention 通行止め つうこうど route, rue barrée	shi clé et phonétique (L'empreinte d'un pied qui marque - et exprime - l'arrêt. Par extension, s'arrêter, faire halte, cesser, empêcher).
歩調 ほちょう allure, au pas 歩道 ほどう passage pour piéton, trottoir	ho phonétique (Un pied, transformé en 少 + un autre pied. Mettre un pied devant l'autre, c'est bien sûr, marcher. Par voie de conséquence, pas et unité de surface d'environ 3,3 m^2).
奔走 ほんそう (faire) effort pour 走り書き はし が griffonnage écrit cursif	sō clé et phonétique (L'homme lancé en avant et le pied qui le propulse ; il court. Par extension, roule).
合図 あいず signe, signal 都合 つごう circonstance favorable ou non	gō phonétique (Le triangle 亼 représentant la foule + la bouche, la parole. Les gens se réunissent, parlent en "adaptant, joignant" leurs paroles).
白鳥 はくちょう cygne 白髪 しらが-はくはつ cheveux blancs	haku clé et phonétique (La blancheur, la clarté du soleil qui pointe à l'horizon. Au sens figure, en Orient comme en Occident, ce symbole exprime la pureté, l'innocence).
赤字 あかじ perte, déficit (dans le rouge) 赤軍 せきぐん Armée rouge	seki clé et phonétique (Rouge, comme un homme 土 dont le visage est éclairé par des flammes 灬).

CHEMINEMENT GRAPHIQUE

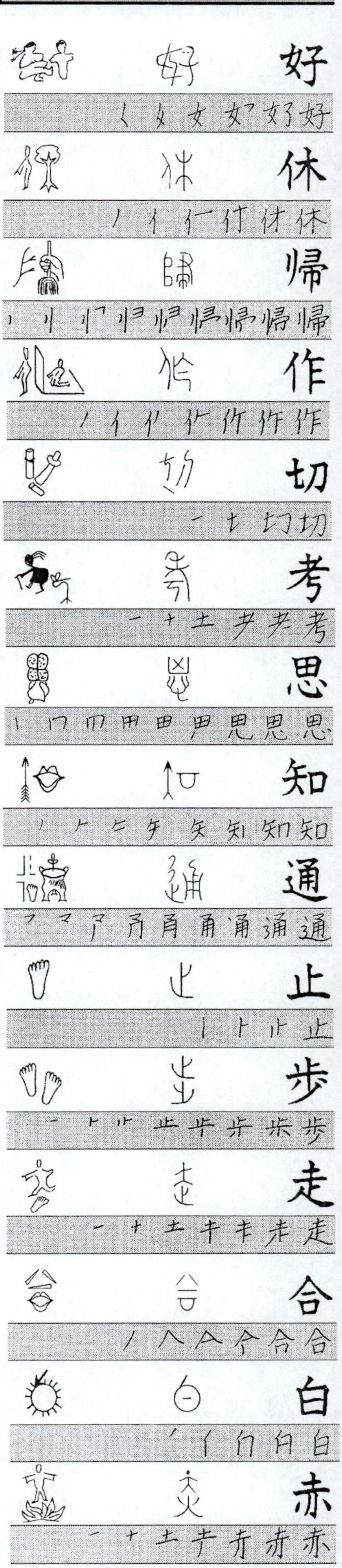

漢字	Page Mémto	Nb traits	Clé	Radical phonétique (//// = pas à l'index)	Lecture ON	Lecture KUN	Signification	Exemples de composés (1)	
黒	102	11	黒	*KOKU 黒 黒 墨 黙 BOKU MOKU	**KOKU**	**kuro(i)**	noir	黒人 こくじん 暗黒 あんこく	ténèbres obscurité
青	54	8	青	*SEI 青 青情 清 晴 精 請〔静 classé à 争〕 SEI JŌ SEI SEI SŌ SHŌ SHŌ SHIN	**SEI** **SHŌ**	**ao(i)**	*inexpérience* bleu, vert (feu)	青空 あおぞら 青年 せいねん	ciel bleu jeune homme jeunes gens
黄	102	11	黄	*KŌ 黄 黄 横- simp. 拡 鉱- assimilé 広 KŌ-Ō Ō KAKU	**Ō-O**	**ki**	jaune	黄金 おうごん 硫黄 いおう	or (métal jaune) soufre (un) noir
新	122	13	斤	SHIN 新 新 薪 親	**SHIN**	**ara(ta), nii** **atara(shii)**	nouveau " neuf, récent	新聞 しんぶん 新年 しんねん	journal nouvel an
明	47	8	日	MEI 明 明 盟 MEI-MYŌ	**MYŌ** **MEI**	**a(kari)** **aka/i(rui/raka)** **a(kéru)** **a(kasu)** **a(ku/*kuru*)**	lumière, clarté clair/évident s'éclaircir passer (la nuit) se vider / *suivant*	説明 せつめい 明日 みょうにち-あす	explication demain
長	54	8	長	*CHŌ 長 長 帳 張 脹	**CHŌ**	**naga(i)**	*chef, tête* long	社長 しゃちょう 長年 ながねん	patron Président pendant (de longues)années
短	112	12	矢	*TŌ 豆 豆 登 痘 短 澄 頭- assim.闘- TŌ TŌ TAN CHŌ TŌ ZU TO ZU 燈 abrégé en 灯 [Classé à 丁 CHŌ]	**TAN**	**mijika(i)**	court, bref insuffisant	短所 たんしょ 短期の たんき	défaut point faible de courte durée
太	7	4	大	*TAI 大 大 太 駄 TAI-DAI TAI-TA DA	**TAI-TA**	**futo(i)** **futo(ru)**	vaste gros, épais grossir	太陽 たいよう 極太 ごくぶと	soleil gros (fil)
高	86	10	高	*KŌ 高 高 稿- inver.厚 - dérivé 豪- 喬 GŌ KYŌ	**KŌ**	**taka(i)** **taka** **taka(méru)** **" (maru)**	haut, grand, cher quantité, montant élever, hausser grandir, s'élever	最高の さいこう 高級な こうきゅう	le plus haut " élevé supérieur de 1er ordre
早	23	6	日	SŌ 早 早 草	**SŌ**	**haya(i)** **haya(méru)** **haya(maru)**	tôt, rapide fait à la hâte, hâter se hâter	早口 はやくち 早期 そうき	volubilité premier stade avec précocité
枚	48	8	木	BOKU 攴 - simplifié en 攵 : 枚 牧 MAI	**-MAI**		*suff. pour objets plats ou minces*	何枚 なんまい 枚数 まいすう	combien de (feuilles...) nombre de (feuilles...)
個	70	10	亻	KO 固 固 個 箇 KA	**KO** **-KO**		*individuel,* *suffixe numéral* *(objets uniques)*	個人 こじん 一個 いっこ	individu un morceau... une pièce...
和	52	8	禾	*KA 禾 季 委 和 科 I KI WA	**WA**	***o*** **nago(yaka)** **nago(mu)** **yawa(ragéru)** **yawa(ragu)**	paix, harmonie doux, calme calmer, adoucir se calmer, s' "	平和 へいわ 和解 わかい	paix raccommodement réconciliation
仏	5	4	亻	FUTSU 弗 沸 費- simp. en ム : 仏 払 HI-PI FUTSU-BUTSU	**BUTSU** **FUTSU**	**hotoké**	Bouddha	大仏 だいぶつ 日仏 にちふつ	Grand Bouddha Franco- -Japonais
英	53	8	艹	EI 央 央 英 映 Ō	**EI**		*excellent* *remarquable* *brillant*	英雄 えいゆう 英才 えいさい	héros talent remarquable

Exemples de composés (2)	ANALYSE (Radical phonétique + Clé)	CHEMINEMENT GRAPHIQUE
黒板 (こくばん) bénéfice 黒字 (くろじ) excédent	koku clé et phonétique (La suie, le noir de fumée se déposant sur la fenêtre sous laquelle on faisait le feu - il n'y avait pas de cheminée à l'époque - symbolise la couleur noire).	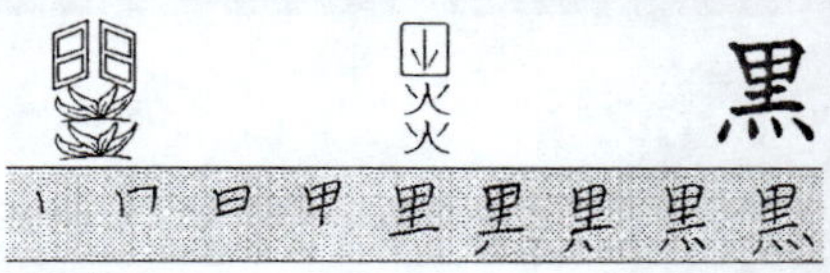
青白い (あおじろ) pâle 青春 (せいしゅん) jeunesse (printemps de la vie)	sei clé et phonétique (La plante + 月 : transcription de 丹 : creuset où était fondu le cinabre, symbole de la couleur. Ou 井 : le puits où la plante se reflète. D'où, les couleurs verte et bleue)	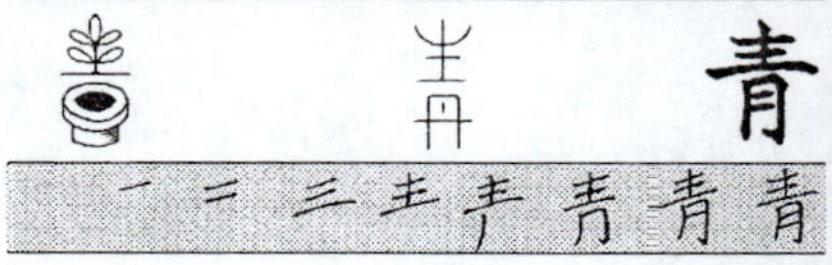
黄身 (きみ) jaune d'œuf (couleur) jaune 黄色 (きいろ) tableau noir	kō clé et phonétique (黄 simplifié en 黄. La couleur, la teinte jaune d'un champ brûlé et labouré vingt 廿 fois).	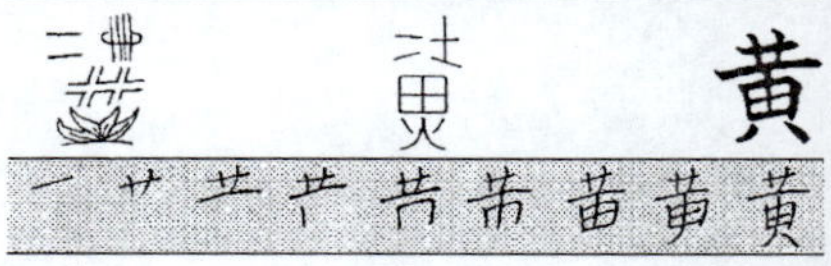
新鮮な (しんせん) frais, nouveau 新規 (しんき) nouveau (départ, membre,..)	shin phonétique (La personne debout, au pied d'un arbre) + la hache. Les villageois devaient couper, défricher un bout de forêt pour installer un nouveau village. Par extension, neuf, récent.	
明治 (めいじ) (ère) Meiji 夜明け (よあ) aube point du jour	mei phonétique. A l'origine, dessin 朙 d'un reflet de lune. (La lune) + le soleil. Le soleil a rendez-vous avec la lune pour que leurs clartés, leurs lumières et rayonnements se conjuguent.	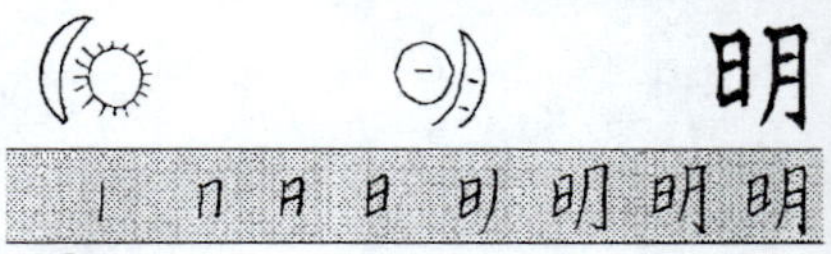
成長 (せいちょう) progrès croissance 細長い (ほそなが) oblong long et mince	chō clé et phonétique (Long comme les cheveux de femme ou de chef assujettis par une broche. Plus tard le scribe a ajouté en bas du Kanji ヒ, le vieillard, symbole de longue vie).	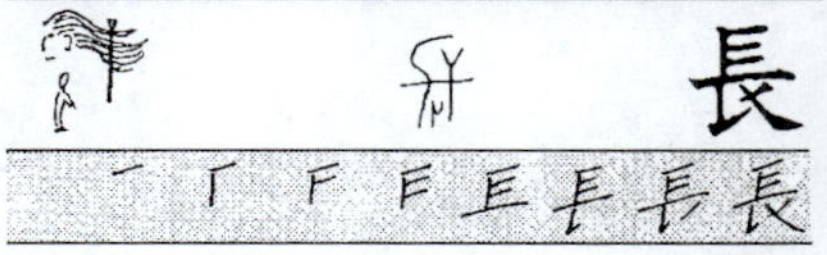
短波 (たんぱ) ondes courtes 気短 (きみじか) impatient soupe au lait	tō phonétique → tan (Le bol sur pied où l'on met les graines, évoquant ici la mesure) + la flèche. On mesurait les objets courts avec une flèche, les longs avec un arc, D'où, bref, insuffisant.	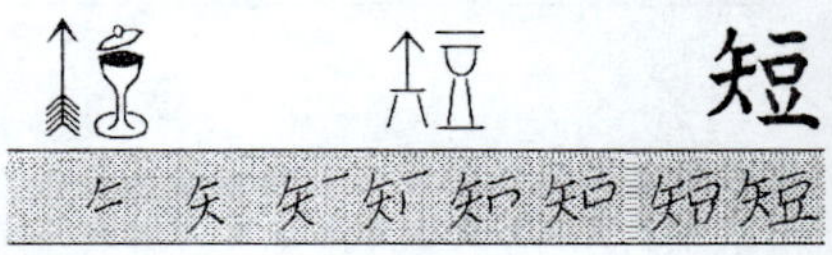
太刀 (たち) long sabre 太平洋 (たいへいよう) Océan Pacifique	tai phonétique (Abréviation de 泰: l'homme luttant de toutes ses forces contre la grande, vaste - clé 大 - inondation. Par extension, gros, gras. Peut aussi venir de "ta" 夽 : gros comme 2 hommes).	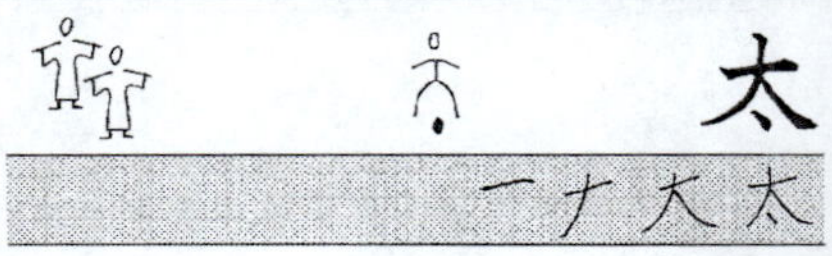
高校 (こうこう) lycée second cycle 高値 (たかね) de prix élevé	ko clé et phonétique (Le bâtiment à étages dont la partie supérieure servait de tour de guet : ce qui se faisait de plus haut, grand, cher à l'époque. Par extension, quantité, montant, s'élever).	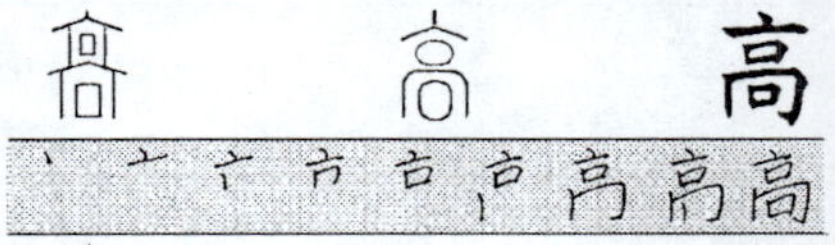
早起き (はやお) matinal 早春 (そうしゅん) début du printemps	koku → sō phonétique (Le casque du guerrier 甲, abrégé en 十 + le soleil. Quand le soleil n'a pas encore atteint la hauteur de "l'homme au casque" il est tôt. Par extension, rapide, fait à la hâte).	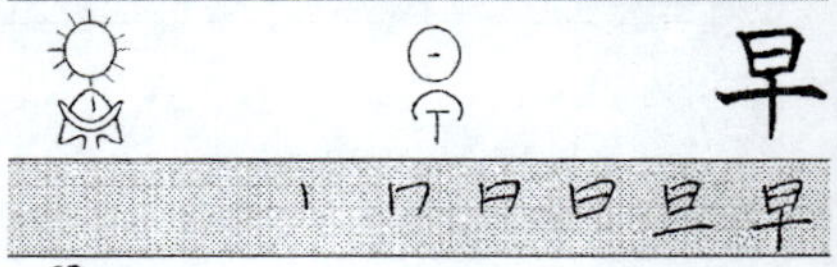
幾枚 (いくまい) quelques (feuilles...) 二枚目 (にまいめ) beau garçon	boku phonétique → mai (La main qui tient un fouet) + l'arbre avec ses branches, son tronc. Ce sont les symboles retenus comme suffixe pour désigner les objets longs, fins ou plats.	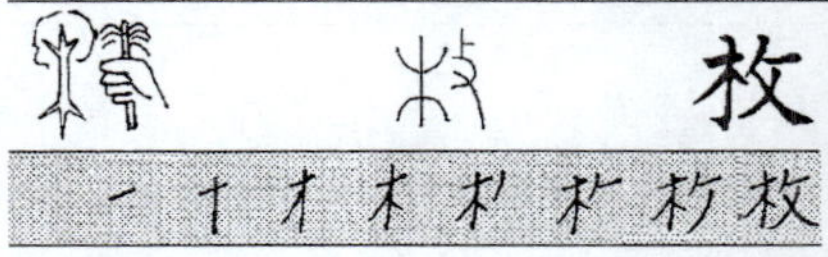
個性 (こせい) caractère personnalité 個展 (こてん) exposition d'un artiste	ko phonétique (L'armure qui entoure, symbole de permanence) + l'homme. La part "permanente", immuable de l'homme, est sa personnalité, son individualité. Par extension , suffixe numéral.	
調和 (ちょうわ) harmonie, accord 和服 (わふく) vêtement japonais	ka phonétique → wa (La céréale) + la bouche, ici symbole de vent. Quand il souffle, tous les épis se couchent ensemble dans un mouvement harmonieux. Par extension, paix, calme et japonais.	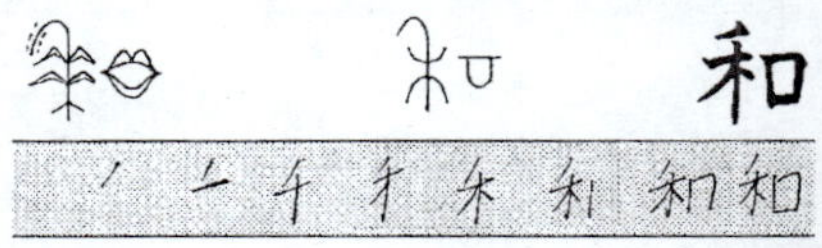
仏教 (ぶっきょう) Bouddhisme 仏頂面 (ぶっちょうづず) moue, mine boudeuse	futsu phonétique → butsu (弗 abrégé en ム : graphiquement, la rivière et ses vapeurs, symbole de la transformation) + l'homme. En Asie, l'homme transformé en Dieu, c'est Bouddha.	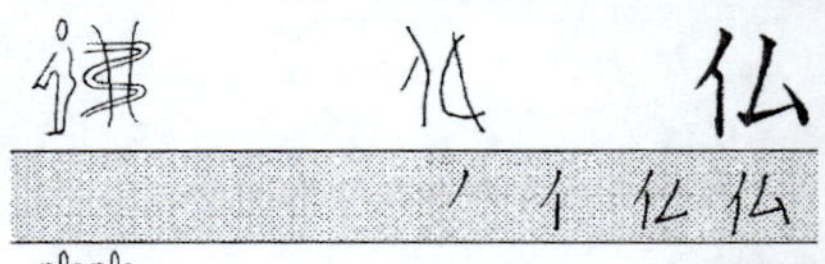
英語 (えいご) l'anglais, la langue anglaise 英断 (えいだん) décision énergique	ei phonétique (L'homme fort, occupant tout l'espace offert) + l'herbe, la plante. La plante dont les fleur occupent tout l'espace est remarquable. Par extension, excellent, brillant, talentueux.	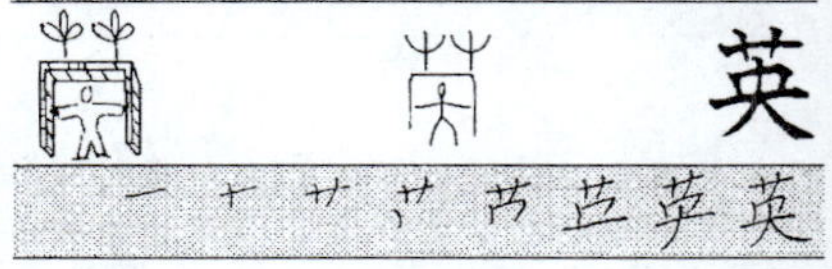

漢字	Page Mémto	Nb traits	Clé	Radical phonétique (//// = pas à l'index)	Lecture ON	Lecture KUN	Signification	Exemples de composés (1)	
映	61	9	日	*EI* 央 央 英 映 Ō	**EI**	**utsu(su)** **utsu(ru)** **ha(éru)**	refléter, réfléchir reproduire se réfléchir briller, miroiter	映画 えいが 映像 えいぞう	film cinéma image
辞	129	13	辛	**SHIN* 辛 辛 宰 辞 - mal transcrit 執 *SAI* JI *SHITSU-SHŪ*	**JI**	**ya(méru)**	parole, discours *démission* cesser, renoncer	辞職 じしょく 辞令 じれい	démission notification de nomination
典	40	8	八	////	***TEN***		*statut, règle* *code,* *célébration*	辞典 じてん 古典 こてん	dictionnaire (ouvrage) classique
字	22	6	子	**SHI* 子 子 好 字 ***SHI-SU*** ***KŌ*** JI	**JI**	**aza**	caractère (Kanji) hameau	文字 もじ 漢字 かんじ	lettre écriture Kanji caractère
文	8	4	文	**MON* 文 文 紋 蚊 - assimilé 対 ***MON***-BUN ka ***TAI-TSUI***	**BUN** ***MON***	**fumi**	écrit,phrase,style *littérature* lettre, note,	恋文 こいぶみ 文化 ぶんか	lettre d'amour culture civilisation
花	37	7	艹	*KA* 化 化 花 貨 靴 *KA-KE*	***KA***	**hana**	fleur	花瓶 かびん 花壇 かだん	vase parterre plate-bande
葉	114	12	艹	*SE* 世 世 葉 ***YŌ***	***YŌ***	**ha-*ba***	feuille feuillage	葉書 はがき 葉巻 はまき	carte postale cigare
空	52	8	穴	*KŪ* 空 空 控 *KŌ*	**KŪ**	**sora** **kara** **a(ku)**	air, ciel vide vider, se vider devenir libre	空港 くうこう 空手 からて	aéroport "karaté"
星	60	9	日	*SEI 生 生 姓 性 星 牲 -dérivé 産 SEI SEI SEI ***SEI*** SAN *SHŌ* *SHŌ* SHŌ *JŌ*	***JŌ-SEI*** ***SHŌ***	**hoshi**	étoile	衛星 えいせい 明星 みょうじょう	satellite Vénus, Etoile du matin
雲	118	12	雨	*UN* 雲 雲 曇 – simplifié en 云 : 魂 *DON* *KON*	***UN***	**kumo**	nuage	入道雲 にゅうどうくも 雲行き くもゆ	cumulo -nimbus temps situation
風	69	9	風	////	***FŪ***	**kazé**	*façon de, manière* *apparence, air* vent	台風 たいふう 風呂 ふろ	typhon bain baignoire
雪	101	11	雨	////	***SETSU***	**yuki**	neige	積雪 せきせつ 雪辱 せつじょく	enneigement vengeance(pour son honneur)
光	19	6	儿	*KŌ* 光 光- clé de 輝 [classé à GUN] *KI*	***KŌ***	**hikari** **hika(ru)**	lumière vive clarté, éclat briller	観光 かんこう 逆光 ぎゃこう	tourisme contre-jour
海	63	9	氵	**BO* 母 母 毒-dérivé 毎 侮 悔 海 DOKU *MAI* *BU* *KAI* *KAI* 敏 梅 繁 -assimilé 畝 ***BIN*** *BAI* *HAN* sé-uné	***KAI***	**umi**	mer, océan	海岸 かいがん 海外 かいがい	bord de mer étranger outre-mer
池	24	6	氵	*CHI* 也 他 地 池 施 *TA* CHI-JI *SHI-SE*	***CHI***	**iké**	mare, étang pièce d'eau	電池 でんち 古池 ふるいけ	batterie, pile vieil étang

Exemples de composés (2)	ANALYSE (Radical phonétique + Clé)	CHEMINEMENT GRAPHIQUE
反映 はんえい reflet 上映中 じょうえいちゅう actuellement à l'écran	ei phonétique (L'homme fort, excellent, qui occupe tout l'espace offert 冂, qui est partout) + le soleil. Il brille, se reflète, réfléchit, projette, reproduit partout son éclat.	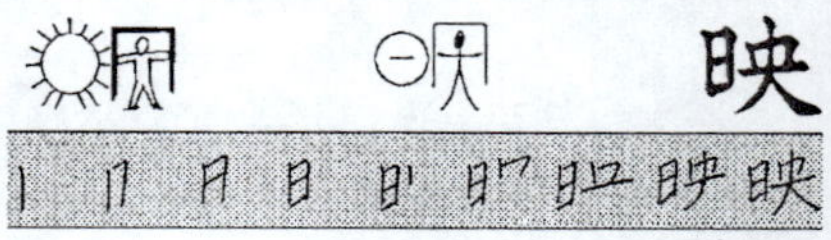
辞典/書 じてん/しょ dictionnaire 御世辞 おせじ flatterie compliment	ji phonétique (𤔔 les fils qu'il faut démêler, transcrits en 舌 la langue) + l'aiguille à tatouage, le crochet qui démêle. La pensée claire, démêlée devient parole, discours. Aussi, cesser.	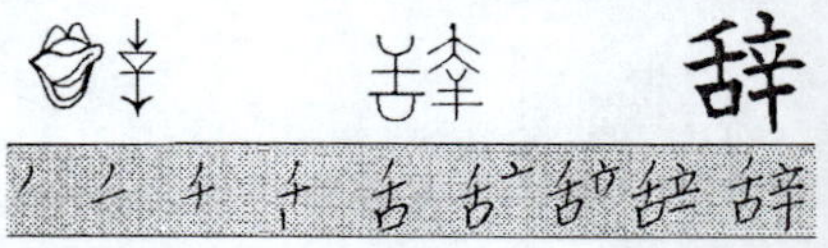
典型 てんけい modèle, type 式典 しきてん cérémonie, rite	ten phonétique //// Les textes d'abord sacrés, confucéens, puis impériaux - édits -, écrits sur des plaquettes de bambou + la tablette qui servait de support : ce qui évoque statut, règle, ou code	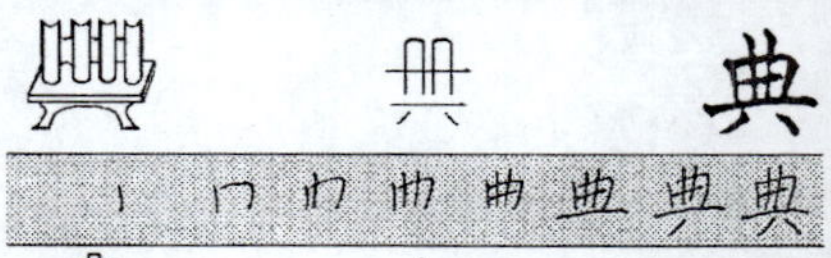
数字 すうじ nombre, chiffre 字引 じびき dictionnaire	Le toit, la maison + shi phonétique → ji (L'enfant). Avant l'invention de l'école, les enfants, élevés sous le toit familial, y apprenaient les caractères, les Kanji. Aussi, hameau.	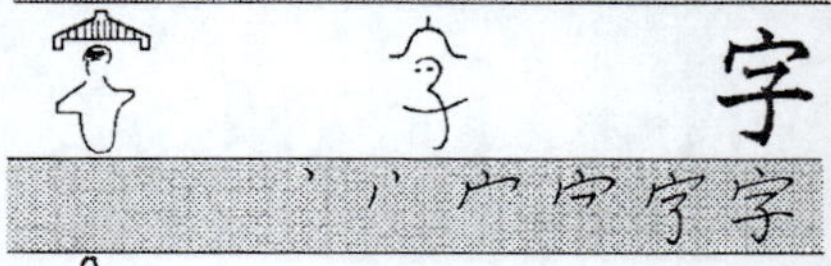
文学 ぶんがく littérature 文部省 もんぶしょう Ministère de l'éducation	mon clé et phonétique (Eléments entrelacés : veines ou tatouages ? Quoiqu'il en soit, le symbole désigne les premières choses écrites. Par extension, phrase, lettre, note, style).	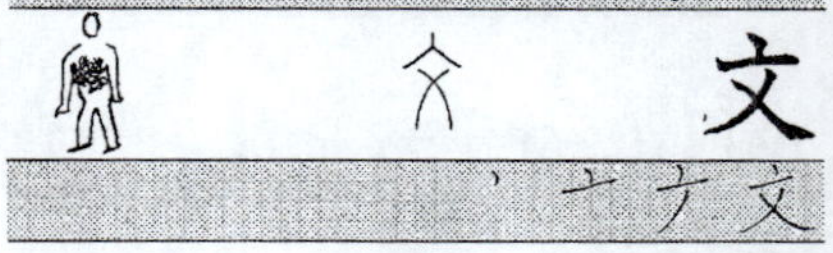
花屋 はなや fleuriste 花火 はなび feu d'artifice	ka phonétique (Ce qui change, se transforme tel le jeune homme debout qui deviendra un vieillard assis) + l'herbe, la pousse. Avec le temps, la "vieillesse", la pousse se transforme en fleur.	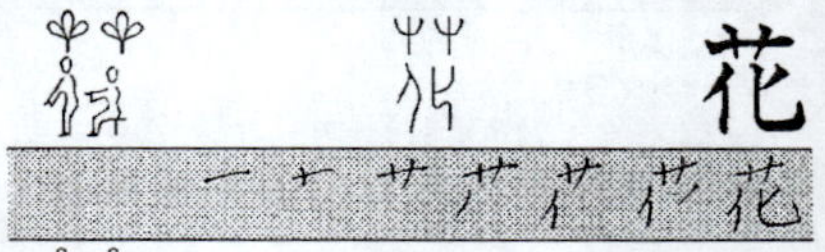
言葉 ことば mot, parole, langage 落葉 らくよう feuille morte, chute de feuille	sé phonétique → yō (Les âges, les générations 世 et l'arbre) + l'herbe, la végétation. Les végétaux qui se renouvellent chaque année sur les arbres, ce sont les feuilles.	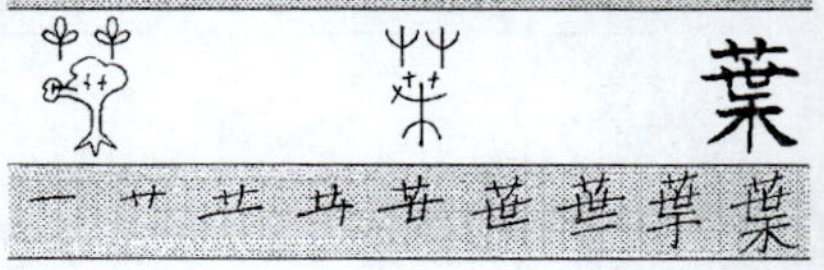
空気 くうき air, atmosphère 青空 あおぞら ciel bleu	kō → kū phonétique (L'équerre symbole du travail, de l'action humaine + l'entrée de la caverne. Du fond de leur antre, les premiers hommes voyaient par l'entrée le ciel, l'air, le "vide").	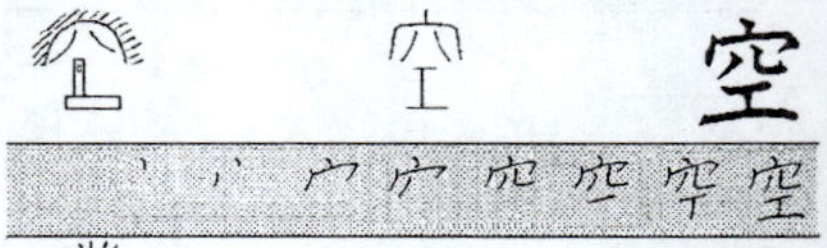
彗星 すいせい comète 星占い ほしうらな astrologie, horoscope	sei phonétique (La vie de la plante qui "naît" et pousse) + 晶 abrégé en 日 : le soleil. En Asie, on pensait que les étoiles, source de toute vie, étaient nées du soleil.	
暗雲 あんうん nuages sombres 雲泥 うんでい écart énorme (le jour et la nuit)	un phonétique (Les colonnes d'air - ou de vapeur- qui s'élèvent en tourbillon + la pluie. La pluie provient de la condensation des nuages, de ces tourbillons de vapeur s'élevant dans le ciel).	
風景 ふうけい scène, paysage 神風 かみかぜ "kamikazé" Vent Divin	几 han → fū //// Clé "pure". Le général, opposé au particulier, pris dans un tout 凡 + l'insecte, le phœnix. En général, les insectes, chimères, naissent, dit-on, quand le vent souffle.	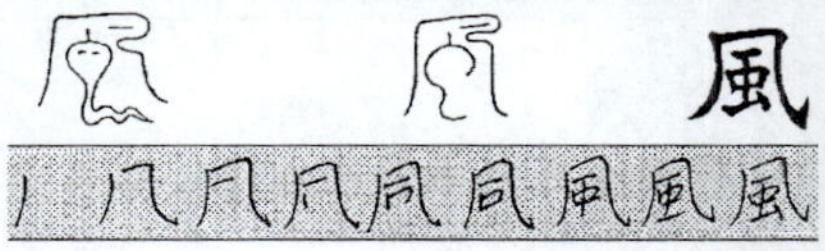
雪国 ゆきぐに pays de neige 雪崩 なだれ avalanche	setsu phonétique //// Le balai, la pelle + la pluie, la précipitation météorologique. La précipitation qu'il faut déblayer au balai ou à la pelle, c'est la neige.	
栄光 えいこう gloire, honneur 日光 にっこう lumière solaire (ville de) Nikko	kō phonétique (La lumière vive, la clarté, l'éclat de la torche qui brille. Clé 儿).	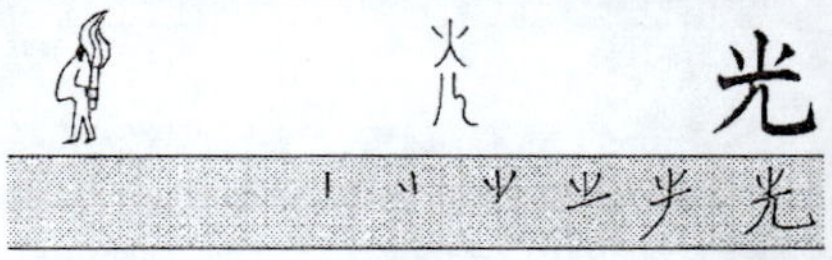
海水浴 かいすいよく bain de mer 海辺 うみべ plage, bord de mer	bo phonétique → bai → kai (La mère qui allaite ou la plante prolifique) + l'eau. L'eau prolifique, la mère de la vie, c'est la mer, l'océan.	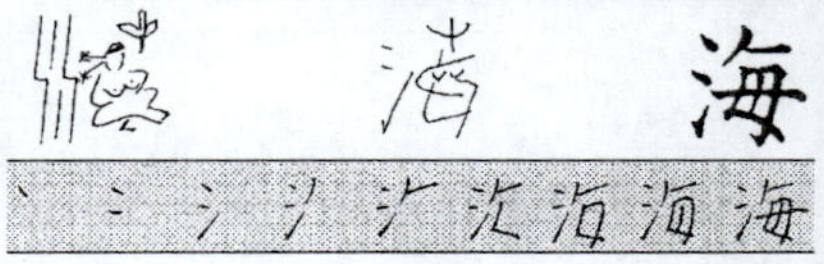
用水池 ようすいち réservoir (barrage...)	chi phonétique (Le serpent) + l'eau. L'étang, la mare, la pièce d'eau, sont les lieux de prédilection des serpents d'eau.	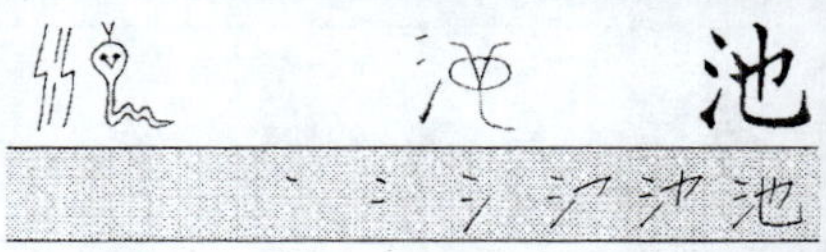

漢字	Page Mémto	Nb traits	Clé	Radical phonétique (//// = pas à l'index)	Lecture ON	Lecture KUN	Signification	Exemples de composés (1)
谷	37	7	谷	**YOKU* 谷 谷 容 俗 浴 欲 裕-dér. 容 溶 *KOKU ZOKU YŪ YŌ YŌ*	***KOKU***	**tani-ya**	vallée	渓谷 けいこく ravin, gorge 谷底 たにそこ fond de vallée
地	21	6	土	*CHI* 他 他 地 池 施 *TA* CHI-JI *SHI-SE*	**JI-CHI**		terre terrain, sol	土地 とち terre, terrain 地震 じしん tremblement de terre
野	101	11	里	*YO* 予 予 序 野 預 JO ***YA***	***YA***	**no**	champ, plaine	野球 やきゅう base-ball 野党 やとう parti d'opposition
田	16	5	田	**DEN* 田 田 男 - dérivé 苗 ***NAN-DAN BYŌ***	***DEN***	**ta** ***-da***	rizière	田園 でんえん district rural 油田 ゆでん gisement pétrolifère
畑	64	9	田	**DEN* 田 田 男 - dérivé 苗 ***NAN-DAN BYŌ***		**hataké** ***bataké***	champ, domaine spécialité	田畑 たはた champ et rizière 麦畑 むぎばたけ champ de blé
原	71	10	厂	*GEN* 原 原 源 願 GAN	***GEN***	**hara**	*origine, source* *fondement* plaine, prairie	原型 げんけい modèle (proto)type 原因 げんいん motif cause, raison
首	69	9	首	**DŌ* 首 首 道 導 ***SHU***	***SHU*** ***-SHU***	**kubi**	cou, tête, chef *suffixe "tête"*	首相 しゅしょう premier ministre 手首 てくび poignet
道	117	12	辶	**DŌ* 首 首 道 導 *SHU*	***DŌ***	**michi**	route, chemin voie, art	水道 すいどう eau courante conduite d'eau 道路 どうろ chaussée route, voie
頭	154	16	頁	**TŌ* 豆 豆 登 痘 短 澄 頭- assim.鬪- *TŌ-ZU TŌ-TO TAN CHŌ TŌ-ZU* 燈 abrégé en 灯 [Classé à 丁 CHō]	***ZU*** ***TŌ***	**atama** **kashira** ***gashira***	début tête, chef sommet	頭脳 ずのう cerveau intelligence 頭金 あたまきん premier versement
顔	159	18	頁	*SAN* 産 産 産 顔 *GAN*	***GAN***	**kao**	visage	顔面 がんめん visage figure, face 洗顔 せんがん (se) laver la figure
歯	119	12	歯	////	***SHI***	**ha-ba**	dent	歯磨き はみがき dentifrice 虫歯 むしば carie dent gâtée
体	28	7	亻	*HŌ* 豊 豊 -simplifié en 亅: 礼 ; en 本 : 体 REI TAI	**TAI** ***TEI***	**karada**	corps substance	団体 だんたい groupe association 体育 たいいく éducation physique
毛	9	4	毛	**MŌ* 毛 毛 尾 耗 ***BI***	***MŌ***	**ké**	plume cheveu, poil	毛布 もうふ couverture 毛虫 けむし chenille
自	26	6	自	**JI* 自 自 臭 息- simplifié en 白 : 習 *SHŪ SOKU SHŪ*	***JI-SHI***	**mizuka(ra)**	*auto-* soi-même, en personne	自分 じぶん de soi, à soi soi(-même) 自由 じゆう liberté
親	152	16	見	*SHIN* 新 新 薪 親	***SHIN***	**oya** **shita(shii)** **shiita(shimu)**	intime, parent proche, familier s'attacher à	両親 りょうしん parents 親切 しんせつ amabilité gentillesse

Exemples de composés (2)	ANALYSE (Radical phonétique + Clé)	CHEMINEMENT GRAPHIQUE
谷間 たにま dans la vallée 谷川 たにがわ torrent de montagne	koku → yo, yoku clé et phonétique (La vallée encaissée représentée par le cours d'une rivière serpentant entre les falaises jusqu'à son embouchure 口).	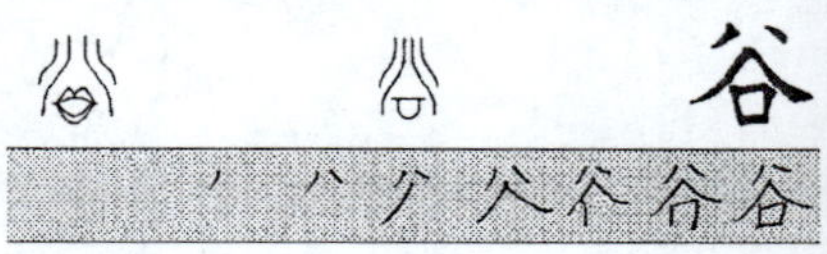
地域 ちいき zone, région 地元の じもと régional (gens) du pays	chi phonétique (Le serpent - ou, graphiquement, l'entonnoir) + la terre, le terrain, le sol car le serpent était le symbole de la terre.	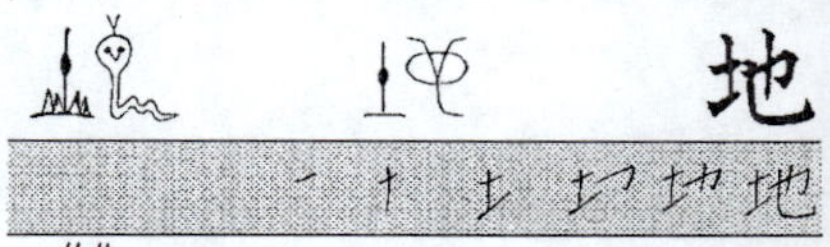
野菜 やさい légumes plantes potagères 野放し のばな bride sur le cou, champ libre	yo phonétique → ya (L'objet passant d'une main à l'autre, symbole d'échange) + le village. Les échanges avec les tribus barbares - de la forêt- se faisaient en plaine, à la limite des champs.	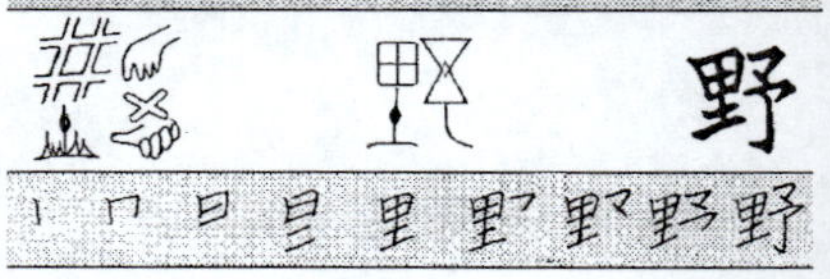
稲田 いなだ rizière 田舎 いなか campagne pays natal	den clé et phonétique (Le champ, la rizière, évoqués par le quadrillage que dessinent leurs diguettes sur la plaine).	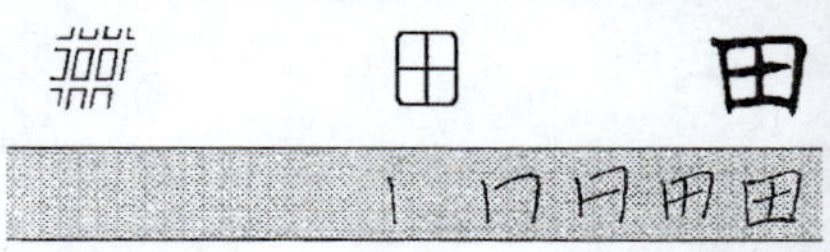
畑作 はたさく potager 畑違い はたけちがい pas du ressort pas son métier	— (ka, en. Le feu) + le champ. En Asie, autrefois, à l'exception du riz, on pratiquait la méthode de culture sur brûlis, sur champ sec : l'écobuage. Par extension, domaine, spécialité.	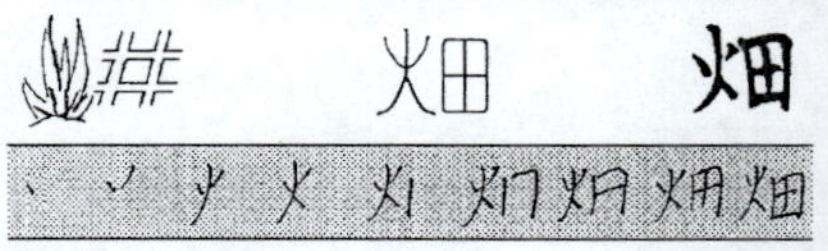
野原 のはら campagne prairie, champs 原則 げんそく principe règle générale	gen phonétique (La source + la falaise 厂, qu'elle a le plus souvent comme origine. Puis la source devient une rivière qui coule dans la plaine, la prairie).	
首都 しゅと capitale métropole 首飾り くびかざ collier, sautoir rivière(diamant)	直 choku → shu. Clé et phonétique, classé à dō. (Le cou - ou la tête - représenté par un homme dont les cheveux se dressent sur la tête. Au sens figuré, celui qui est à la tête : le chef, le patron).	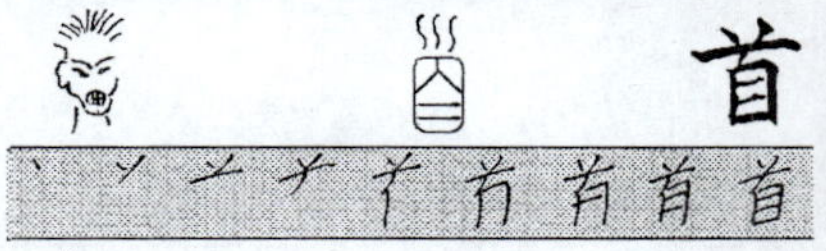
柔道 じゅうどう judo 道程 みちのり distance	shū → tsū → to → dō phonétique (La tête) + aller. Le voyageur marche, dressant la tête dans les hautes herbes : il cherche sa route, son chemin, sa voie. Par extension, - voie de l'art.	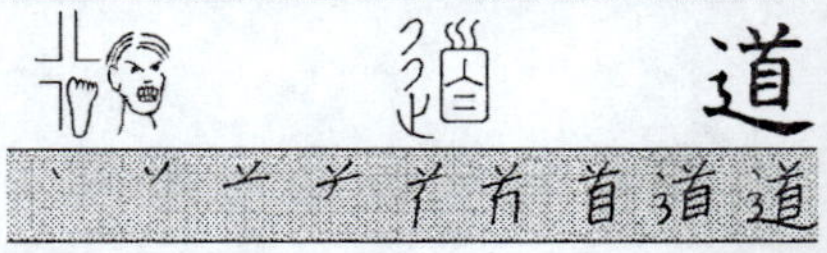
先頭 せんとう leader (de, en) tête 目頭 めがしら larmes aux yeux	tō phonétique (Le bol à pied) + la tête ; tête de l'homme emmanchée sur un long cou. Par extension, début, chef, sommet et suffixe pour compter les têtes de bétail.	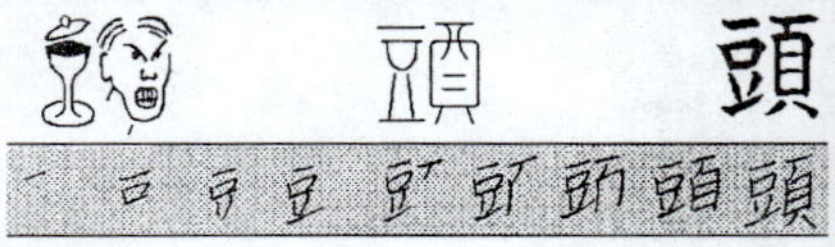
笑顔 えがお visage souriant 素顔 すがお visage naturel " sans fard	san phonétique → gan (Les rides 产 qui se forment sur le visage d'un vieillard) + la tête, le visage encore. Il ne peut s'agir que du visage.	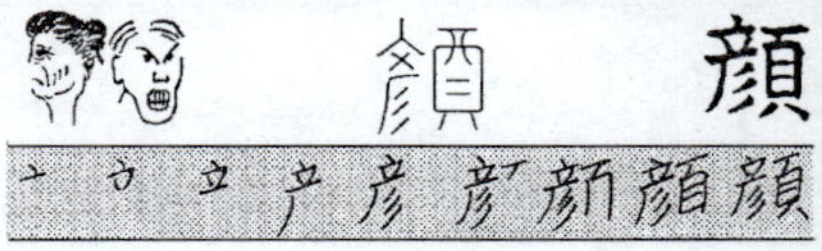
歯医者 はいしゃ dentiste 歯車 はぐるま engrenage	shi //// Simplification de 齒 : une bouche pleine de dents - de préférence en or pour les Japonais des générations précédentes. [Clé 齒].	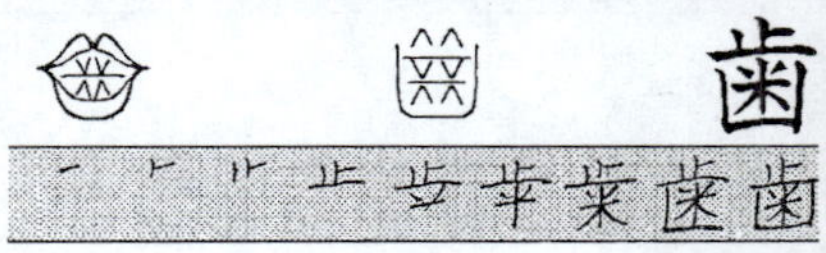
全体 ぜんたい somme total, tout 体裁 ていさい apparence présentation	hō phonétique → tai (豊 la prospérité abrégée en 本: l'origine) + 骨 : les os, abrégés en 亻: l'homme. Ce dernier croît, prospère grâce à son corps (ou le corps, origine de l'homme ?).	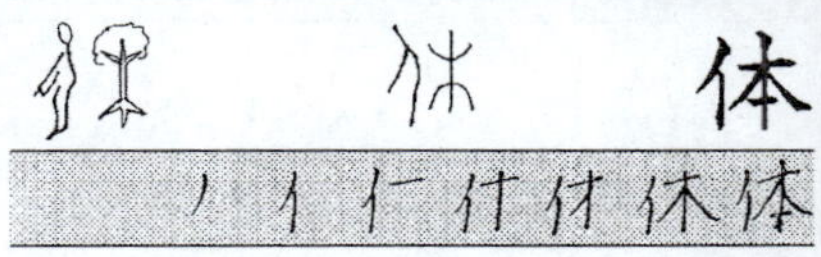
毛筆 もうひつ pinceau 毛糸 けいと fil, filé de laine	mō clé et phonétique (La plume de l'oiseau, le poil de l'animal, le cheveu).	
自動 じどう automatisme 自信 じしん assurance confiance en soi	ji clé et phonétique (Je, soi, soi-même. En Asie, une personne se désigne non pas en mettant la main sur la poitrine, mais en pointant le doigt vers le nez, symbole de l'individu).	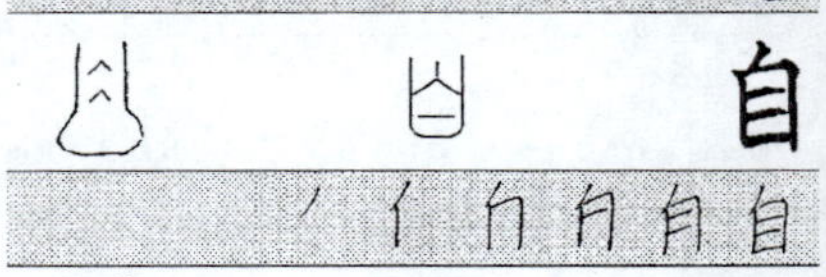
親子 おやこ parents et enfants 親善 しんぜん bons rapports bonnes relations	shin phonétique (L'homme debout sur un arbre, observant) + l'œil qui aussi surveille. Qui mieux qu'un parent peut surveiller et s'attacher à l'enfant, à l'intime, au proche, au familier ?	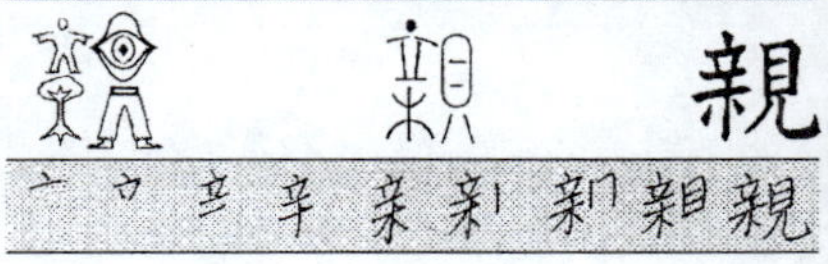

漢字	Page Mémto	Nb traits	Clé	Radical phonétique (//// = pas à l'index)	Lecture ON	Lecture KUN	Signification	Exemples de composés (1)
兄	11	5	儿	*KYŌ* 兄 兄 況 競 -ass.祝-dér.兌 classé *KYŌ KYŌ SHUKU* DA à *KEI KEI* ETSU	***KEI*** ***KYŌ***	**ani**	frère aîné	義兄 ぎけい beau-frère 父兄 ふけい tuteur parents
姉	43	8	女	*SHI* 市 市 肺- assimilé 姉‖ dérivé 飾 HAI *SHOKU*	***SHI***	**ané**	sœur aînée	姉さん ねえ ma sœur(aînée) 姉婿 あねむこ mari de la sœur aînée
弟	32	7	弓	*DAI* 弟 弟 第 ***DAI-TEI***	***TEI*** ***DAI***	**otōto**	cadet jeune frère disciple	子弟 してい enfants jeunes frères 兄弟 きょうだい frère(s) (et) sœur(s)
妹	42	8	女	*MI* 未 未 味 妹 魅 ***MAI***	***MAI***	**imōto**	sœur puînée " cadette	姉妹 しまい sœurs 義妹 ぎまい belle sœur
妻	42	8	女	////	***SAI***	**tsuma** ***zuma***	épouse	夫妻 ふさい M. et Mme mari et femme 良妻 りょうさい bonne épouse
工	4	3	工	**KŌ* 工 工 功 江 攻 紅 貢 項 *KŌ-KU* .KŌ-*KU* *KŌ-KU KŌ-KU* - dérivés 恐 -式 - 空 *KYŌ* SHIKI KŪ	***KŌ-KU***		*artisan* *travaux* *construction*	工業 こうぎょう industrie manufacturière 工夫 くふう invention idée, moyen
場	104	12	土	*YŌ* 昜 場 揚 湯 陽 傷 腸 ***JŌ*** ***TŌ*** ***SHŌ*** CHŌ	***JŌ***	**ba**	endroit, lieu	場所 ばしょ emplacement endroit, lieu 場合 ばあい circonstances cas, occasion
所	46	8	戸	**KIN* 戸 戸 炉 啓 - dérivé 扉 顧 RO *KEI*	***SHO-JO***	**tokoro** ***dokoro***	point lieu, endroit	場所 ばしょ situation endroit, lieu 住所 じゅうしょ adresse domicile
店	45	8	广	*SEN* 占 占 店 点 粘 - simp.赴-dér.貞 *TEN* TEN *NEN* *FU* *EI*	***TEN***	**misé**	magasin boutique	商店 しょうてん boutique 店員 てんいん vendeur
市	14	5	巾	SHI 市 市 肺- assimilé 姉‖ dérivé 飾 HAI *SHOKU*	**SHI**	**ichi**	cité, ville marché, foire	都市 とし ville, cités 市役所 しやくしょ mairie
商	87	11	口	////	***SHŌ***	**akina(u)**	*quotient (math.)* commerce (faire du....)	商業 しょうぎょう affaires commerce 商品 しょうひん article marchandise
品	56	9	口	HIN 品 品 臨 *RIN*	**HIN**	**shina**	distinction, dignité marchandise, article produit, qualité	品物 しなもの marchandise 作品 さくひん oeuvre ouvrage
質	147	15	貝	////	**SHISU** **SHICHI**		qualité, nature matière gage prêt sur gage	質問 しつもん question 性質 せいしつ nature propriété
研	65	9	石	KE I 刑 刑 型- simpli.形- assimilé 研. *KEN*	***KEN***	**to(gu)**	*étude* frotter, aiguiser polir, laver (riz)	研ぎ屋 と や rémouleur 研磨 けんま polissage (lentille...)
究	36	7	穴	KYŪ 九 九 究 - assimilé 軌 KI	***KYŪ*** **ki**	**wa(méru)**	posséder, étudier à fond	探究 たんきゅう exploration 究明する きゅうめい étudier à fond

Exemples de composés (2)		ANALYSE (Radical phonétique + Clé)	CHEMINEMENT GRAPHIQUE
兄弟 (きょうだい) 兄嫁 (あによめ)	frères et sœurs épouse de son frère aîné	kyō phonétique (Une bouche + les jambes sur lesquelles elle est bien "campée". L'image traduit l'autorité - ici celle du frère aîné, sur ses jeunes frères et sœurs).	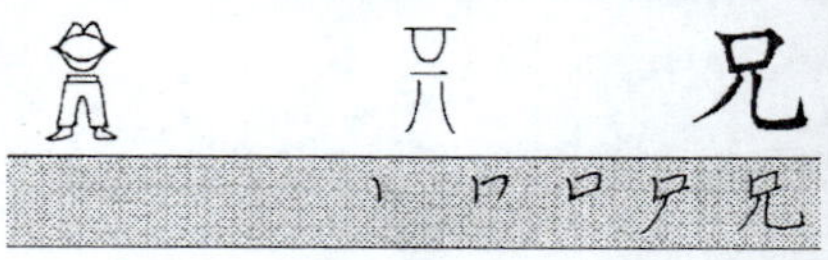
実姉 (じっし)	sœur aînée de sang	shi phonétique (𠂔 l'émondage des premiers bourgeons, mal transcrit en 市: le marché) + la femme. Dans la famille, la femme qui allait faire les courses au marché était la sœur aînée.	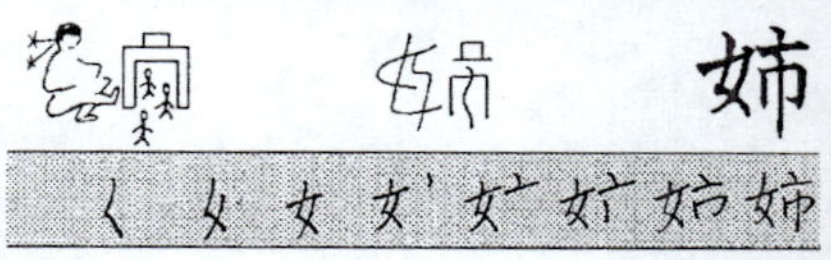
師弟 (してい) 弟子 (でし)	maître et disciple(s) élève, disciple	dai phonétique (Les lianes) + l'arc, la branche où elles s'enroulent l'une après l'autre- ou le rouet où s'entoure le fil- évoquent la filiation et, ici, le frère cadet. Par extension, disciple.	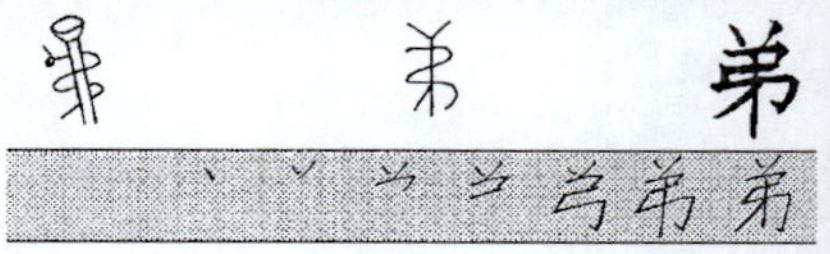
実妹 (じつまい) 兄妹 (あにいもうと)	sœur de sang (non adoptée) frère(s) et sœur(s)	mi phonétique → mai (Le jeune arbre qui porte ses premiers fruits) + la femme. Avant d'être la femme qui enfante, la jeune fille est d'abord la jeune sœur, la puînée, la cadette.	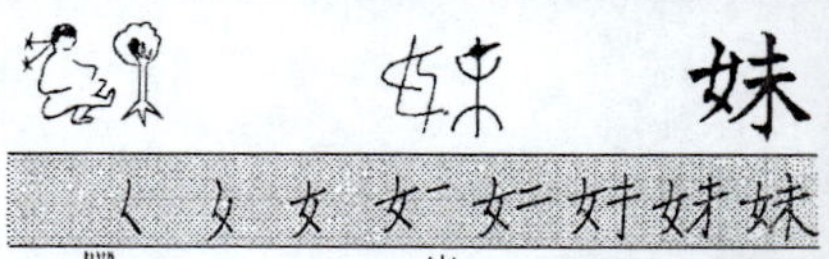
妻子 (さいし) 人妻 (ひとづま)	famille femme et enfants femme mariée	shu → sai phonétique //// La main tenant un balai + la femme. La femme au balai, c'est - ou plutôt c'était - l'épouse.	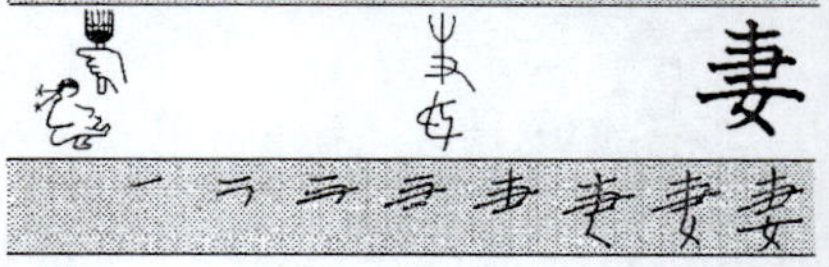
工場 (こうじょう) 工事中 (こうじちゅう)	usine, fabrique travaux en cours	kō clé et phonétique (Outil de menuisier proche de l'équerre : un des premiers outils symbolisant l'artisan et les travaux qu'il accomplit, les constructions qu'il réalise).	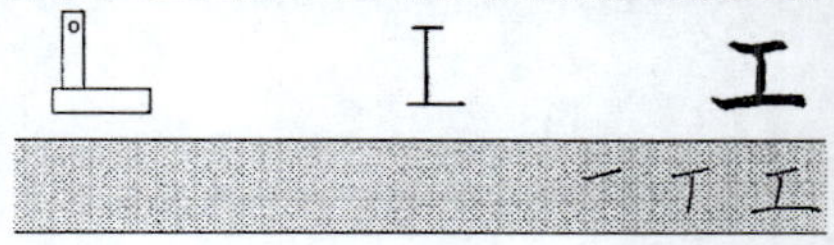
工場 (こうじょう) 立ち場 (た ば)	usine position point de vue	yō phonétique → jō (Le soleil au dessus de l'horizon et ses reflets 勿) + la terre. Les deux éléments marquent un endroit, un lieu.	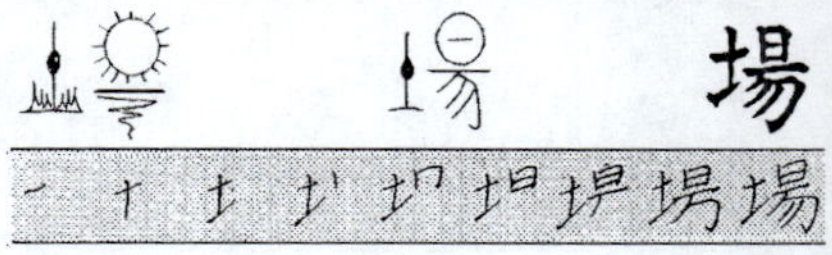
近所 (きんじょう) 台所 (だいどころ)	voisinage cuisine	kin phonétique → jo, sho (kin, kon onomatopée pour le bruit de la cognée, indiquant le lieu d'abattage) + la porte, symbole de résidence. Ces images évoquent le lieu, l'endroit, le point.	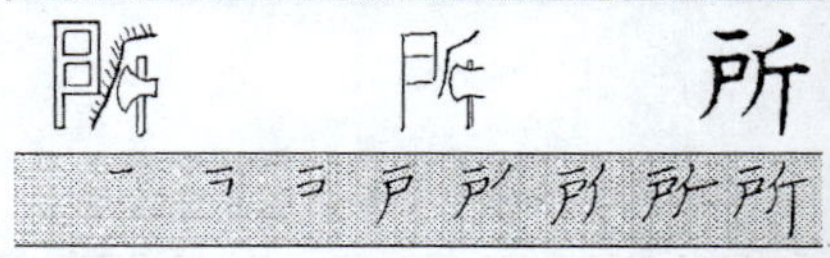
閉店 (へいてん) 茶店 (ちゃみせ)	magasin fermé maison de thé cafétéria, kiosque	sen phonétique → ten (La divination) + la maison. Les maisons où les prêtres rangeaient et faisaient commerce des objets du culte furent les premiers magasins, les premières boutiques.	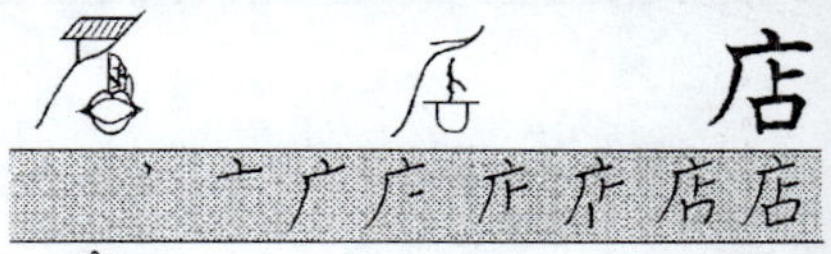
市場 (いちば/しじょう) 市民 (しみん)	halle/ marché financier citoyen citadin	shi phonétique (L'espace limité, clos 冂, herbeux 艹 où les gens entrent et sortent, se rassemblent, c'est le marché ; centre économique de la ville, de la cité antique. Clé 巾).	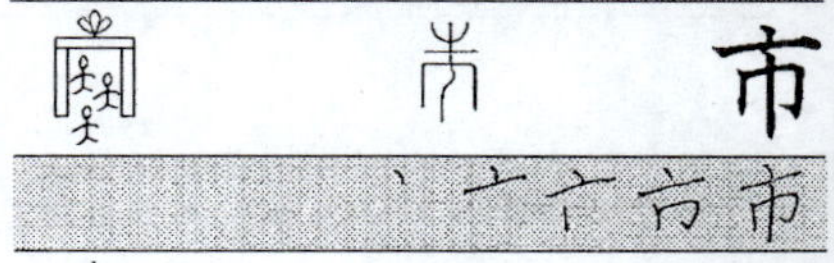
商売 (しょうばい) 商人 (しょうにん)	affaires commerce, métier	shō phonétique //// L'endroit clos 冂 - le marché ? où se nouent des transactions qui engagent + la bouche, la discussion. Ces images décrivent le commerce. D'où, rapport, quotient.	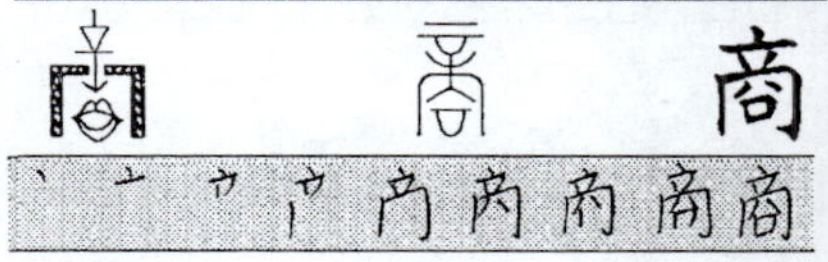
品質 (ひんしつ) 上品な (じょうひん)	qualité raffiné élégant	kō → hin phonétique (Deux objets en forme de bouche) + un - ou une - troisième. Ces objets empilés évoquent les produits, marchandises alors que les bouches décrivent leurs qualités.	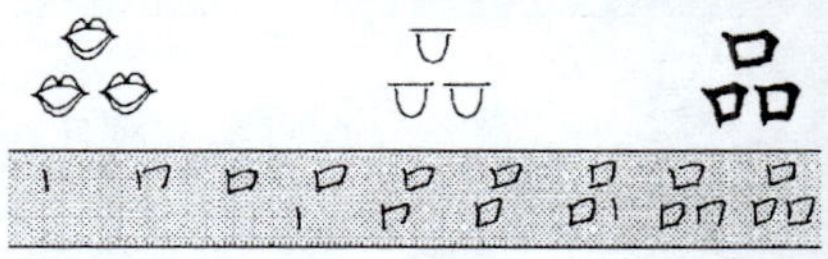
品質 (ひんしつ) 人質 (ひとじち)	qualité otage	shitsu phonétique //// Les deux haches + le cauris, l'argent, symbole du prêt sur gage, car on marquait de deux traits l'objet gagé après en avoir examiné la nature, la matière, la qualité.	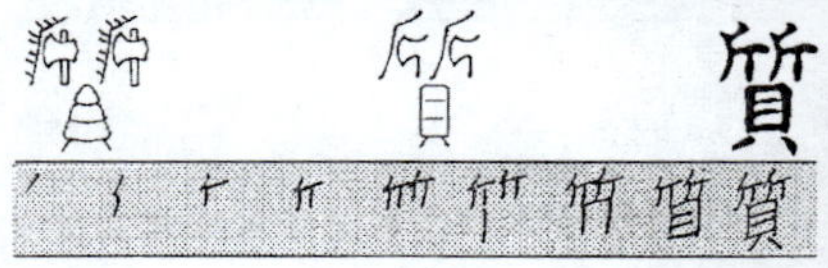
研修 (けんしゅう) 研究所 (けんきゅうじょ)	stage Institut de recherches	kei phonétique → ken (幵 Deux lances - ou arbres - à la même hauteur, symbole d'égalisation) + la pierre. Egaliser la pierre en la frottant, c'est l'aiguiser ; s'aiguiser l'esprit, c'est étudier.	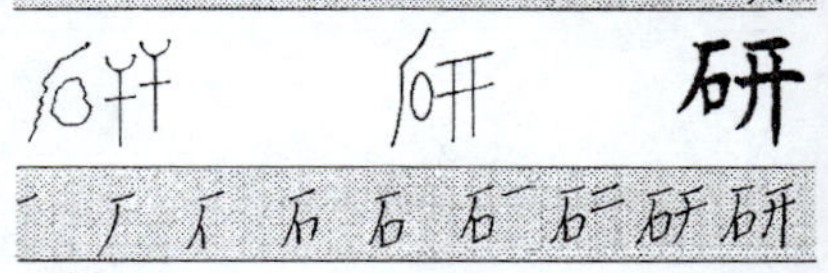
究極の (きゅうきょく) 研究所 (けんきゅうじょ)	ultime, final Institut de recherches	kyū phonétique (Le chiffre neuf qui décrit un mouvement ascendant et descendant) + l'entrée de caverne ; symbole de celui qui fouille dans tous les coins, ici du savoir. Il étudie, possède à fond .	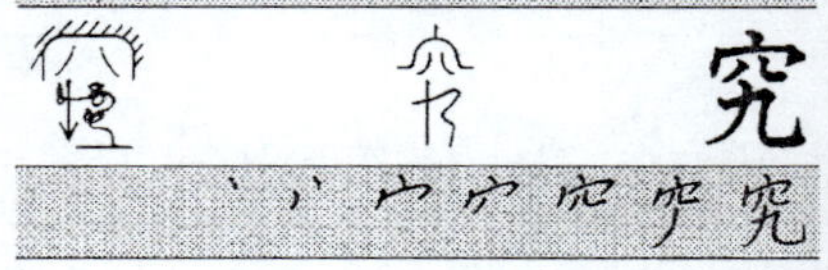

漢字	Page Mémto	Nb traits	Clé	Radical phonétique (//// = pas à l'index)	Lecture ON	Lecture KUN	Signification	Exemples de composés (1)
機	150	16	木	*KI* 幾 幾 機	**KI**	**hata**	*machine* occasion, moment propice métier à tisser	機械 きかい machine appareil 機関 きかん moteur organisme
械	93	11	木	**KA* 戈 戈 伐 戒 我 械 閥 餓 *BATSU KAI* GA *KAI* BATSU *GA* - simplifié 弍 - dérivés 武一義一幾 *NI MU GI KI*	***KAI***		*machine*	機械 きかい machine appareil 工作器械 こうさくきかい machine outil
理	94	11	王	**RI* 里 里 厘 埋 理 裏 - dérivé 黒 ***RIN MAI KOKU***	**RI**		veine, fil (bois) raison, logique	理解 りかい intelligence compréhension 料理 りょうり cuisine mets, plats
科	65	9	禾	**TO* 斗 斗 料 ***RYŌ***	**KA**		branche, section cours, sujet, rang	科学 かがく science(s) 教科 きょうか discipline, matière d'études
計	67	9	言	*JŪ 十 十 汁 計 KEI	**KEI**	**haka(ru)** **haka(rau)**	*plan, mesure* somme, total mesurer, calculer arranger, traiter	計画 けいかく programme plan, projet 計算 けいさん opération calcul, compte
算	135	14	竹	////	***SAN***		*probabilité* *compte, calcul*	予算 よさん budget, devis 算数 さんすう arithmétique
数	122	13	攵	*RŌ* 数 数 楼 ***SŪ-SU***	***SŪ -SU***	**kazu** **kazo(éru)**	nombre compter calculer	数学 すうがく mathématiques 指数 しすう indice exposant
歌	133	14	欠	KA 可 可 何 河 荷 歌 - dérivé 奇 *KA-GA* KI	***KA***	**uta(u)**	*chant, poème* chanter	歌手 かしゅ chanteur 国歌 こっか hymne national
声	31	7	士	////	***SEI*** ***SHŌ***	**koé-*goé*** ***kowa-***	*ton (en Chinois)* voix	鳴き声 な ごえ chant(oiseau) cri (animal 声明 せいめい déclaration communiqué
絵	113	12	糸	KAI 会 会 絵 KAI-*E* *KAI*-E	***KAI*** **E**		image, peinture tableau	絵画 かいが tableau peinture 絵本 えほん livre d'images
画	40	8	田	////	***GA*** **KAKU**		*image, dessin* trait (de Kanji)	計画 けいかく plan, projet 企画 きかく plan, planning
図	30	7	囗	////	**ZU** ***TO***	**haka(ru)**	carte, dessin plan, graphique comploter	合図 あいず geste signal, signe 意図 いと dessein intention
形	32	7	彡	KEI 刑 刑 型- simpli.形- assimilé 研. *KEN*	***KEI*** ***GYŌ***	**katachi** **-gata**	forme apparence	人形 にんぎょう poupée marionnette 形式 けいしき forme, mode formalité
色	26	6	色	**SHOKU* 色 色 - assimilé 絶 *SHOKU ZETSU* *SHIKI*	***SHIKI*** ***SHOKU***	**iro**	couleur désir sexuel	色彩 しきさい teinte, coloris couleur, 色気 いろけ charme sex-appeal
記	83	10	言	**KI* 己 己 改 起 ‖ 忌 紀 記‖妃 配 *KAI* ‖*HI HAI*	***KI***	**shiru(su)**	*récit, chronique* narrer, raconter	記念 きねん commémo-ration 日記 にっき journal intime

Exemples de composés (2)		ANALYSE (Radical phonétique + Clé)	CHEMINEMENT GRAPHIQUE
機会 きかい 機織り はたお	chance, occasion tisserand	ki phonétique (Le fil fin "contrôlé", comme une frontière, par un garde armé 戈) + le bois. La machine en bois contrôlant le fil est un métier. Il donne l'occasion de marier chaîne et trame.	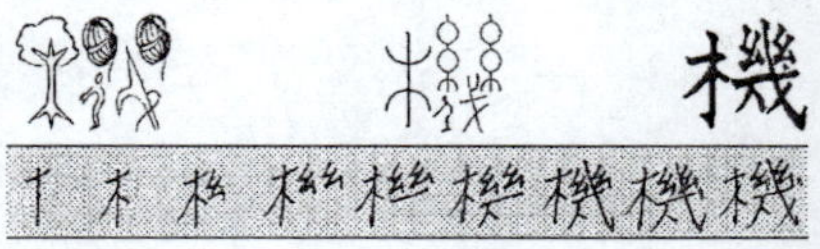
器械 きかい	appareil instrument	ka phonétique → kai (La lance et les deux mains qui la tiennent pour bastonner le coupable) + l'arbre, le bois. La lance, le levier, l'outil en bois furent les ancêtres de la machine.	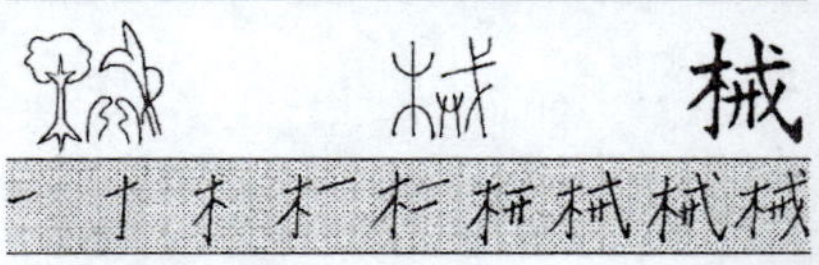
理由 りゆう 管理 かんり	motif, prétexte raison, cause gestion, administration	ri phonétique (Le village, évoqué par la terre 土 et la rizière) + le collier et ses pierres rangées, alignées. Quadrillage, alignement évoquent les veines du bois et au figuré la raison, la logique.	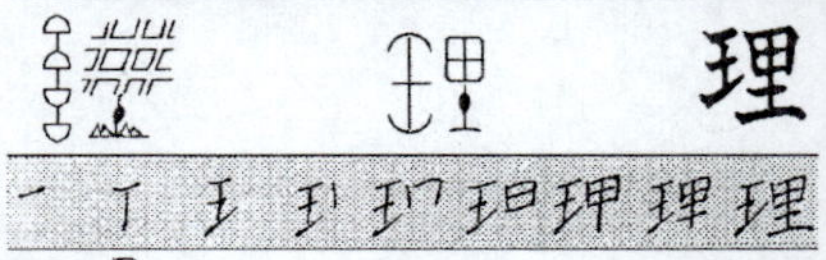
学科 がっか 前科 ぜんか	programme sujet d'études (avoir un) casier judiciaire	La mesure + ka phonétique (La céréale). Ceci décrit la branche, la section, le cours suivi et même le rang, car la ration alimentaire des étudiants variait en fonction de ces éléments.	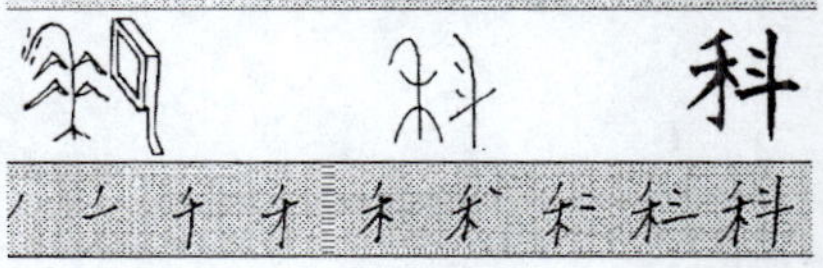
合計 ごうけい 見計らう みはか	total choisir (cadeau..) " bon moment	jū phonétique → kei (Le chiffre dix, évoquant ici la numération) + la parole. "Dire" les nombres, c'est compter, faire un total. Par extension, mesurer, arranger, traiter.	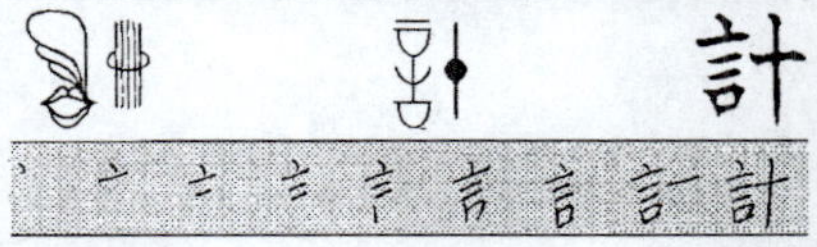
計算 けいさん 清算 せいさん	calcul, compte règlement (pour un compte	san phonétique //// Un objet 目 manipulé à deux mains 廾 + le bambou. Cet objet en bambou, c'est le boulier servant à faire des calculs, des comptes. Par extension, probabilité.	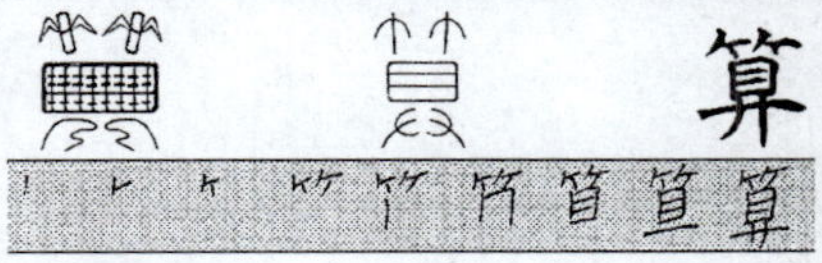
数字 すうじ 口数 くちかず	nombre, chiffre (grand, petit..) parleur	rō phonétique → sū (Les femmes au gynécée 婁 abrégé en 娄: la femme et le riz) + la main au geste vif qui ici compte, calcule, le nombre d'épouses - ou l'épouse le riz de la famille ?	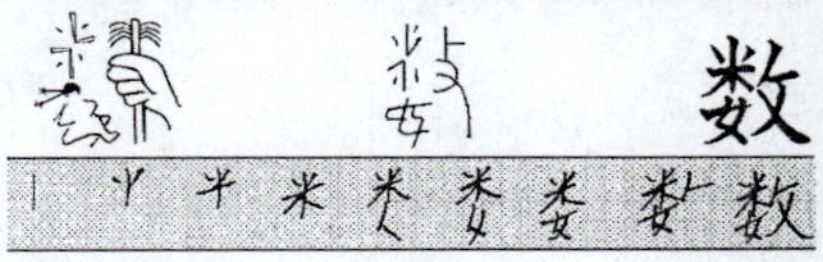
歌劇 かげき 歌姫 うたひめ	opéra poétesse chanteuse	ka phonétique (La difficulté pour la plante de sortir de terre ou, pour l'homme, d'exhaler son souffle) + le cri sortant d'une bouche ouverte évoque le chant - avant l'invention de la sono.!	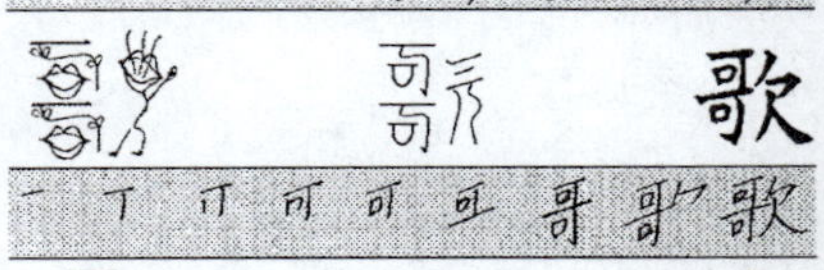
音声学 おんせいがく 歓声 かんせい	phonétique bravo cri de joie	sei phonétique //// Abréviation de 聲:jadis les sons, "voix" entendues 耳 émanaient de plaquettes en pierres suspendues à un cadre, frappées avec un bâton 殳. Par extension, "ton" chinois. Clé 士	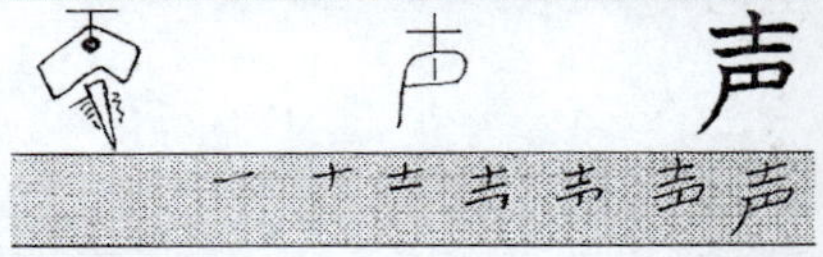
挿絵 さしえ 浮世絵 うきよえ	gravure illustration estampe "Ukiyo-é"	kai phonétique (La foule rassemblée comme autour d'un feu :會 simplifié en 云) + le fil. Pour tisser on assemble des fils de différentes couleurs. Par extension, peinture, image.	
映画 えいが 画家 がか	cinéma, film peintre dessinateur	kaku, ga phonétique //// 画 abréviation de 畫 : un pinceau traçant les limites, les bornages - de rizières - symbolise les images, dessins, traits qui à leur manière "bornent" les Kanji. Clé 田.	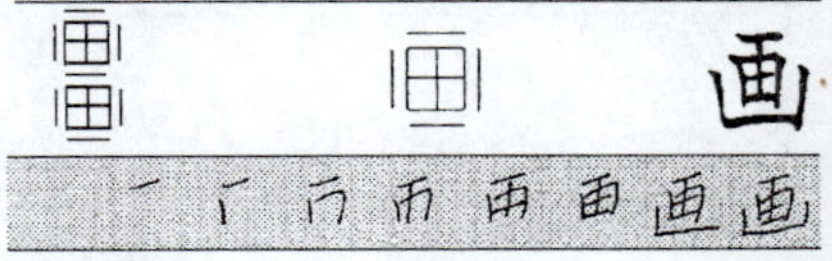
地図 ちず 図書館 としょかん	carte bibliothèque	zu phonétique //// 図 abréviation de 圖 : l'espace intérieur divisé en chambres + la clôture. Ce furent les premiers cartes, plans, dessins. Changé en noir dessein, cela devient un complot.	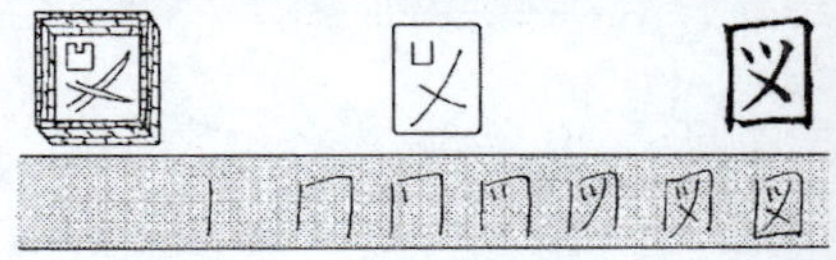
長方形 ちょうほうけい 手形 てがた	rectangle empreinte(main) traite, effet de commerce	kei phonétique (Des arbres étêtés, symbole de limite, de cadre) + trois plumes - ou, plus évocateur - trois épingles du chignon d'une belle. Ces éléments maintiennent forme et apparence.	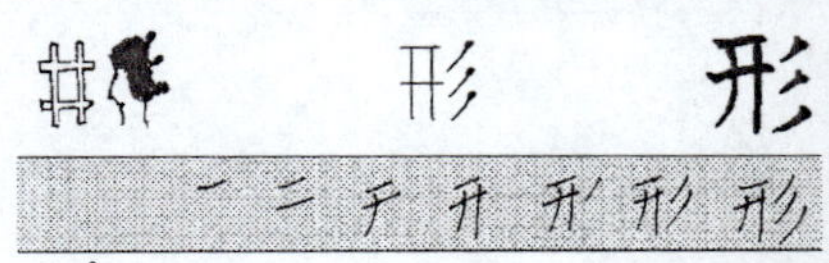
特色 とくしょく 天然色 てんねんしょく	originalité caractère, cachet couleur naturelle	shoku clé et phonétique (L'homme et le sceau. La couleur de son visage reflète aussi fidèlement ses sentiments, ses désirs charnels, que le cachet d'un sceau, la forme du poinçon).	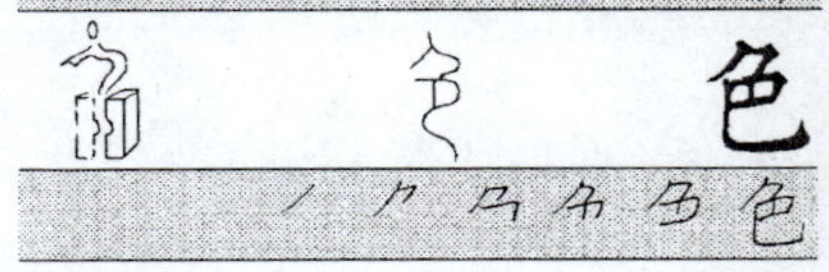
記者 きしゃ 記録 きろく	journaliste chronique, annale enregistrement	ki phonétique (La navette et le fil sur le métier, évoquant le tissage) + la parole. La parole qui tisse les fils d'une intrigue dépeint un récit, une chronique, un compte rendu, une narration.	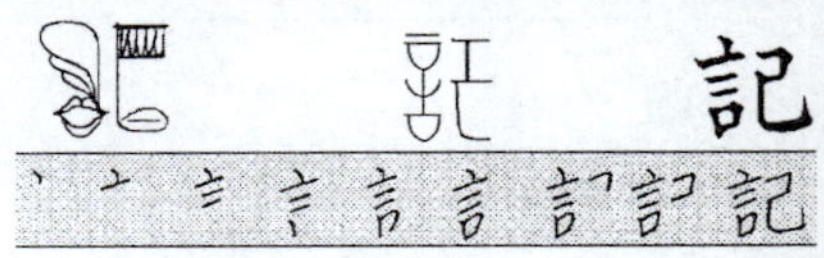

漢字	Page Mémto	Nb traits	Clé	Radical phonétique (//// = pas à l'index)	Lecture ON	Lecture KUN	Signification	Exemples de composés (1)	
試	127	13	言	SH IKI 式　式　試 *SHI*	***SHI***	**tamé(su)** **kokoro(miru)**	*test, essai* essayer tenter	試合 しあい 試食 ししょく	match, partie dégustation
験	160	18	馬	*KEN* 㑒　倹 剣　険　検　験	***KEN***		*effet, efficacité* *essai, examen*	試験 しけん 経験 けいけん	examen concours pratique expérience
答	113	12	竹	*GŌ* 合　合　拾　塔　搭　答　給 ***SHŪ-JŪ*** TŌ ***TŌ*** ***TŌ-DŌ*** ***KYŪ***	***TŌ-DŌ***	**kotaé** **kota(éru)**	réponse solution répondre	答弁 とうべん 答案 とうあん	réponse explication copie (d'examen)
点	63	9	灬	*SEN* 占　占 店　点 粘- simp.赴 -dér.貞 ***TEN*** TEN ***NEN*** ***FU*** ***TEI***	**TEN**		marque, note signe, point	点字 てんじ 拠点 きょてん	(alphabet) braille base point d'appui
才	2	3	扌	SAI 才　才　材　財 - dérivés 在　存 ***ZAI*** ZAI ***ZAI*** ***ZON***	**SAI** ***-SAI***		don, talent habileté *suffixe "âge"*	才能 さいのう 才覚 さいかく	don, talent ressource (homme de..)
玉	16	5	玉	*Ō 王　王 玉　全　狂　宝　皇 栓 GYOKU *ZEN* *KYŌ* *HŌ* *Ō-KŌ* SEN -assimilé 往　国 *KOKU*	***GYOKU***	**tama**	objet rond balle, perle pierre précieuse	目玉 めだま 玉砕 ぎょくさい	globe oculaire combat à mort
王	10	4	王	*Ō 王　王 玉　全　狂　宝　皇 栓 GYOKU *ZEN* *KYŌ* *HŌ* *Ō-KŌ* SEN -assimilé 往　国 *KOKU*	**Ō**		roi	王様 おうさま 王座 おうざ	roi trône
戸	8	4	戸	**KO* 戸　戸 炉　啓 - dérivé 雇　顧 RO *KEI*	***KO*** ***- KO***	**to-do**	porte *suff. "maison"*	戸外 こがい 江戸 えど	extérieur en plein air Edo (vieux nom de Tokyo)
台	12	5	口	*TAI* 台　台　始　治　怠 胎 *TAI*-DAI *SHI* *CHI-JI*	**DAI-*TAI*** ***-DAI***		base, socle *suff. "véhicule"*	台風 たいふう 台所 だいどころ	typhon cuisine
音	69	9	音	*ON 音　音　暗 - dérivé 意 億　憶 ON-*IN* *AN* *I* *OKU* *OKU*	**ON-*IN***	**oto-né**	bruit, son chant (insecte)	音楽 おんがく 発音 はつおん	musique accent prononciation
元	5	4	儿	*GAN* 元　元　完　冠　院　頑 *GAN-GEN* *KAN* *KAN* *IN*	***GEN*** ***GAN***	**moto**	origine, cause	元気 げんき 根元 こんげん	vitalité bonne santé racine, origine source, principe
世	10	5	一	*SE* 世　世　葉 *YŌ*	***SE-SEI***	**yo**	génération, temps époque, règne	世界 せかい 三世 さんせい	monde 3ème génération
界	64	9	田	*KAI* 介　介　界	***KAI***		*limite* *frontière,* *monde*	世界 せかい 視界 しかい	monde vue champ visuel
番	111	12	田	HAN 番　番　審　翻　藩 BAN *HIN* *HON*	**BAN**		*numéro, ordre* tour de rôle, " " garde	番組 ばんぐみ 番号 ばんごう	programme numéro (d'ordre)
不	4	4	一	FU 不　不　否　杯 HI *HAI*	***FU***		*négation* *in-, dis-, mal*	不思議な ふしぎ 不幸 ふこう	curieux étrange malheur infortune

Exemples de composés (2)		ANALYSE (Radical phonétique + Clé)	CHEMINEMENT GRAPHIQUE
試験 しけん 試作 しさく	épreuve, examen essai de produit " fabrication	shiki phonétique → shi (Equerre et lance, symboles du travail accompli selon les normes, du rite) + le discours. Avant de prononcer un discours rituel il faut répéter, tester, tenter, essayer.	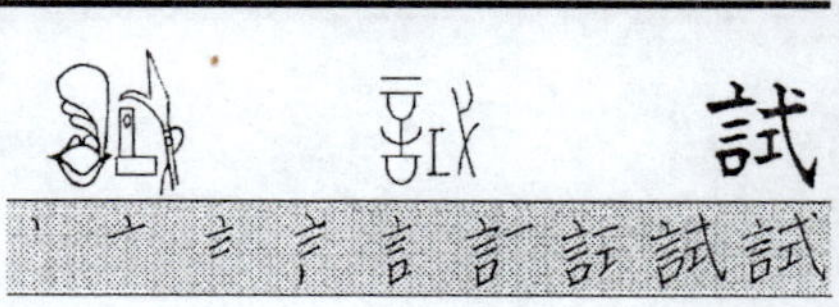
実験 じっけん 体験 たいけん	expérience (scientifique..) expérience (personnelle)	ken phonétique (La foule évoquée par des bouches 㗊 assemblées 亼) + le cheval. Dans une "foule" de chevaux le maquignon évalue chaque bête. D'où, essai, examen et effet, efficacité.	
回答 かいとう 問答 もんどう	réponse questions et réponses, dialogue	gō phonétique → tō (La foule de gens assemblés 亼, parlant 口 à l'unisson) + le bambou - et ses plaquettes utilisées pour formuler les solutions, donner les réponses aux questions de la foule.	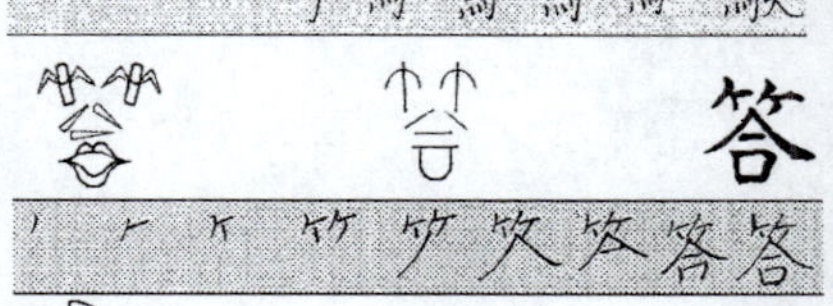
得点 とくてん 重点 じゅうてん	point, marque note, score point essentiel capital, cœur	sen phonétique → ten (La divination) + les paroles du devin-docteur qui exorcisait la douleur en traçant des marques, des signes, des points 黒, abrégé en 灬, sur la zone malade. Clé 点 .	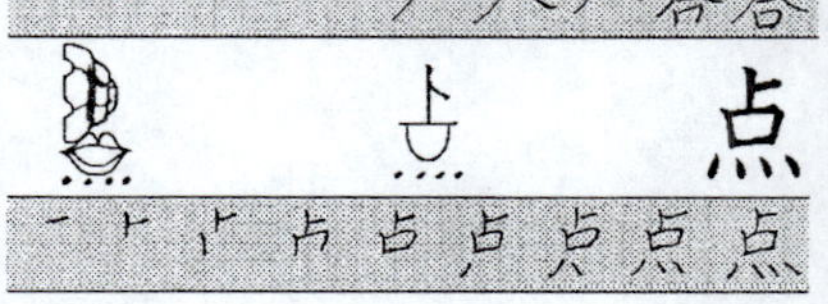
天才 てんさい 九才 きゅうさい	génie neuf ans	sai phonétique (Le talent, l'habileté de la pousse sortant de terre malgré les difficultés - ou du courant coulant vers l'aval en dépit des obstacles. Le temps coule, l'âge vient. Clé 扌).	
水玉 みずたま 玉露 ぎょくろ	goutte d'eau thé vert de premier choix	ō, gyoku clé et phonétique (Le collier en pierre, en jade ; premier bijou de roi, "王" auquel on ajouta le point pour éviter la confusion. Par extension "perles", objets ronds, balles...).	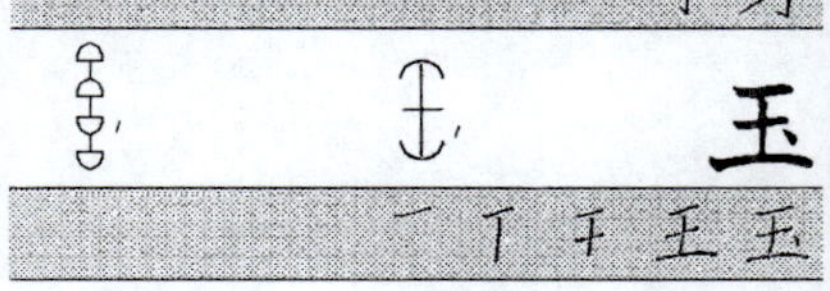
法王 ほうおう 王国 おうこく	pape royaume monarchie	ō clé et phonétique (Le roi, intercesseur entre le ciel et la terre).	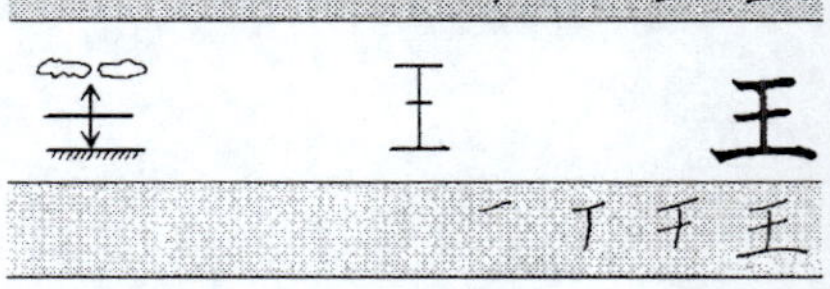
戸籍 こせき 雨戸 あまど	état civil volet	ko clé et phonétique (La porte représentée par son demi battant).	
舞台 ぶたい 土台 どだい	scène base fondation	tai phonétique (Abréviation de 臺 : l'estrade, le piédestal, le "socle" d'où parle l'orateur. Abrégé, il reste l'idée de discours exprimée par l'air - le vent ?- sortant de sa bouche. Clé 口).	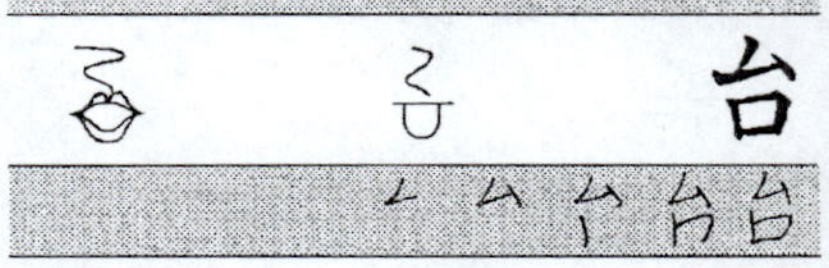
録音 ろくおん 足音 あしおと	prise de son enregistrement bruit de pas	辛 shin → in → on. Clé et phonétique. (辛 est une variation de 言 : les mots. Les mots sont prononcés en émettant des sons. Par extension, bruit, ton, chants - d'oiseaux, d'insectes...).	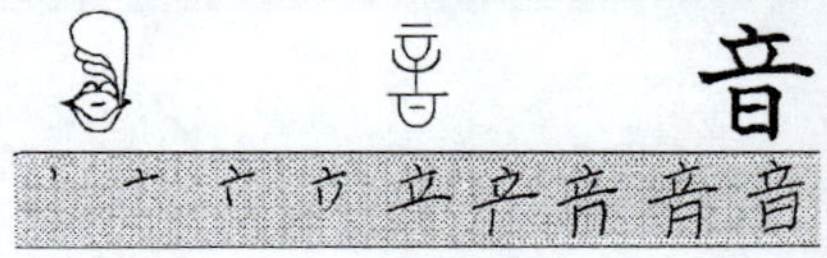
元金 がん/もときん 地元の じもと	capital, fonds local du pays	gan phonétique (Le ciel + l'homme debout 儿. Le ciel est au-dessus de lui ; le ciel est à l'origine, à la source de l'humanité. Par extension, cause).	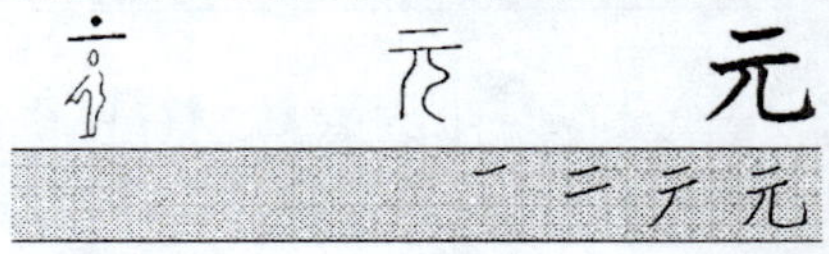
世紀 せいき 浮世(絵) うきよ え	siècle (estampe du) monde flottant	sé phonétique (Abréviation de 卅 : 3x10 = 30. Autrefois l'espérance de vie ne dépassait pas trente ans. C'était la durée d'une génération, époque, d'un règne, d'un "monde". Clé 一).	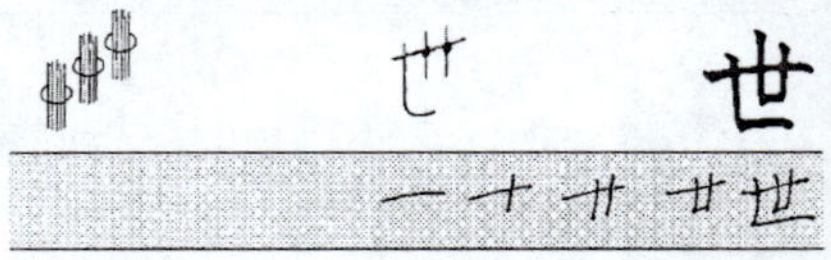
限界 げんかい 境界 きょうかい	limite(naturelle) frontière, borne frontière	kai phonétique (Un homme entre deux limites, deux "frontières" 八) + les champs. Les champs juxtaposés, par delà leurs limites, les frontières, forment le monde.	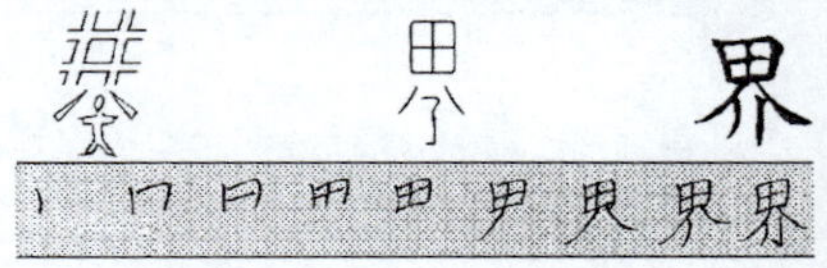
交番 こうばん 一番 いちばん	poste de police le premier, le plus...	han phonétique → ban (La main qui sème + le champ. Pour protéger les semis des oiseaux, il faut surveiller le champ, établir des tours de garde. Par extension, numéro, ordre).	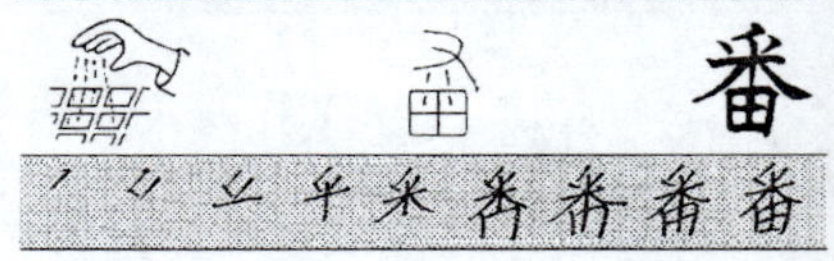
不便 ふべん 不安 ふあん	incommodité peu pratique anxiété malaise	fu phonétique (Un oiseau s'envole, disparait dans l'azur, devenant, aux yeux de l'observateur, "inexistant". Ce symbole a été retenu pour exprimer l'idée de négation. Clé 一).	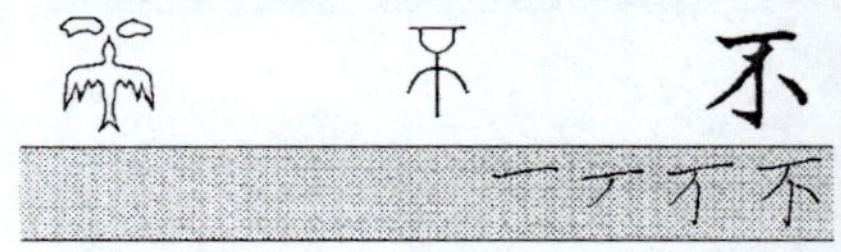

漢字	Page Mémto	Nb traits	Clé	Radical phonétique (//// = pas à l'index)	Lecture ON	Lecture KUN	Signification	Exemples de composés (1)	
組	97	11	糸	*SO* 且 且 助 宜 阻 査 祖 租 粗 組 ka(tsu) *JO* *GI* *SA*	SO	**kumi-*gumi*** **ku(mu)**	groupe, classe s'unir, s'associer	番組 ばんぐみ 組織 そしき	programme (radio, TV...) composition organisation
運	117	12	辶	GUN 軍 軍 揮 運 輝 *KI* UN *KI*	UN	**hako(bu)**	sort, destin transporter	運転 うんてん 運動 うんどう	conduite manœuvre sport mouvement
転	100	11	車	*SEN* 専 専- simp. en 云 : 伝 転; en 寸 :団 ***DEN*** ***TEN*** DAN	***TEN***	**koro(bu)** **koro(gasu)** **koro(garu)** **koro(géru)**	trébucher tomber, rouler faire rouler se rouler sur	運転 うんてん 移転 いてん	conduite manœuvre transfert déménagement
練	136	14	糸	*RAN* 東 練 錬 || 欄 –simp. en 木:閑 ***REN*** ***REN*** ***KAN***	***REN***	**né(ru)**	polir, pétrir lustrer, former (se) discipliner	試練 しれん 洗練 せんれん	épreuve raffinement
習	97	11	羽	*JI* 自 自 臭 息- simplifié en 白 : 習 ***SHŪ*** ***SOKU*** ***SHŪ***	***SHŪ***	**nara(u)**	*exercice, étude* apprendre	実習 じっしゅう 練習 れんしゅう	pratique exercice exercice entraînement
建	59	9	廴	*ITSU* 聿 律 津 書 筆 *RITSU* *SHIN* SHO *HITSU-PITSU* - dérivé 建 健 *KEN* *KEN*	***KEN*** ***KON***	**-daté** **ta(téru)** **ta(tsu)**	construction construire bâtir, établir être construit	建設 けんせつ 建立 こんりゅう	construction érection édification
写	11	5	冖	*YO* 与 与- assimilé 写 ***SHA***	***SHA***	**utsu(su)**	*reproduction* reproduire copier, imiter prendre (photo)	写真 しゃしん 複写 ふくしゃ	photo reproduction
真	79	10	目	SHIN 真 真 直 懐 慎 鎮-dér.置-徳 聴 *CHIN* *CHI* TOKU *CHŌ* 壊 直 値 植 殖 *KA I* *CHOKU-JIKI* *CHI* *SHOKU* *SHOKU*	**SHIN**	**ma**	*exactitude* vérité, réalité exact, vrai, pur argent comptant	写真 しゃしん 真夏 まなつ	photographie cœur de l'été
病	79	10	疒	*HEI* 丙 丙 柄 病 - dérivé 更 *BYŌ* *KŌ*	***BYŌ*** ***HEI***	**yamai** **ya(mu)**	*point faible* maladie être malade souffrir	病院 びょういん 重病 じゅうびょう	hôpital grave maladie
医	29	7	匚	**SHITSU* 矢 矢 医 疾 族 - dérivé 知 *SHI* I *ZOKU* CHI	**I**		médecine	医師 いし 医療 いりょう	médecin traitement médical
院	85	10	阝	*GAN* 元 元 完 冠 院 頑 *GAN-GEN* *KAN* *KAN* *IN*	***IN***		*institut(ion)* *bâtiment clos*	病院 びょういん 美容院 びようい ん	hôpital institut de beauté
薬	152	16	艹	RAKU 楽 楽 薬 RAKU-*GAKU* *YAKU*	***YAKU***	**kusuri**	remède médicament	薬品 やくひん 薬局 やっきょく	médicaments pharmacie
酒	78	10	氵	*SHU* 酉 酒 猶 ***YŪ***	***SHU***	**saké**	liqueur, alcool, vin (de riz)	清酒 せいしゅ 禁酒 きんしゅ	saké pur (100% riz) renoncement à l'alcool
飯	119	12	食	*HAN* 反 反 坂 返 板 版 販 飯-ass.仮 ***HAN*** ***HEN*** ***HAN*** ***HAN*** ***KA*** *TAN* *BAN* BAN *KE*	***HAN***	**meshi**	aliment, repas riz cuit	御飯 ごはん 焼き飯 や めし	repas riz cuit riz sauté (cantonnais)
氷	16	5	水	**SUI* 水 水 氷 尿 - dérivé 永 *HYŌ* NYŌ *EI*	***HYŌ***	**kōri-hi** **kō(ru)**	glace geler	霧氷 むひょう 氷点 ひょうてん	givre point de congélation

Exemples de composés (2)	ANALYSE (Radical phonétique + Clé)	CHEMINEMENT GRAPHIQUE
組合 くみあい syndicat association 組立て くみたて montage assemblage	so phonétique (Entassé, comme les boîtes d'offrandes aux ancêtres) + le fil. Pour faire un tissu, les fils sont réunis - empilés, associés, groupés, par classe de même caractéristique.	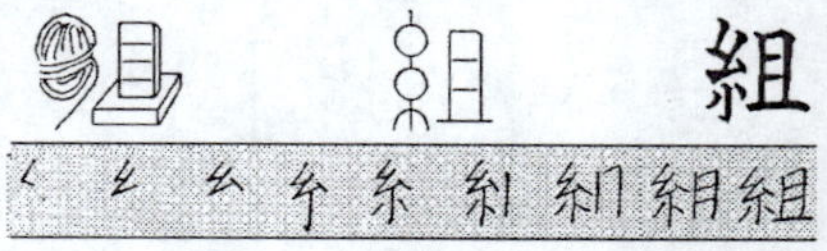
運命 うんめい sort, fatalité destin, fortune 運賃 うんちん fret, frais de (trans)port	gun phonétique → un (Entourant, contournant le char de guerre : le fantassin) + aller. Le fantassin va à pied vers son destin, son -triste- sort en transportant son barda avec lui.	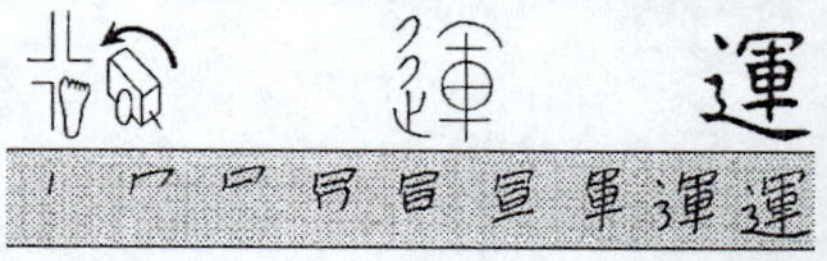
好転 こうてん amélioration (de son sort...) 転居 てんきょ changement d'adresse	sen phonétique → ten (云 abrégé de 專: l'objet tenu à la main, le lien) + le char. Le fantassin cherchait à saisir le char ennemi pour le renverser, le faire "tomber, trébucher, rouler à terre".	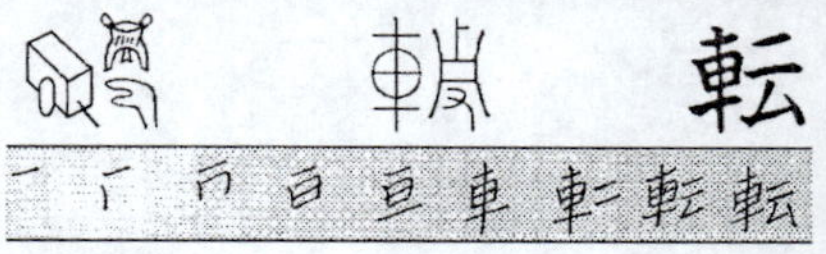
練習 れんしゅう entraînement, pratique, exercice 訓練 くんれん exercice, stage instruction(armée)	ran phonétique → ren (東 simplification de 柬 : trier les éléments d'une botte 束 déliassée 八) + le fil, les fibres - de lin...- qui sont triées, pétries, polies, "disciplinées" pour être formées.	
見習い みならい stage apprentissage 習慣 しゅうかん habitude coutume, usage	ji phonétique → shū (白 abréviation de 自, le nez, symbole de la personnalité) + les ailes du jeune oisillon. Ce dernier développe sa personnalité lorsqu'il apprend, s'exerce à voler.	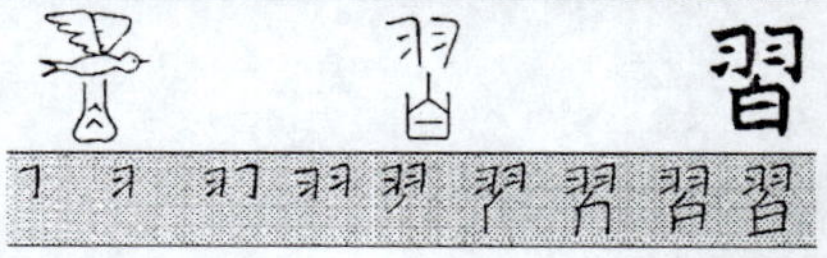
建築 けんちく édifice architecture 建物 たてもの bâtiment	itsu phonétique → ken (La main tenant un pinceau, symbole de l'écrit) + marcher. Pour bien construire, bâtir, il faut au préalable arpenter le terrain, puis établir des plans, des écrits.	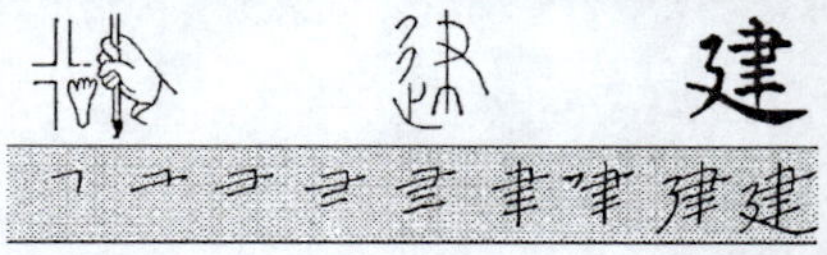
映写 えいしゃ projection 生写し いきうつし portrait vivant de...	yo phonétique assimilé → sha (与 Abréviation de 寫: la pie voleuse) + le toit, la maison. La pie entre dans la maison pour voler la nourriture ; ce faisant, elle copie, imite les humains en sifflant.	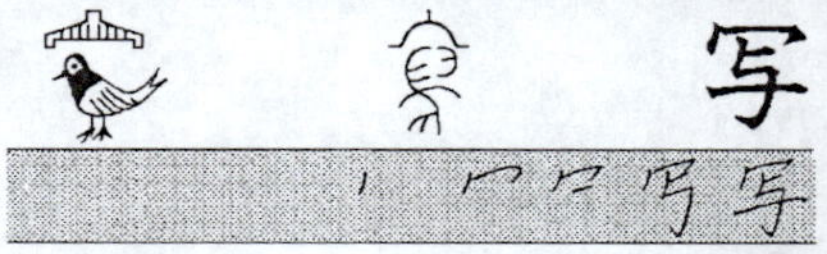
真実 しんじつ vérité, fait 真面目な まじめ grave sérieux	shin phonétique (D'un piédestal 亓, d'une position élevée, dix 十 yeux 目 observent. Le constat sera exact, reflétera la réalité, la vérité. Shin : même son que 眞, la vérité absolue).	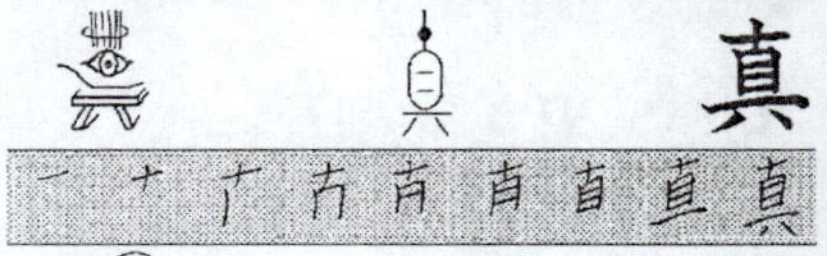
病気 びょうき trouble mal, maladie 病み付き や つ besoin impérieux, "drogue"	hei phonétique → byō (La calamité que l'on cherche à conjurer en faisant des offrandes aux Dieux) + la maladie. Sans conteste, cet homme est malade. Il souffre.	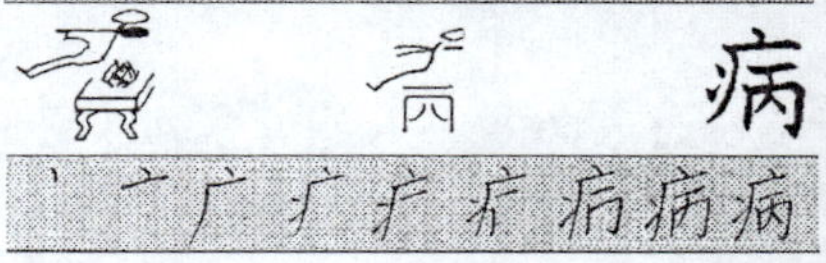
医者 いしゃ docteur, médecin 医院 いいん clinique	shitsu phonétique → i. 醫 abrégé (La flèche et le liquide) + le carquois. Quel liquide a un goût si amer qu'il faille le dissimuler tel une flèche dans son carquois ? La potion qui soigne, guérit.	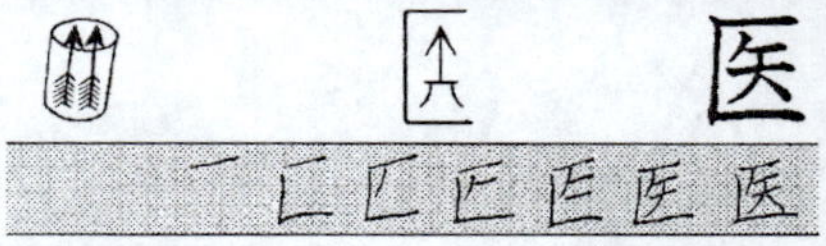
学士院 がくしいん Académie (au Japon) 養老院 ようろういん hospice, maison de retraite	gan phonétique → in (L'homme devant sa maison, symbole d'achèvement) + la terre accumulée ; ici des murs entourant ces bâtiments clos, "achevés" qu'étaient temples et instituts.	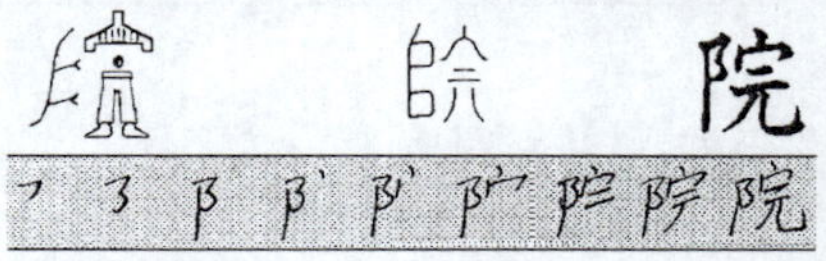
麻薬 まやく drogue stupéfiant 薬屋 くすりや pharmacie pharmacien	raku phonétique → yaku (Le plaisir, le confort qu'apporte la musique) + les herbes, plantes. Les plantes médicinales, ces premiers médicaments, remèdes, apportent le réconfort aux malades.	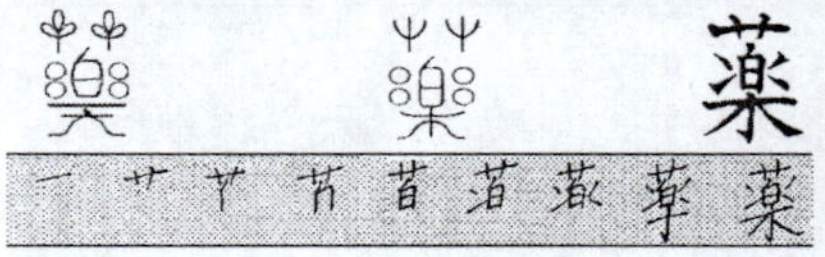
葡萄酒 ぶどうしゅ vin 酒飲み さけの alcoolique	shu phonétique (La bouteille) + le liquide qui coule : l'alcool, le vin de riz, le saké au Japon.	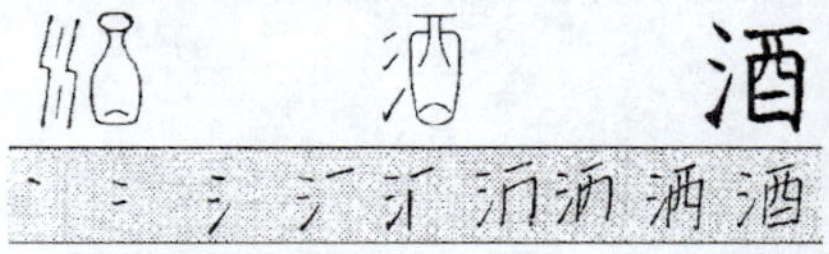
冷飯 ひやめし riz froid mis à l'écart 炊飯器 すいはんき cocotte pour cuire le riz	han phonétique (La main qui appuie sur une planche, symbole d'une action qui se répète) + la nourriture. En Asie, la nourriture qui se répète à chaque repas, tous les jours, c'est le riz cuit.	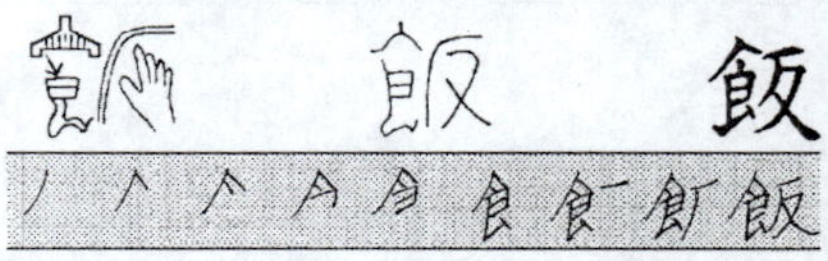
氷山 ひょうざん iceberg 氷砂糖 こおりざとう sucre candi	sui phonétique → hyō (冫 abrégé en 丶: les glaçons + l'eau : image des blocs de glace, gelés, qui dérivent dans la rivière à la fin de l'hiver).	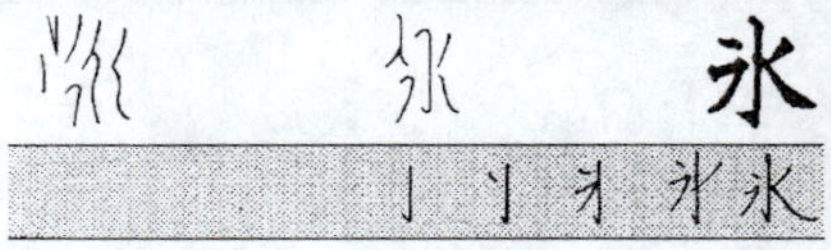

漢字	Page Mémto	Nb traits	Clé	Radical phonétique (//// = pas à l'index)	Lecture ON	Lecture KUN	Signification	Exemples de composés (1)	
貝	37	7	貝	* kai 貝　貝　負　敗 FU　HAI-PAI		**kai**	coquille coquillage	貝殻 かいがら 貝ボタン かい	coquille coquillage bouton en nacre
草	67	9	艹	*SŌ* 早　早　草	***SŌ***	**kusa**	*végétation* herbe, foin	雑草 ざつそう 草刈り くさか	herbes folles mauvaise herbe fauchage
麦	38	7	麦	////	***BAKU***	**mugi**	céréale blé, orge avoine, seigle	小麦 こむぎ 麦藁 むぎわら	blé paille
茶	67	9	艹	////	**CHA** ***SA***		thé	茶色 ちゃいろ 茶碗 ちゃわん	brun,marron, châtain tasse à thé bol (à riz)
寺	22	6	寸	*JI* 寺　寺　侍　待　持　時　特　等　詩 ***TAI***　***TOKU***　***TŌ***　SHI	***JI***	**téra**	temple bouddhique	寺院 じいん 山寺 やまでら	temple bouddhique temple de montagne
特	78	10	牛	*JI* 寺　寺　侍　待　持　時　特　等　詩 ***TAI***　***TOKU***　***TŌ***　SHI	***TOKU***		*spécial*	特別に とくべつ 特急 とっきゅう	spécialement semi express
別	29	7	刂	RETSU 列　列　例　烈　裂 - dérivé 別 REI　***BETSU***	***BETSU***	**waka(réru)**	*séparation* *distinction* se séparer se partager	特別な とくべつ 差別 さべつ	spécial distinction discrimina-
船	97	11	舟	*EN* 㕣　沿　船　鉛 *SEN*	***SEN***	**funé-funa**	bateau, navire	船員 せんいん 造船 ぞうせん	marin, matelot construction navale
美	66	9	羊	////	**BI**	**utsuku(shii)**	beauté beau, splendide excellent	美人 びじん 美容 びよう	(une) beauté soins de beauté
術	98	11	行	*JUTSU* 朮　述　術	**JUTSU**		art(ifice), magie moyen technique	芸術 げいじゅつ 技術 ぎじゅつ	art habileté technique
館	154	16	食	*KAN* 官　官　棺　管　館-assim. 宮　営 *KYŪ-KU-GŪ*　*EI*	***KAN***		*grand bâtiment* *bâtiment public*	旅館 りょかん 別館 べっかん	auberge annexe (hôtel)
引	8	4	弓	*KYŪ 弓　弓　弔　引 *CHŌ*　*IN*	***IN***	**hi(ki)** **hi(ku)** **hi(kéru)**	relations tirer, attirer fermer, cesser	引退 いんたい 引用 いんよう	retraite citation
当	22	6	⺌	*SHŌ* ⺍　労　学　栄　蛍　覚 RŌ　GAKU　*EI*　*KEI*　*KAKU* - déri. 尚　当　尚　党　堂　常　掌　賞　償 *TŌ*　TŌ*DŌ*　*JŌ*	***TŌ-*** ***TŌ***	**a(taru)** **a(téru)**	*ce, cette, ces...* viser, toucher atteindre mettre en contact	担当 たんとう 当然の/な とうぜん	en charge de juste naturel
交	18	6	亠	*KŌ* 交　交　効　郊　校　絞　較 *KAKU*	***KŌ***	**ka(wasu)** **maji(ru)** **maji(waru)** **ka(u)**	*intersection* croiser, échanger (se) mélanger (être) mêlé mêler	交通 こうつう 交換 こうかん	trafic circulation troc échange
教	92	11	攵	*KŌ* 考　考　拷 *GŌ*	***-KYŌ*** ***KYŌ***	**oshi(éru)** **oso(waru)**	*religion* enseigner apprendre de	教育 きょういく 教養 きょうよう	éducation instruction culture

Exemples de composés (2)	ANALYSE (Radical phonétique + Clé)	CHEMINEMENT GRAPHIQUE
貝拾い ramassage de coquillages かいひろ	— kai clé et phonétique (La coquille, le coquillage, le cauris, utilisé autrefois comme unité monétaire et donc, symbole de l'argent).	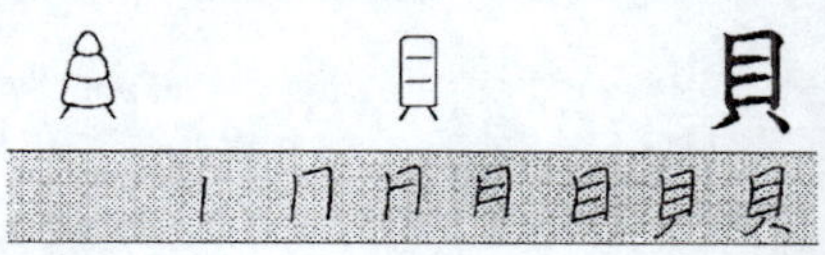
草原 prairie, herbage くさはら/そうげん 草案 brouillon, manuscrit, avant-projet そうあん	sō phonétique (Le soleil se levant dans les hautes herbes) + l'herbe. Ces images ne peuvent signifier qu'herbe, plantes, végétation.	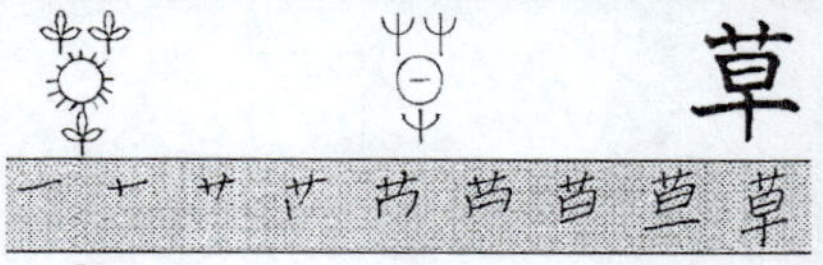
麦畑 champ de blé むぎばたけ 麦芽 malt ばくが	baku //// Abrégé de 麥: la céréale et celui qui poursuit son chemin malgré les obstacles. Les céréales dont la croissance est difficile en Asie sont blé, orge, avoine [Clé 麦].	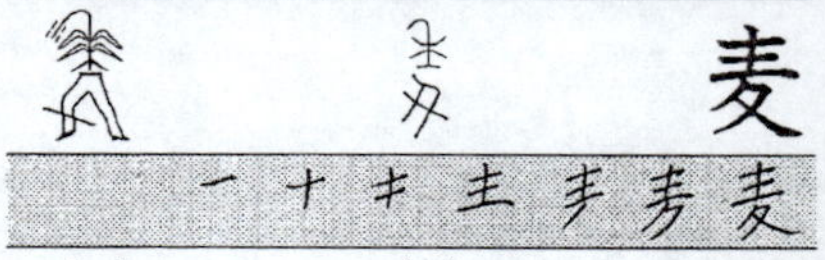
茶の湯 cérémonie, art du thé ちゃ ゆ 茶の間 pièce à "thé" salle de séjour ちゃ ま	cha phonétique //// L'arbre, l'arbuste à thé. Clé 艹.	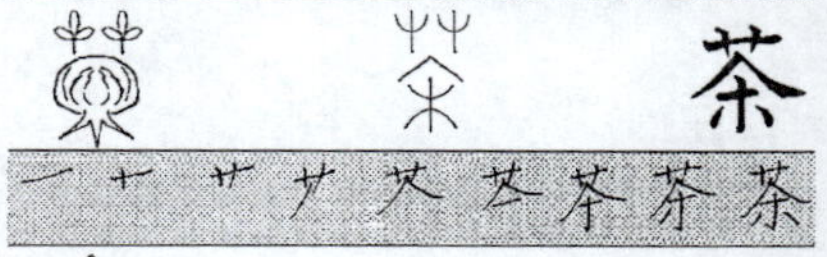
古寺 vieux temple こじ 寺参り (aller faire) ses dévotions てらまい	shi → ji phonétique (La plante qui s'élève du sol, symbole de continuité, de constance + la loi. Autrefois, la loi était rendue avec continuité à la cour ou dans les temples bouddhiques).	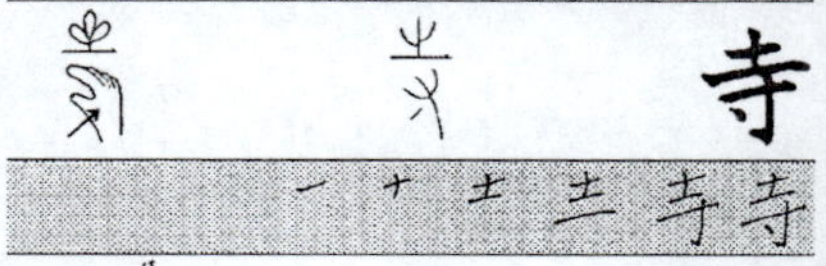
特徴 caractéristique とくちょう 特殊な spécial particulier とくしゅ	ji phonétique → toku (Le temple ou était appliquée la loi 寸) + la vache, le taureau, qui bénéficie d'un "statut" spécial dans le troupeau. Ou traitement spécial des vaches aux Indes ?	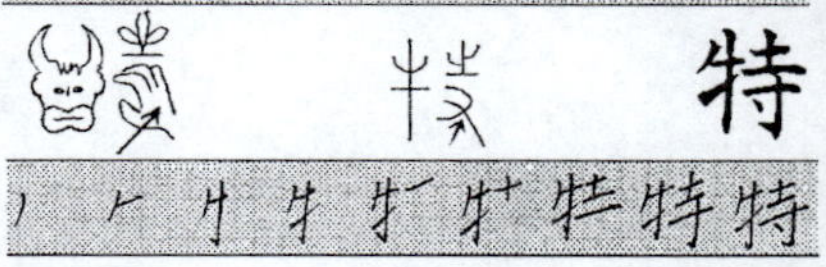
別冊 supplément numéro spécial べっさつ 物別れ rupture ものわか	retsu phonétique → betsu (Les os) + le coutelas avec lequel le boucher sépare la viande de l'os, symbole de séparation, distinction, différence.	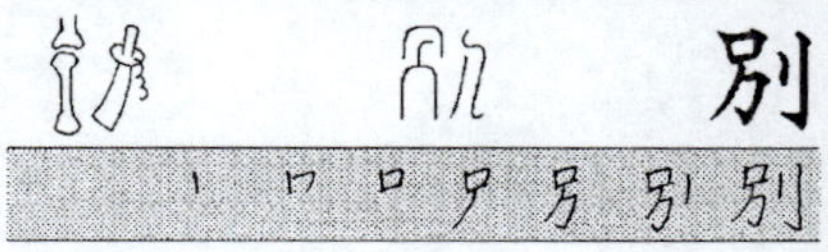
漁船 bateau de pêche ぎょせん 船旅 voyage en bateau croisière ふなたび	en phonétique → sen (La rivière, le fleuve qui coule vers son embouchure) + le bateau. Il fallait de grands bateaux, des navires, pour descendre les fleuves jusqu'à leur embouchure.	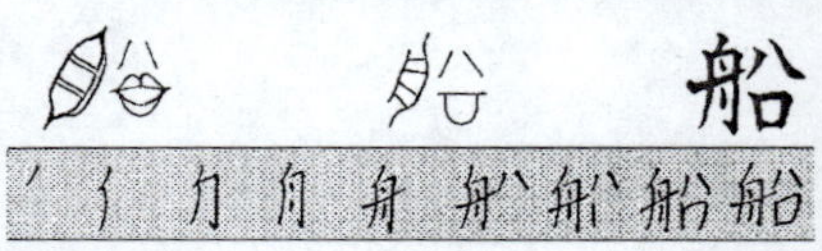
美術館 musée (d'art) びじゅつかん 美観 belle vue beau paysage びかん	bi phonétique //// L'homme campé sur ses jambes, image de grandeur + le mouton qui, par son équilibre, sa toison, symbole de beauté en Asie. D'où le sens de grande beauté, excellence.	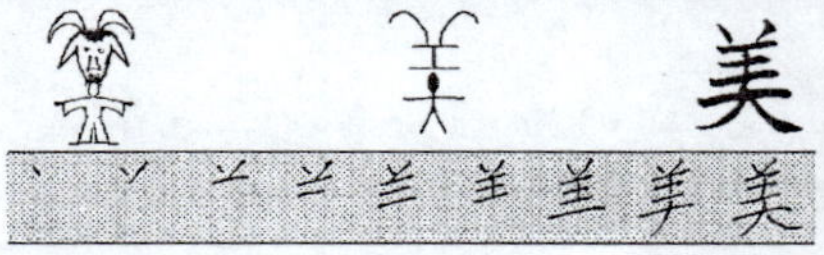
美術 beaux-arts びじゅつ 手術 opération chirurgicale しゅじゅつ	jutsu phonétique (Le riz glutineux, collant -obtenu après manipulation) + aller son chemin. Avec les procédés, artifices, moyens magiques d'antan, qu'il était long le chemin menant à l'art, à la technique.	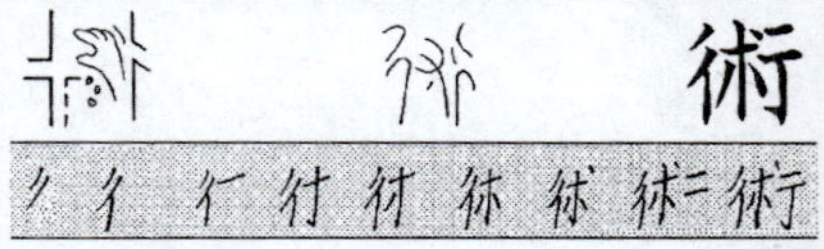
会館 maison, foyer palais(des sports) かいかん 図書館 bibliothèque としょかん	kan phonétique (La déclivité et le toit, symbole des bâtiments officiels) + la nourriture. Autrefois on accueillait les pèlerins en ces bâtiments publics. La tradition se perpétue à Shikoku.	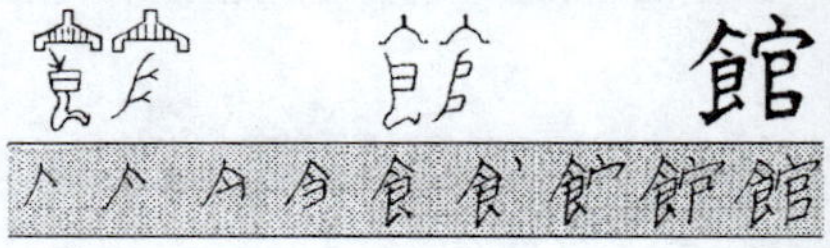
取引き transactions とりひ 引き上/揚げ relèvement rapatriement ひ あ	in phonétique //// La flèche + l'arc qui va la décocher, la tirer. Par extension, attirer, relations.	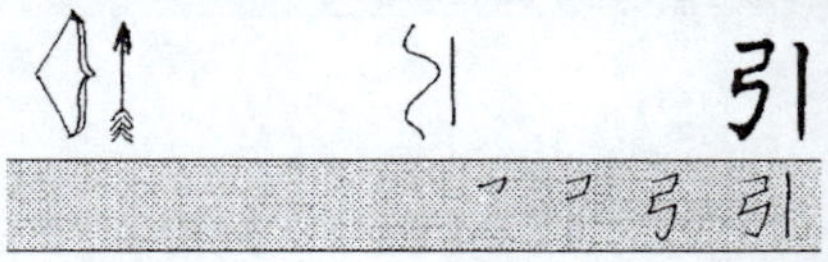
本当 vrai, réel ほんとう 手当て salaire rémunération てあ	ヨ mauvaise copie du champ 田 + shō phonétique → tō (尚 abrégé en ⺌ : la division). La terre de l'état devait être divisée en champs égaux ; il fallait viser, toucher juste, "atteindre" le but.	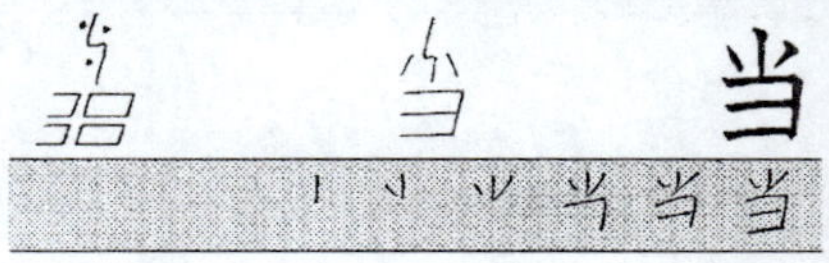
外交 diplomatie がいこう 交番 poste de police こうばん	kō phonétique (L'homme assis en tailleur, les jambes croisées). Par extension, intersection, se mêler, être mêlé, mélanger. Clé 亠 .	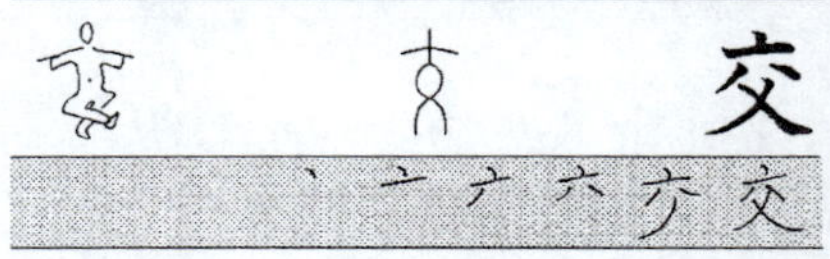
教授 enseignement きょうじゅ 教え子 élève disciple おし ご	kō phonétique → kyō (L'enfant 子 à qui on inculque la notion de piété filiale envers ses parents âgés 耂) + la main au fouet. O enfant, tu apprendras dans la douleur !	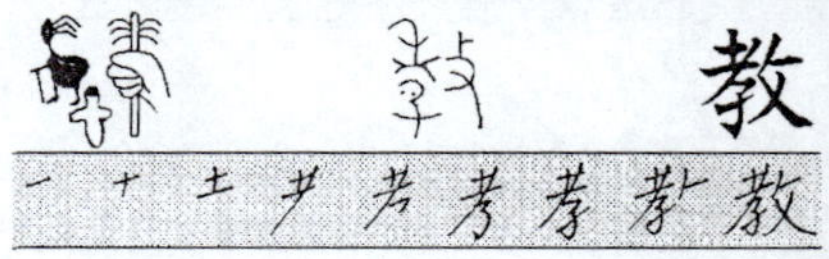

漢字	Page Mémto	Nb traits	Clé	Radical phonétique (//// = pas à l'index)	Lecture ON	Lecture KUN	Signification	Exemples de composés (1)
楽	123	13	木	RAKU 楽 楽 薬 RAKU-*GAKU* *YAKU*	*GAKU* RAKU	tano(shii) " (shimu)	*musique* plaisir, aise,confort joyeux, agréable	音楽 おんがく musique 楽器 がっき instrument de musique
用	16	5	用	////	YŌ	mochi(iru)	besoin, usage emploi utiliser	利用 りよう usage utilisation 用意 ようい préparation préparatifs
回	21	6	囗	////	*-KAI* *KAI*	mawa(ru) mawa(su)	*fois, tour* *reprise* pivoter, tourner faire circuler, "	今回 こんかい cette fois 回復 かいふく reprise récupération
晴	108	12	日	**SEI* 青 青情 清 晴 精 請〔静 classé à 争〕 ***SEI*** JŌ SEI ***SEI*** ***SŌ*** ***SHŌ*** ***SHŌ SHIN***	*SEI*	ha(rasu) ha(réru)	*temps clair* éclaircir(doute) s'éclaircir	快晴 かいせい beau temps temps superbe 見晴らし みは panorama perspective
待	59	9	彳	*JI* 寺 寺 侍 待 持 時 特 等 詩 ***TAI*** ***TOKU*** ***TŌ*** SHI	*TAI*	machi ma(tsu)	attente attendre	期待 きたい espoir, attente 待遇 たいぐう service, paie traitement
持	60	9	扌	*JI* 寺 寺 侍 待 持 時 特 等 詩 ***TAI*** ***TOKU*** ***TŌ*** SHI	*JI*	mo(chi) mo(tsu)	résistance à … avoir, posséder conserver, garder tenir, résister à	気持ち きも sentiment état d'âme 支持 しじ entretien conservation
使	39	8	亻	*SHI* 史 史 - dérivé 吏 使 ***RI***	*SHI*	tsuka(u)	*messager* utiliser	使用 しよう emploi utilisation 使節 しせつ envoyé délégué
飲	118	12	食	**KETSU* 欠 欠 吹 炊 飲 - dérivé 次 *SUI* *SUI* IN *SHI* - assimilé 軟 *NAN*	*IN*	no(mu)	*boisson* boire, fumer avaler	飲み物 の もの boisson breuvage 飲食 いんしょく le boire et le manger
寝	120	13	宀	*SHIN* 𠬶 侵 浸 寝	*SHIN*	né(kasu) né(ru)	coucher, dormir se coucher garder le lit	昼寝 ひるね sieste 寝室 しんしつ chambre à coucher
起	83	10	走	**KI* 己 己 改 起 ‖ 忌 紀 記‖ 妃 配 *KAI* ‖ *HI* *HAI*	*KI*	o(kosu) o(koru) o(kiru)	*éveil, début* produire, réveiller se produire se lever	起源 きげん origine 起訴 きそ accusation
取	41	8	又	*SHU* 取 取 趣 - dérivé 最 *SAI*	*SHU*	to(ru)	saisir, prendre	取材 しゅざい recueil (d'informations...) 聴取 ちょうしゅ écoute audition
遊	116	12	辶	////	*YŪ*	aso(bu)	jouer, se divertir ne rien faire être oisif	遊覧 ゆうらん tourisme excursion 遊び場 あそ ば aire de jeux
動	87	11	力	*DŌ* 重 重 動 働 種 衝 *CHŌ-JŪ* SHU *SHŌ* -sim. en 里 : 童 量 糧 - assimilé 勲 RYŌ ***RYŌ*** ***KUN***	*DŌ*	ugo(kasu) ugo(ku)	actionner bouger, déplacer se déplacer	動物 どうぶつ animal 活動 かつどう action activité
助	29	7	力	*SO* 且 且 助 宜 阻 査 祖 租 粗 組 ka(tsu) *JO* *GI* *SA*	*JO*	suké- tasu(kéru) tasu(karu)	aide aider, sauver être sauvé	援助 えんじょ soutien aide, appui 救助 きゅうじょ secours sauvetage
急	59	9	心	*KYŪ* 及 及 吸 扱 級 - dérivé 急	KYŪ	iso(gu)	*à la hâte* *urgent, soudain* danger, péril se dépêcher	緊急 きんきゅう extrême urgence 救急 きゅうきゅう premiers secours

Exemples de composés (2)	ANALYSE (Radical phonétique + Clé)	CHEMINEMENT GRAPHIQUE
楽観 らっかん (être) optimiste 文楽 ぶんらく marionnettes japonaises	raku phonétique (Le tambour 白 et les clochettes ⅹ + leur support en bois 木. Il symbolise le plaisir, la joie que la musique apporte à l'espèce humaine. Par extension, aise, confort).	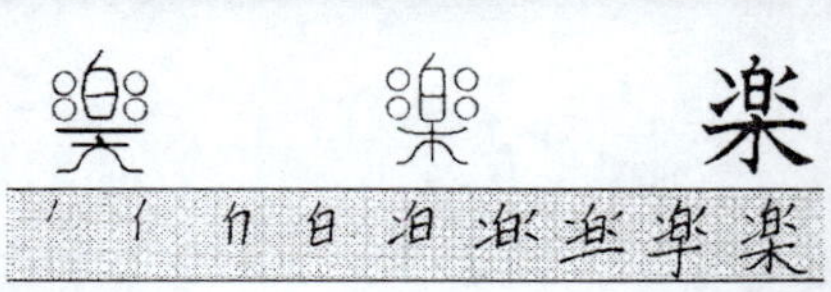
信用 しんよう confiance, foi 用事 ようじ affaires occupation	yu → yō //// Une interprétation parmi d'autres de ce caractère : le vase rituel des ancêtres qui fut un des premiers objets utilisé, employé, en usage dans la maison. [Clé 用].	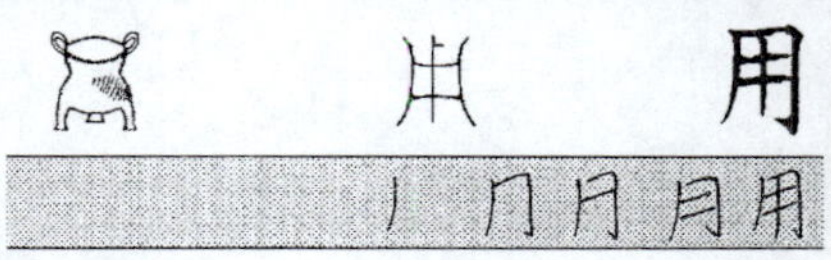
上回る うわまわ excéder dépasser 回転 かいてん rotation révolution	i phonétique→ kai //// Ça tourne comme un tourbillon de rivière, un circuit de course. Par extension, le nombre de tours, de fois où... Clé 口.	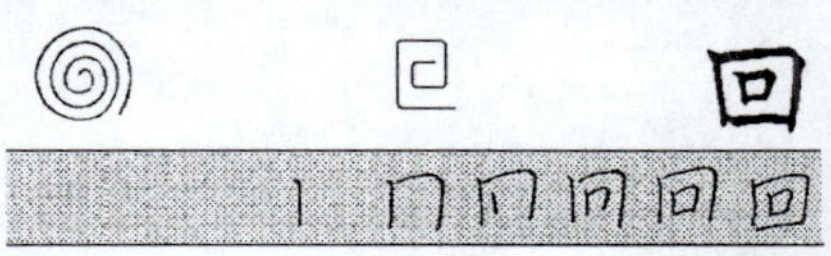
晴天 せいてん beau temps temps magnifique 晴れ着 は ぎ vêtements "du dimanche"	sei phonétique (Le bleu-vert de la plante qui se reflète dans l'eau d'un puits) + le soleil ; le ciel est dégagé, le temps clair. Par extension, s'éclaircir.	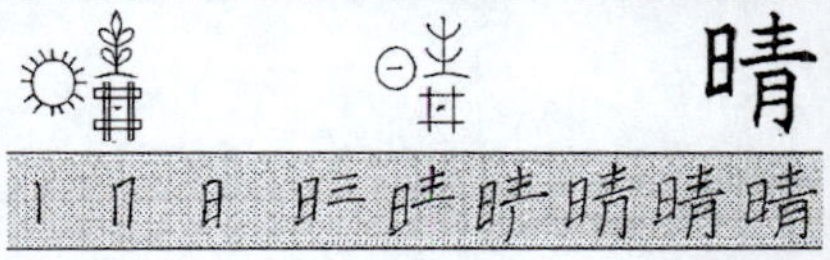
招待 しょうたい invitation 待合室 まちあいしつ salle d'attente	ji phonétique → tai (L'endroit où s'applique la loi avec constance) + aller. Aller à un endroit fixé à une heure donnée, se rendre à un rendez-vous, est bien souvent synonyme d'attente.	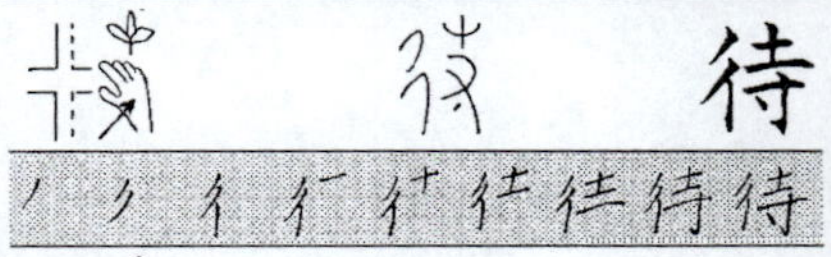
維持 いじ support, appui 持参 じさん apporté avec soi au porteur	ji phonétique (La cour, le temple où la loi était appliquée avec constance) + la main qui tient, possède. Nobles et prêtres furent les premiers à avoir, posséder, conserver des biens de valeur.	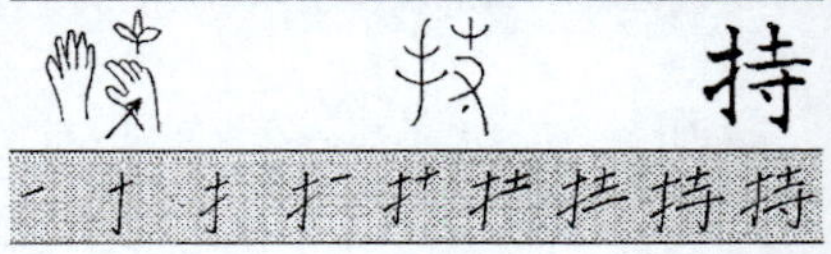
大使 たいし ambassadeur 召使 めしつかい gens de maison	shi phonétique(Le pinceau tenu à la main) + l'homme, le scribe. Ce dernier utilise le pinceau pour écrire. Par extension, celui qui porte le message : le messager.	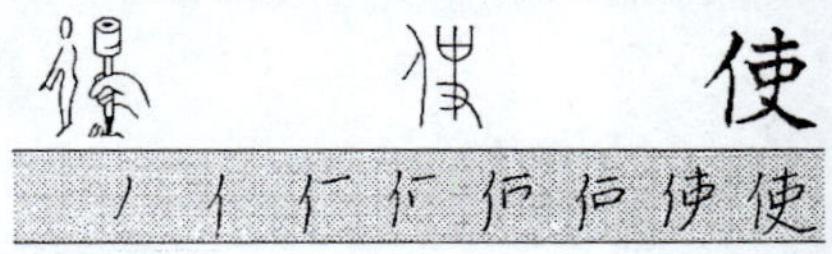
飲料水 いんりょうすい eau potable 立飲み たちの boire debout au comptoir	ketsu phonétique → in (La bouche grande ouverte) + la nourriture. Cette nourriture, elle va l'absorber, l'avaler, la "boire". Ce tabac, elle va le fumer.	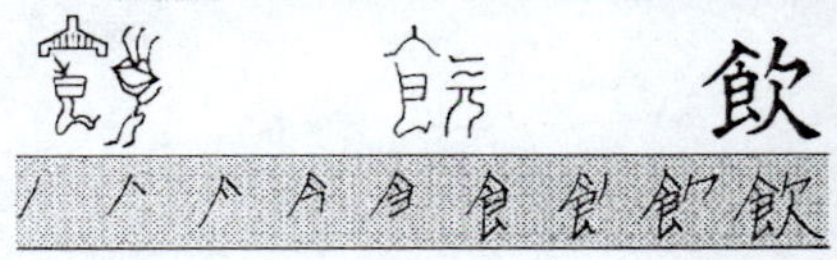
寝坊 ねぼう grasse matinée 就寝する しゅうしん aller se coucher	shin phonétique (Le fouet tenu à la main pour chasser, ici, le soir, les mauvais esprits et le banc, le bat-flanc, le lit) + le toit, la maison. Manifestement il s'agit d'aller se coucher ou de dormir.	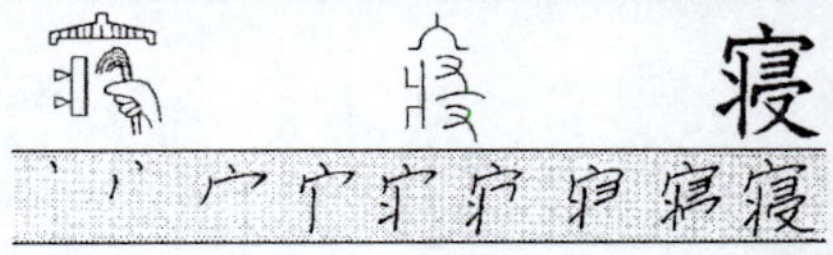
起用 きよう nomination 早起き はやお lever matinal	ki phonétique (L'expiration du souffle, symbole de la personnalité, de l'activité) + marcher; se lever, s'éveiller, se redresser. Par extension, commencer, se produire.	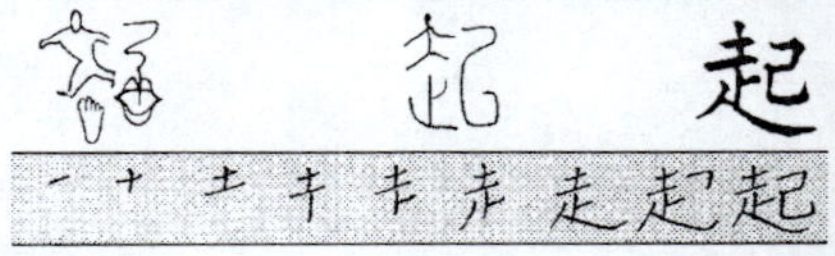
取得 しゅとく obtention acquisition 取り引き と ひ contrat transaction	shu phonétique (L'oreille + la main qui saisit. En Asie, pour prouver qu'on avait effectivement abattu son ennemi, il fallait saisir, prendre son oreille et la rapporter).	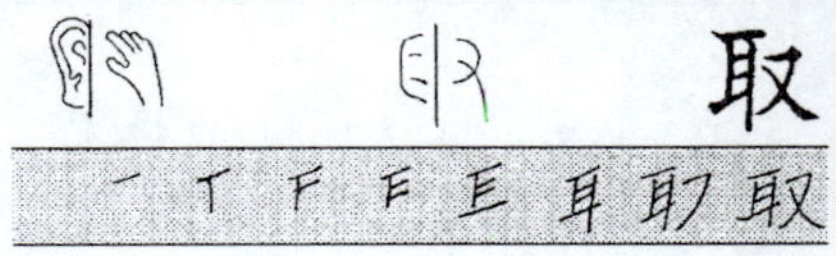
遊泳 ゆうえい nage, natation 遊園地 ゆうえんち parc d'attractions	ū phonétique //// La mangrove - ou la bannière qui rassemble, ici, des enfants + aller. Une bande d'enfants qui va, court ça et là, se divertit, joue. Par extension, ne rien faire, être oisif.	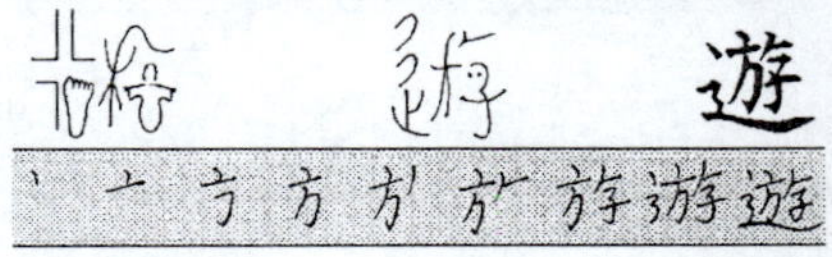
運動 うんどう exercice , sport mouvement 自動(車) じどう しゃ automatisme (voiture)	dō phonétique (Le portefaix et sa charge) + la force Autrefois il fallait déployer toute sa force pour déplacer de lourdes charges. Par extension, actionner, bouger, se déplacer.	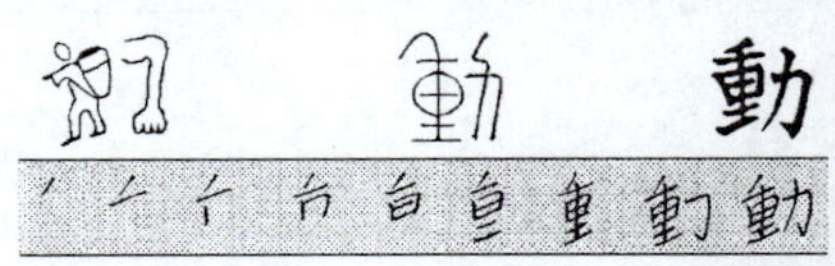
補助 ほじょ aide assistance 助手 じょしゅ aide assistant	so phonétique → jo (Les boîtes d'offrandes empilées, tel une pierre tombale) + la force. On fait des offrandes aux Dieux dans l'espoir que, de leur force, ils vous aideront, vous sauveront.	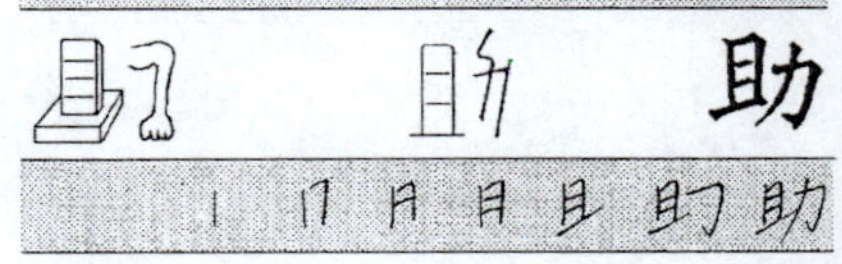
急行 きゅうこう (train) express 大急ぎ おおいそ urgent pressant	kyū phonétique (刍 transcription de 及 : mettre la main au collet, attraper) + le cœur : "attrapé", pressé, il est saisi par l'émotion avec ce que cela implique de hâte, d'impatience, d'urgence.	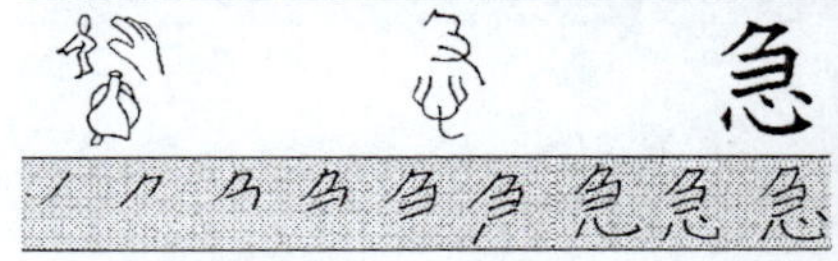

漢字	Page Mémto	Nb traits	Clé	Radical phonétique (//// = pas à l'index)	Lecture ON	Lecture KUN	Signification	Exemples de composés (1)
乗	54	9	丿	*JŌ* 乗 乗 剰	***JŌ***	**no(ru)** **no(séru)**	monter, prendre poser sur être mentionné laisser monter charger, insérer	乗客 じょうきゃく passager voyageur 乗用車 じょうようしゃ voiture de tourisme
正	15	5	止	*SEI* 正 正 疋 征 政 症 証 整 *SEI-SHŌ* *SEI-SHŌ* SHŌ - dérivés 定 - 是 [Classé à TEI] *TEI* *ZE*	***SEI*** ***SHŌ***	**tada(shii)** **tada(su)**	juste, correct corriger	正月 しょうがつ Nouvel An 改正 かいせい réforme révision
遠	129	13	辶	*EN* 袁 園 猿 遠 ***EN-ON***	***EN*** ***ON***	**tō(i)**	distant loin(tain)	遠足 えんそく excursion 遠慮 えんりょ réserve retenue
近	38	7	辶	**KIN* 斤 斤 匠 近 析 祈- dérivé 折 ***SHŌ*** ***SEKI*** ***KI*** ***SETSU***	***KIN***	**chika(i)**	près de, proche à proximité	近所 きんじょ voisinage proximité 最近 さいきん récemment le plus récent
強	89	11	弓	*////*	***KYŌ*** ***GŌ***	**tsuyo(i)** **"(méru)** **"(maru)** **shi(iru)**	fort, intense fortifier devenir fort forcer, exiger	勉強 べんきょう étude 強化 きょうか renforcement consolidation
弱	74	10	弓	*////*	***-JAKU*** ***JAKU***	**yowa(i)** **yowa(méru)** **"(ru-maru)**	un peu moins de faible, fragile affaiblir,diminuer (s'af)faiblir	弱点 じゃくてん point faible 衰弱 すいじゃく épuisement affaiblissement
多	21	6	夕	**SEKI* 夕 夕 - dérivé 多 移 ***TA*** ***I***	***TA***	**ō(i)**	beaucoup nombreux abondant	多数 たすう majorité grand nombre 多分 たぶん peut-être sans doute
少	7	4	小	**SHŌ* 小 小 少 劣 妙 抄 砂 *RETSU* *MYŌ* *SA-SHA* 省 秒 *SHŌ-SEI* *BYŌ*	***SHŌ***	**suko(shi)** **suku(nai)**	un peu peu	少年 しょうねん jeune garçon 少数 しょうすう minorité petit nombre
広	14	5	广	**KŌ* 黄 黄 横- simp. 拡 鉱- assimilé 広 ***KŌ-Ō*** ***Ō*** ***KAKU***	***KŌ***	**hiro(i)** **hiro(géru)** **hiro(garu)**	large élargir, étendre, propager s'étaler, se répandre	広告 こうこく annonce publicité 広大な こうだい vaste immense
古	13	5	口	*KO* 古 古 居 苦 故 枯 据 湖 KYO KU su(éru)	***KO***	**furu(i)**	vieux, ancien utilisé	古代 こだい temps anciens 中古 ちゅうこ d'occasion
同	20	6	口	*DŌ* 同 同 洞 胴 筒 銅	***DŌ***	**ona(ji)**	même, semblable égal, équivalent commun	同時 どうじ en même temps 同情 どうじょう sympathie compassion
重	54	9	里	*DŌ* 重 重 動 働 種 衝 *CHŌ-JŪ* SHU *SHŌ* -sim. en 里 : 童 量 糧 - assimilé 勲 RYŌ *RYŌ* *KUN*	***JŪ*** ***CHŌ***	**omo(i)** **é** **kasa(néru)** **kasa(naru)**	lourd, grave nb.de couches empiler, superposer coïncider, se "	重要 じゅうよう importance 慎重 しんちょう prudence circonspection
暗	123	13	日	*ON 音 音 暗 - dérivé 意 億 憶 ON-***IN*** ***AN*** ***I*** ***OKU*** ***OKU***	***AN***	**kura(i)**	invisible, caché sombre, obscur ténébreux	暗礁 あんしょう obstacle écueil, récif 暗示 あんじ allusion insinuation
暑	108	12	日	*SHA* 者 者 著 都 暑 煮 署 緒 諸 CHO TO ***SHO*** ***SHO SHO*** ***SHO*** *TSU* *CHO*	***SHO***	**atsu(i)**	(temps) chaud	猛暑 もうしょ grande chaleur 残暑 ざんしょ dernières chaleurs de l'été
寒	105	12	宀	*////*	***KAN***	**samu(i)**	*saison froide* froid	寒気 かんき-さむけ (le) froid 寒空 さむぞら ciel pur et froid d'hiver

Exemples de composés (2)	ANALYSE（Radical phonétique + Clé)	CHEMINEMENT GRAPHIQUE
乗組員 のりくみいん équipage 遠乗 とおのり randonnée longue course	昇 shō → jō phonétique (L'homme montant sur un arbre pour voir au loin. D'où, placer sur. Pourrait encore venir de 乖 , mal transcrit en 乗 : monter sur un char de guerre. Clé 丿).	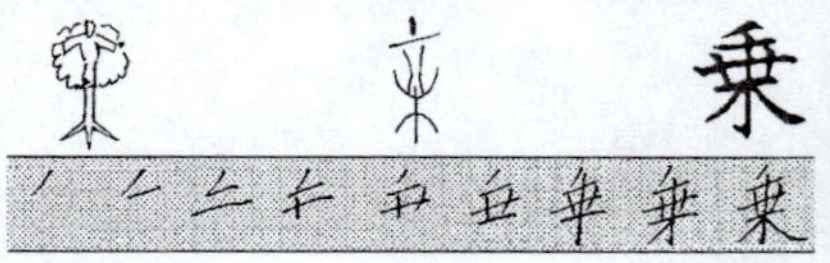
正直 しょうじき honnêteté 正確 せいかく justesse exactitude	sei phonétique (La ligne 一 tracée à l'avance + le pied 止 qui s'arrête exactement derrière elle symbolise ce qui est juste, correct).	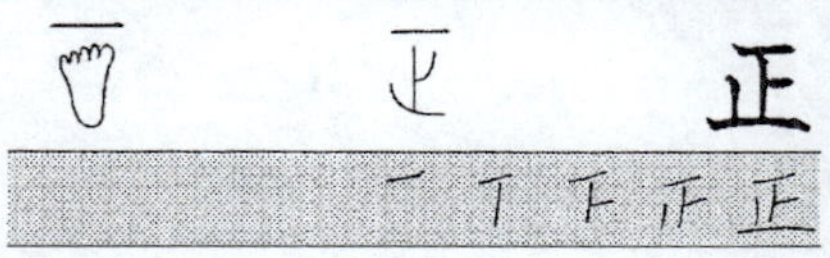
遠出 とおで randonnée, sortie 敬遠 けいえん distance	en phonétique → on (Le long kimono des nobles) + aller. Jadis c'était l'apanage des nobles que d'aller au loin, voyager dans des vêtements qui marquaient leur rang. Par extension, distant.	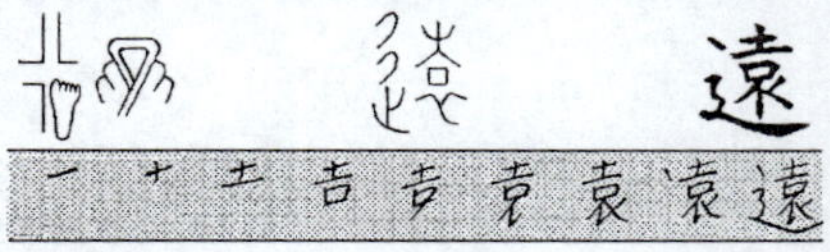
付近 ふきん environs voisinage 近道 ちかみち raccourci	kin phonétique (La hache qui coupe, entaille) + aller. Dans la forêt épaisse, il faut aller près, être proche, à proximité de l'endroit où l'on coupe un arbre pour le découvrir.	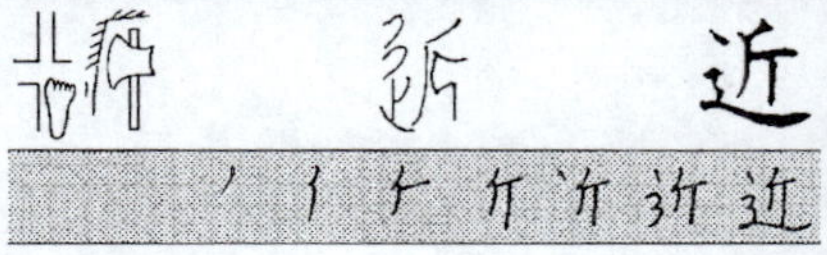
強調 きょうちょう insistance 強気 つよき audace, vergogne	kyō phonétique //// Le scarabée et sa carapace + l'arc mis en forme à la chaleur. Ces images évoquent ce qui est forcé, "fortifié" avec force et intensité.	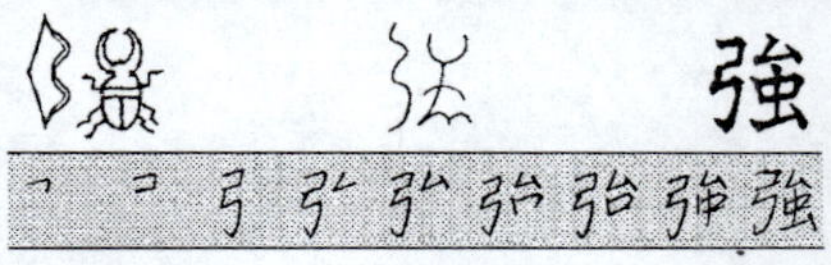
弱音 よわね (montrer ses) faiblesses (魚)弱 いわし faible poisson = sardine	彡 san → jaku phonétique //// Deux oisillons dont les plumes n'ont pas encore poussé, symbolisent la faiblesse, la fragilité. Par extension, affaiblir, s'affaiblir, diminuer. Clé 弓 .	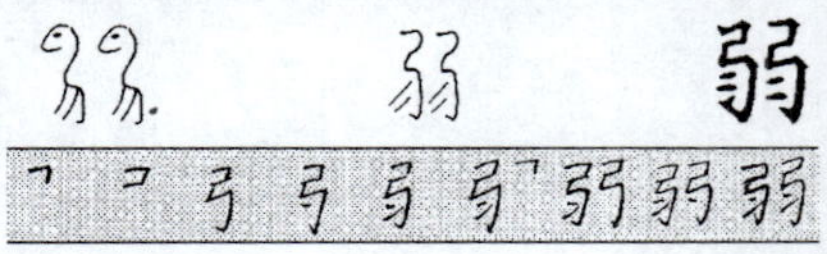
多少 たしょう quelque peu plus ou moins 多角 たかく points de vue multiples, variés	seki phonétique → ta (Le soir, évoqué par la lune apparaissant derrière la colline) + le soir. Deux c-à-d. beaucoup, de nombreux soirs; successions de nuits marquées par des encoches sur l'arbre.	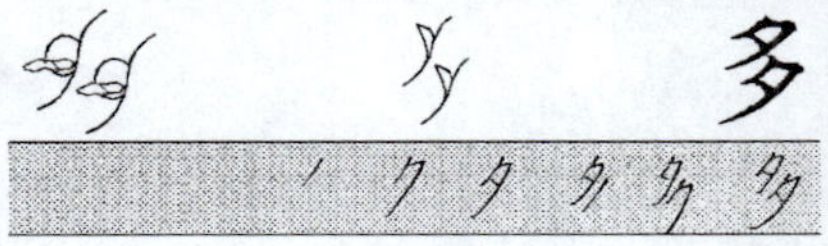
多少 たしょう plus ou moins 少佐 しょうさ commandant	shō phonétique (La division ノ + le petit élément 小. Quand on divise ce qui est déjà petit, il reste vraiment peu de chose).	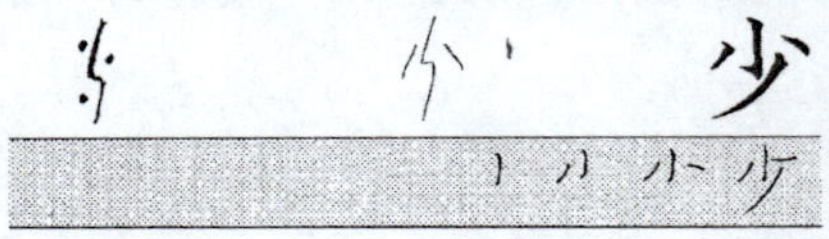
広場 ひろば esplanade square, place 広報 こうほう informations, relations publique	kō phonétique (黄 jaune des vastes étendues de lœss, abrégé en ム: graphiquement, un bras ouvert) + la colline, sa maison. La culture sur pente élargit, agrandit, étend la terre cultivable.	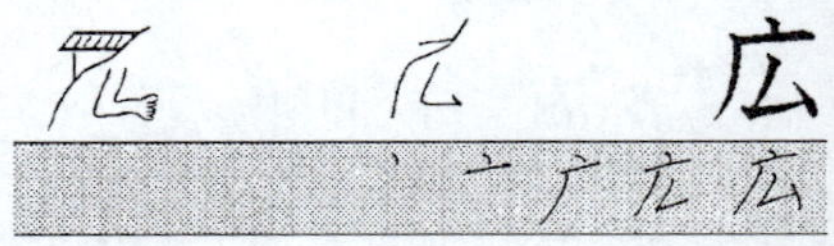
古本 ふるほん livre d'occasion 考古学 こうこがく archéologie	ko phonétique (Dix + la bouche, la parole. Une histoire passée par dix bouches ne peut plus prétendre à l'originalité. C'est devenu une vieille histoire. Par extension, ancien, utilisé).	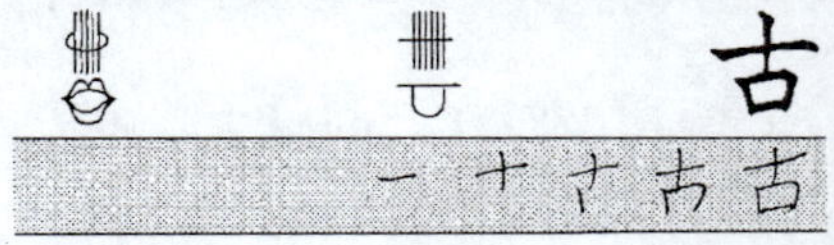
同様の どうよう pareil semblable 共同 きょうどう communauté collaboration	dō phonétique (Les bouches d'une famille parlant le même langage, un langage commun. Graphiquement, un couvercle s'adaptant sur un pot; il doit être de même taille, égal, équivalent. Clé 口).	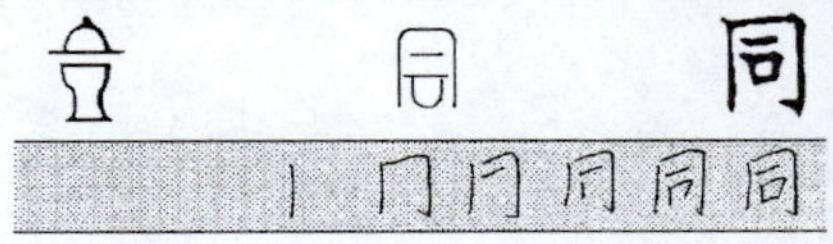
体重 たいじゅう poids (du corps) 重荷 おもに lourde charge pesant fardeau	dō phonétique → chō (Les objets superposés, symbolisés par un portefaix et la charge qu'il porte sur le dos, si lourde qu'il en marque la terre 土 de ses pas. Par extension, important. Clé 里).	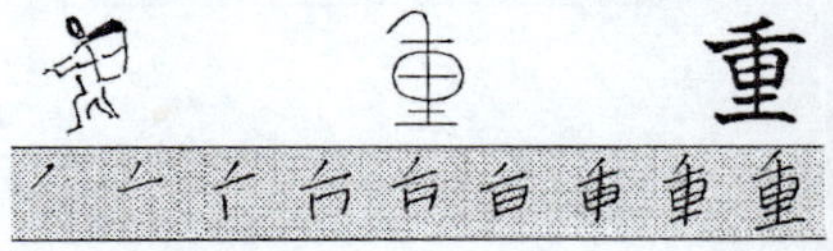
暗記 あんき mémorisation (appris)par cœur 真暗 まっくら tout noir noir d'encre	on phonétique → an (Les bruits et les sons 章, une forme "masquée" de la parole) + le soleil. Un soleil masqué évoque le sombre, le ténébreux, l'obscur, l'invisible, le caché.	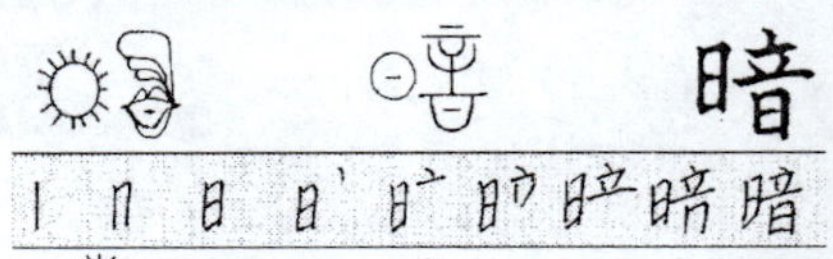
避暑客 ひしょきゃく estivant 暑苦しい あつくる chaleur étouffante	sha phonétique → sho (Le four banal) + le soleil. Chaud, chaud, chaud...	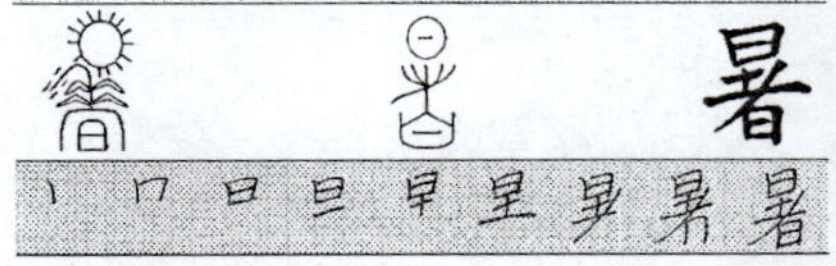
極寒 ごっかん froid vif 防寒 ぼうかん protection contre le froid	kan phonétique //// Enfoui dans la paille 共, alors que dehors on voit des stalactites 冫 + le toit. On se protégeait dans sa grange des rigueurs du froid. L'hiver, la saison froide étaient venus.	

漢字	Page Mémto	Nb traits	Clé	Radical phonétique (//// = pas à l'index)	Lecture ON	Lecture KUN	Signification	Exemples de composés (1)
冷	28	7	冫	*REI* 令 令 冷 鈴 零 領 齢 *RYŌ*	***REI***	**tsumé(tai) sa(masu) hi(yasu) sa(méru) hi(éru)**	froid, frais refroidir, glacer se refroidir	冷え症 ひ しょう frileux 冷静 れいせい calme, lucidité de sang-froid
静	139	14	青	*SŌ* 争 争 浄 静 *JŌ JŌ-SEI*	***SEI-JŌ***	**shizu(ka) shizu(méru) " (maru)**	paix, calme tranquillité apaiser, adoucir s'apaiser	静脈 じょうみゃく veine, système veineux 静観 せいかん vu de loin contemplation
悪	90	11	心	*A* 亜 亜 悪 AKU-*O*	**AKU** ***O***	**waru(i)**	mal, vice, injustice mauvais, néfaste	悪化 あっか détérioration aggravation 悪口 わるぐち calomnie médisance
産	95	11	生	*SAN* 産 産 顔 ***GAN***	**SAN**	**u(mu) u(maréru)**	*naissance* donner le jour, engendrer, produire être né	生産 せいさん production 財産 ざいさん richesse biens, fortune
業	123	13	木	////	**GYŌ GŌ**	**waza**	occupation, travail Karma, destin fait, oeuvre	産業 さんぎょう industrie 営業 えいぎょう affaires commerce
開	117	12	門	**KAN* 干 干 刊 汗 肝 幸 軒 *KŌ KEN* -assimilé 岸 - dérivés 開 関- 逆 ***GAN*** ***KAI*** GYAKU	***KAI***	**a(ku-kéru) hira(ku) hira(kéru)**	*ouverture* ouvrir, fonder (s')ouvrir, se développer	開発 かいはつ mise en valeur développement 幕開き まくあ début, lever de rideau
発	64	9	癶	*HATSU* 発 発 廃 *HATSU-HOTSU HAI*	***-HATSU*** ***HOTSU***		*provenant de...* s'élancer, ouvrir commencer, émet*tre, développer*	発音 はつおん articulation prononciation 発表 はっぴょう annonce publication
始	43	8	女	*TAI* 台 台 始 治 怠 胎 *TAI*-DAI *SHI CHI-JI*	***SHI***	**haji(maru) haji(méru)**	commencer à s'ouvrir commencer qqc. amorcer, créer	開始 かいし ouverture commencement 終始 しゅうし du début à la fin
閉	101	11	門	////	***HEI***	**to(jiru/zasu) shi(méru) shi(maru)**	fermer, clore se fermer	閉鎖 へいさ fermeture 閉会 へいかい clôture (de séance...)
関	138	14	門	*SŌ* 关 送 朕 - 関 classé à 干 *CHIN KAN KAN*	***KAN***	**séki**	octroi, péage barrière	税関 ぜいかん douane 関係 かんけい rapport(s) relation(s)
係	55	9	亻	*KEI* 系 系 係 孫 SON	***KEI***	**kakari kaka(ru)**	charge, service affecter, concerner se rapporter à	関係 かんけい rapports relation 係員 かかりいん préposé, employé en charge
予	5	6	亅	*YO* 予 予 序 野 預 JO *YA*	***YO***		*antérieur à l'avance au préalable*	予定 よてい plan, programme 予想 よそう prévision
契	57	9	大	*KETSU* 契 契 喫 潔 ***KEI KITSU***	***KEI***	**chigi(ru)**	*promesse* promettre contracter	契約 けいやく contrat 契りを結ぶ ちぎ むす nouer les liens conjugaux (du mariage)
約	66	9	糸	*SHAKU* 勺 勺 的 約 酌 釣 *TEKI* YAKU *CHŌ*	**YAKU *YAKU-***		promesse *environ à peu près*	約束 やくそく promesse rendez-vous 約一分 やくいっぷん environ une minute
実	43	8	宀	////	***JITSU***	**mi mino(ru)**	*réel, véritable* fruit, substance porter ses fruits	事実 じじつ fait, réalité 実行 じっこう exécution

Exemples de composés (2)	ANALYSE (Radical phonétique + Clé)	CHEMINEMENT GRAPHIQUE
冷却 れいきゃく réfrigération 冷蔵庫 れいぞうこ réfrigérateur	rei phonétique (Les ordres donnés à une foule agenouillée) + la glace. Au sens propre, se solidifier, geler. Au figuré, la froideur - de l'ordre.	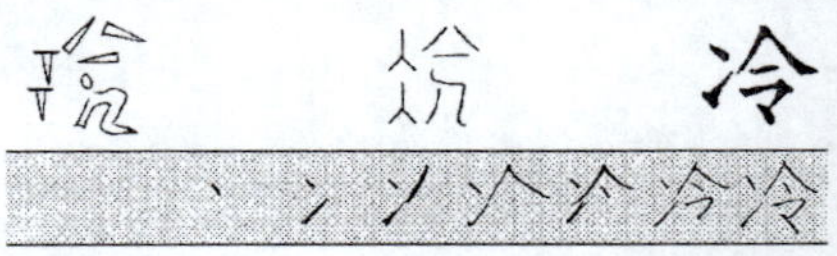
冷静 れいせい calme, sang-froid 静養 せいよう repos convalescence	sō phonétique → jō (Le combat évoqué par des mains se disputant une lance) + le bleu-vert de la plante se reflétant dans un puits. Image de paix, calme, tranquillité retrouvés après le combat.	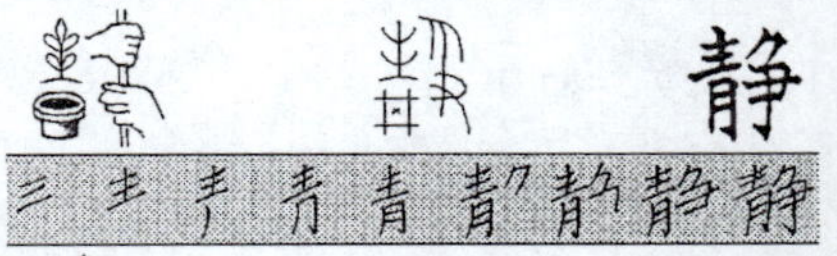
嫌悪 けんお répugnance dégoût, aversion 悪質の あくしつ ignoble crapuleux	a phonétique → aku (Dans toutes les directions - ou les deux bossus face à face : symbole de laideur) + le cœur. On a un cœur "laid" quand on est mauvais. Par extension, néfaste.	
産業 さんぎょう industrie 産湯 うぶゆ premier bain de nouveau né	san phonétique (Les rides 产 qui se forment ici sur le ventre de la mère) + la vie ; la vie qu'a donnée la mère en engendrant, en donnant le jour à son enfant. Par extension, produire.	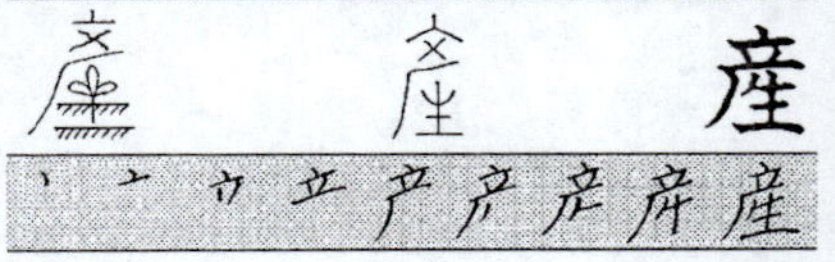
仕業 しわざ acte, fait, oeuvre 職業 しょくぎょう occupation métier, carrière	gyō phonétique //// Les gongs du temple suspendus au râtelier en [+] bois. Leur maniement est réservé aux professionnels dont c'est le travail, l'occupation, le fait, l'œuvre. Aussi, Karma.	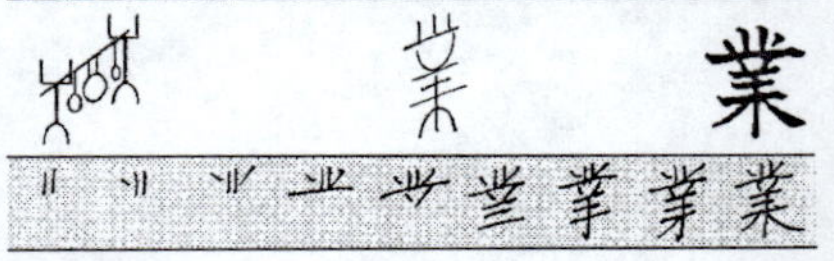
公開 こうかい ouvert(ure) au public 店開き みせびら ouverture d'une boutique	kan phonétique → kai (Deux lances 开 transcrites en deux mains 𦥑 tirant un loquet 一) + la porte. On tire le loquet pour ouvrir la porte. Par extension, s'ouvrir, -se-développer.	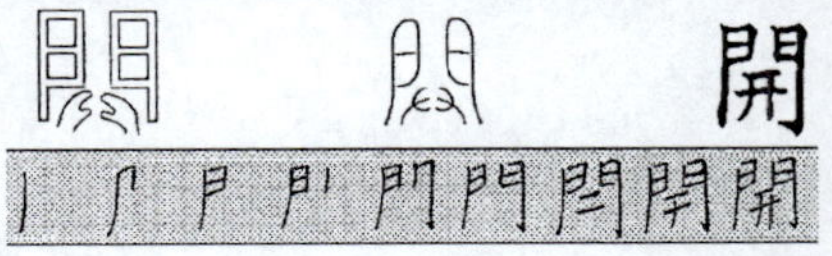
出発 しゅっぱつ départ commencement 発足 ほっそく fondation	hatsu phonétique (Les pieds + le départ d'une flèche [illegible] mal transcrit en 弢 puis abrégé en 开). L' image évoque un départ. D'où ce qui s'élance, ouvre, commence, émet, se développe.	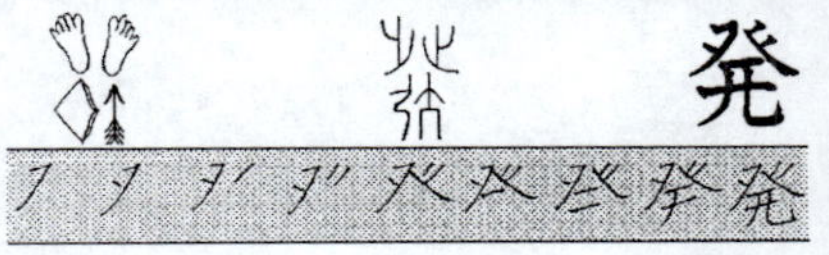
始末 しまつ règlement arrangement 手始めに てはじ d'abord	tai phonétique → shi (La personne, symbolisée par le souffle qu'elle exhale) + la femme. La femme est à l'origine du genre humain ; elle l'a commencé.	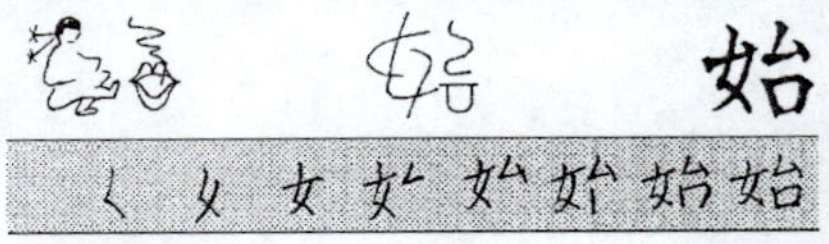
閉店 へいてん fermeture de magasin 閉口 へいこう perplexité gêne, embarras	hei phonétique //// Le loquet fermé 才, par opposition à 开 : ouvert + la porte. La porte est fermée, close par un loquet.	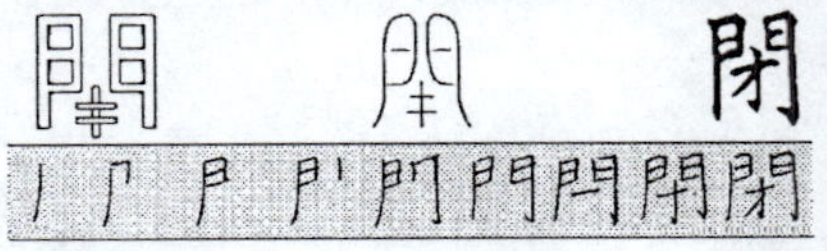
関所 せきしょ barrière de con-trôle (octroi...) 関連 かんれん (en) rapport, " relation avec	kan phonétique (关 abréviation de 丱 : le câble en fibres tressées attachant les battants d'une porte, servant d'épar) + la porte. Ces portes bloquées étaient des barrières, octrois, des péages.	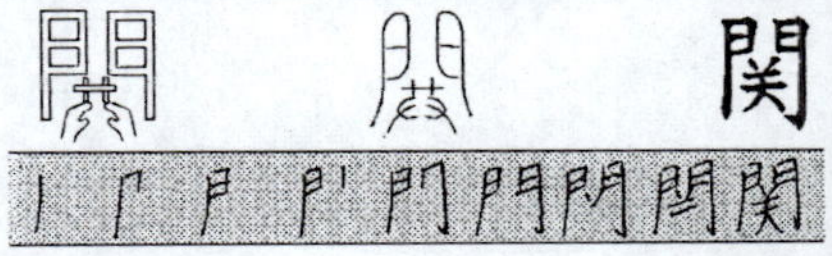
連係 れんけい connections contact, rapport 記録係 きろくがかり rapporteur chroniqueur	kei phonétique (La main qui tire les fils d'un écheveau) + l'homme. Ces fils, symbole des liens, appliqués à l'homme évoquent le devoir, la charge qui affecte, concerne le responsable.	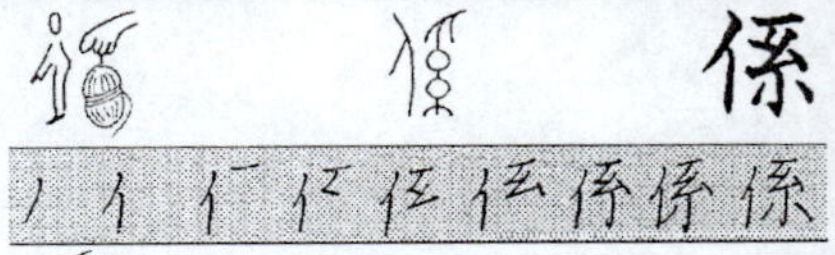
予算 よさん budget 予防 よぼう prévention précaution contre	yo phonétique (L'objet qui passe d'une main à l'autre évoque l'idée de communication, de transaction précédant la signature d'un accord. Par extension, antérieur, à l'avance. Clé 亅).	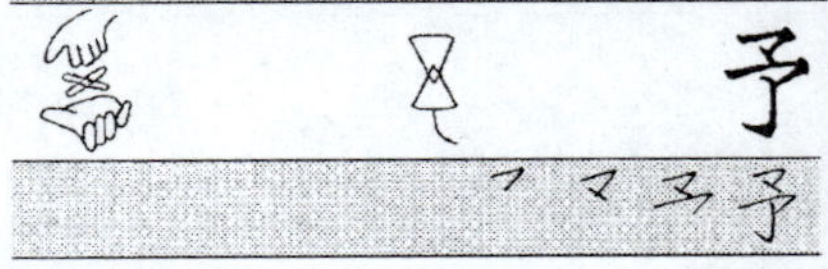
契機 けいき chance, moment occasion	ketsu phonétique → kei (Les entailles sur un arbre, premières formes de contrat) + l'homme debout, concerné par le contrat, la promesse qu'il a contractés.	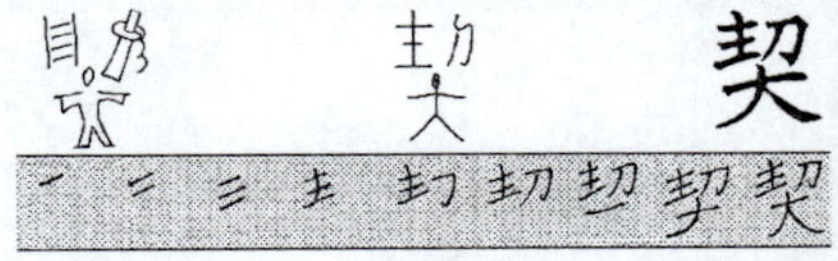
予約 よやく réservation 契約 けいやく contrat convention	shaku phonétique → yaku (La cuillère et son contenu ou l'homme qui serre contre lui un bien précieux). + le fil qui lie. Le lien précieux, c'est la promesse. Aussi, environ, approximatif.	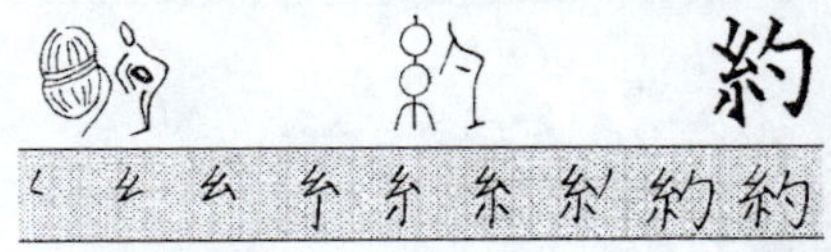
木の実 き/こ み fruit 実現 じつげん réalisation accomplissement	jitsu phonétique //// 貫 l'argent, mal transcrit en 夫 : la plante qui fructifie, symbole de nourriture + la maison. Avoir argent et nourriture chez soi, c'est être vraiment, réellement riche.	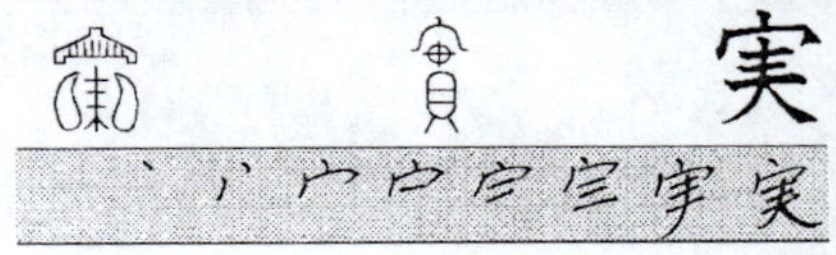

漢字	Page Mémto	Nb traits	Clé	Radical phonétique (//// = pas à l'index)	Lecture ON	Lecture KUN	Signification	Exemples de composés (1)
仕	11	5	イ	*SHI 士 士 仕 *SHI-JI*	***SHI-JI***	**tsuka(éru)**	servir , se mettre au service de	仕事 しごと métier, travail 仕方 しかた façon manière
務	87	11	力	*MU 矛 矛 柔 務 霧 *JŪ-NYŪ*	***MU***	**tsuto(méru)**	*devoir* servir, travailler faire des efforts s'appliquer	勤務 きんむ service 事務 じむ travail de bureau
役	33	7	彳	*SETSU* 殳 殳 役 投 没 *EKI*-YAKU *TŌ* BOTSU 疫 殺 設 - dérivé 般 EKI-*YAKU* *SAI-SATSU* ***HAN***	***YAKU*** ***EKI***		poste fonction, rôle *service public* *corvée, bataille*	役所 やくしょ administration 現役 げんえき service actif
員	71	10	口	*IN* 員 員 損 韻 SON	***IN***		*membre* *officiel*	全員 ぜんいん tous les membres 委員 いいん délégué (de commission..)
銀	138	14	金	*KON* 艮 艮 恨 退 限 根 眼 銀- ***TAI*** ***GEN*** ***GAN*** GIN -dérivés 墾 懇	**GIN**		argent	銀行 ぎんこう banque 銀貨 ぎんか pièce d'argent monnaie
費	116	12	貝	*FUTSU* 弗 沸 費- simplifié 仏 払 ***HI-PI*** ***FUTSU-BUTSU***	***HI-PI***	**tsuiya(su)** **tsui(éru)**	*dépenses, frais* dépenser être dépensé	消費 しょうひ consommation 会費 かいひ cotisation, écot (quote-)part
貸	115	12	貝	*TAI* 代 代 袋 貸 ***TAI-DAI***	***TAI***	**ka(shi)** **ka(su)**	prêt, crédit prêter, louer	貸付 かしつけ avance prêt, crédit 貸借 たいしゃく débits et crédits (bilan)
輸	153	16	車	*YU* 俞 愉 諭 輸 癒	***YU***		*envoyer* *transporter*	輸送 ゆそう transport 輸血 ゆけつ transfusion sanguine
置	126	13	罒	SHIN 真 真 直 懐 慎 鎮-dér.置-徳 聴 *CHIN* *CHI* TOKU *CHŌ* 壊 直 値 植 殖 *KA I* *CHOKU-JIKI* *CHI* *SHOKU* *SHOKU*	***CHI***	**o(ku)**	poser, mettre placer, établir instituer	措置 そち mesures (préventives..) 位置 いち position situation
型	57	9	土	KEI 刑 刑 型- simpli.形- assimilé 研. *KEN*	***KEI***	**kata**	forme moule, modèle type, convention	模型 もけい modèle (réduit) 型式 けいしき type, modèle (machine....)
指	60	9	扌	*SHI* 旨 旨 指 脂	***SHI***	**yubi** **sa(su)**	doigt désigner, montrer indiquer	指輪 ゆびわ bague, anneau 指導 しどう directive orientation
録	153	16	金	*ROKU* 录 緑 録 *ROKU-RYOKU*	***ROKU***		*archive, copie* *enregistrement*	録音 ろくおん prise de son enregistrement 付録 ふろく appendice supplément
鉄	130	13	金	*SHITSU* 失 失 迭 秩 鉄 ***TETSU*** ***CHITSU*** TETSU	**TETSU**		fer	鉄砲 てっぽう fusil 鉄道 てつどう chemin de fer
結	113	12	糸	*KITSU* 吉 吉 詰 ||結- assimilé 壱 *KITSU*-KICHI *KETSU* *ICHI*	***KETSU***	**musu(bi)** **musu(bu)** **yu(waéru)** **yu(u)**	nœud,conclusion nouer, conclure être lié, noué coiffer, peigner	結婚 けっこん mariage 結果 けっか conséquence résultat, effet
号	13	5	口	*KŌ* 丂 号 巧 朽 GŌ *KYŪ*	**GŌ**		pseudonyme appellation numéro	信号 しんごう code, signal 記号 きごう signe, marque

Exemples de composés (2)	ANALYSE (Radical phonétique + Clé)	CHEMINEMENT GRAPHIQUE
奉仕 ほうし service (bénévole) 給仕 きゅうじ service serveur	shi phonétique (De un à dix : l'α et l'ω de l'Asie) + l'homme. L'homme qui possède une telle connaissance de son métier peut servir, se mettre au service de n'importe qui.	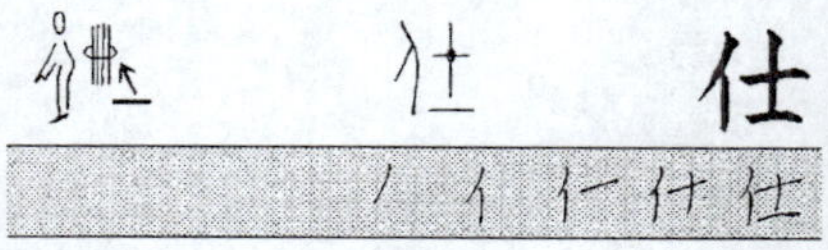
義務 ぎむ devoir obligation 外務 がいむ affaires étrangères	mu phonétique (La main 夂 tenant la lance, la hallebarde 矛) + la force. Le militaire maniant son arme, déployant sa force, fait son devoir, sert sa patrie. Par extension, travailler.	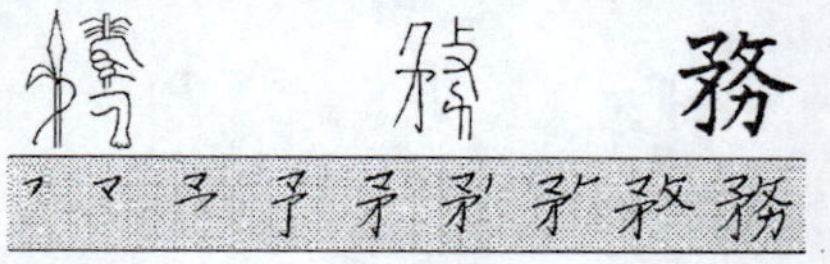
役人 やくにん fonctionnaire 使役 しえき emploi, usage service	setsu phonétique → yaku (La férule maniée brusquement) + aller. La fonction, le rôle, du fonctionnaire consiste, entre autre, à organiser les corvées, préparer les militaires à livrer bataille.	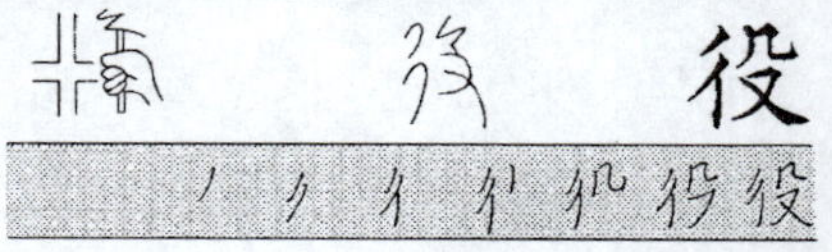
会員 かいいん membre adhérent 満員の まんいん complet plein, bondé	en → in phonétique (Les pièces rondes 円 abrégées en 口 + l'argent. Cet argent, dans la vie communautaire d'antan, on le confiait aux membres, aux délégués officiels du groupe).	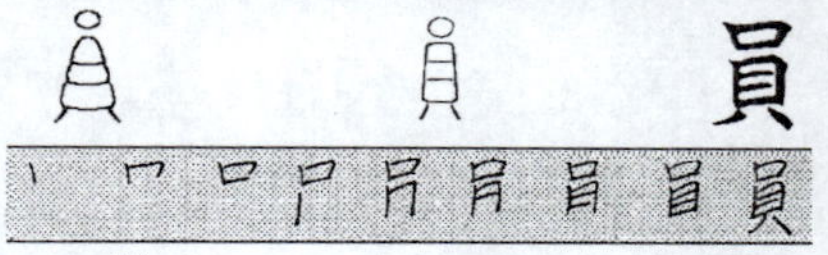
水銀 すいぎん mercure 銀座 ぎんざ Ginza (à Tokyo)	kon phonétique → gin (L'homme détournant les yeux du soleil, pour qui ce dernier devient caché, sombre, terne) + le métal. Le métal qui, en s'oxydant, se ternit, c'est l'argent.	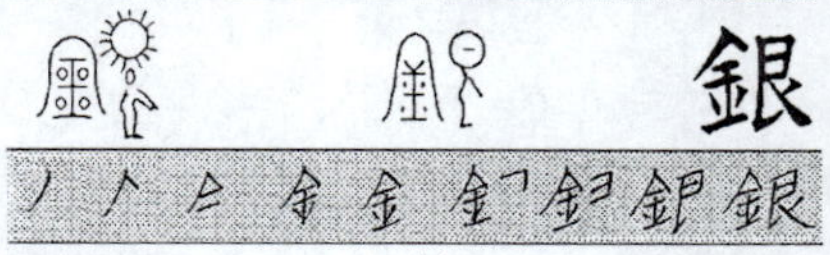
費用 ひよう frais, dépenses 旅費 りょひ frais de voyage	futsu phonétique → hi (Graphiquement, la rivière et ses vapeurs ; l'eau se transformant en brume) + le cauris, l'argent. Quand on fait des frais, on dépense l'argent, il part en fumée - en vapeur.	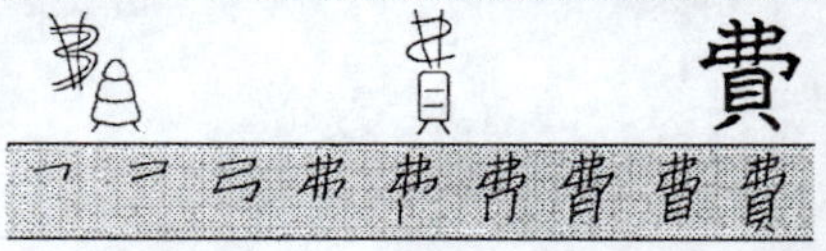
賃貸 ちんたい location, louage 貸家 かしや maison à louer " de rapport	tai phonétique (Le garde au poteau frontière) + le cauris, l'argent ; argent avec lequel le seigneur se faisait prêter, louait les services d'une armée de métier - les Suisses de l'Asie.	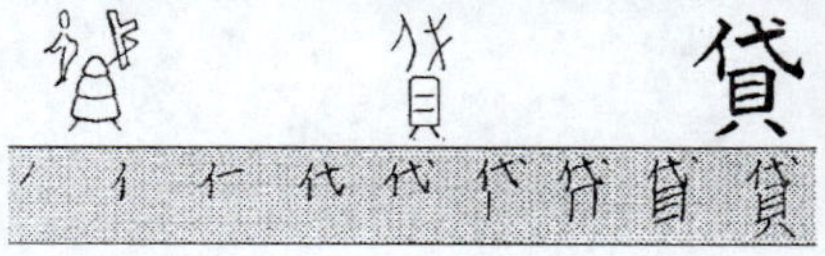
密輸 みつゆ contrebande 輸出/入 ゆしゅつ/にゅう exportation importation	yu phonétique (La pirogue 月 faite d'un tronc d'arbre évidé à la hache 刂, symbole de l'effort intense, continu) + la charrette. Charrette et pirogue évoquent le transport. D'où, envoyer.	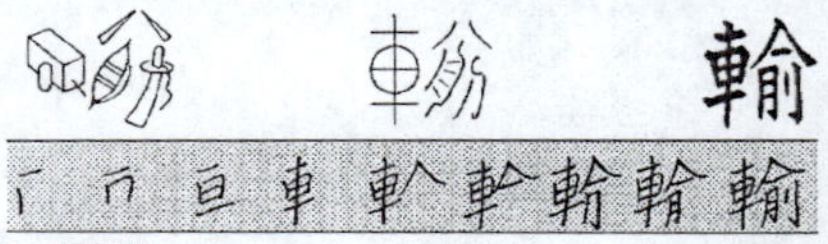
設置 せっち création installation 物置き ものおき resserre débarras	shin phonétique → chi (Dix 十 yeux 目 observent si les choses sont correctes; devant lesquelles il faut être à sa place) + le filet qui immobilise. D'où, être posé, mis, placé, établi, institué.	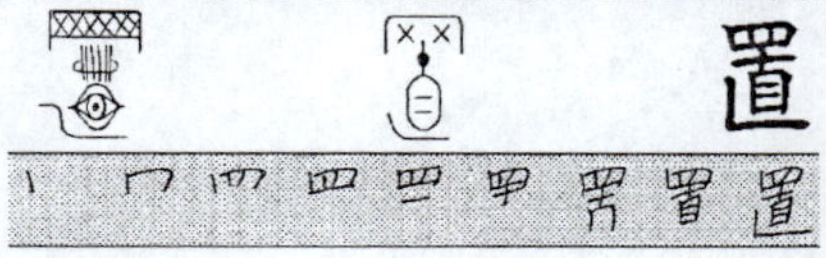
小型 こがた petit format petite taille 典型 てんけい modèle, idéal type, parangon	kei phonétique (㓝 mal transcrit en 刑 : la blessure infligée après avoir violé la loi, le cadre légal) + la terre. Le cadre en terre c'est le modèle, le moule. Par extension type, convention.	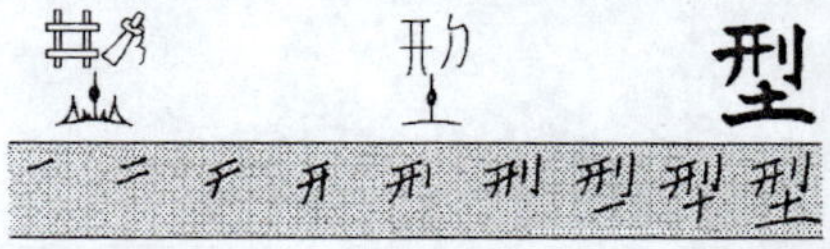
指定席 していせき place réservée 親指 おやゆび pouce gros orteil	shi phonétique (La bouche qui va apprécier les bonnes choses contenues dans la cuillère) + la main. C'est bon à s'en lécher les doigts. Et, du doigt, on montre, désigne, indique...	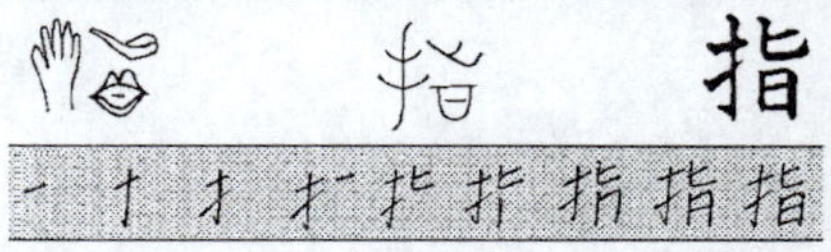
記録 きろく annales actes, notes 登録 とうろく inscription enregistrement	roku phonétique (Simplification de 彔 : la pointe qui écorce, grave) + le métal. Il fallait des pointes en métal pour graver, c-à-d. copier, archiver, enregistrer les écrits sur la pierre.	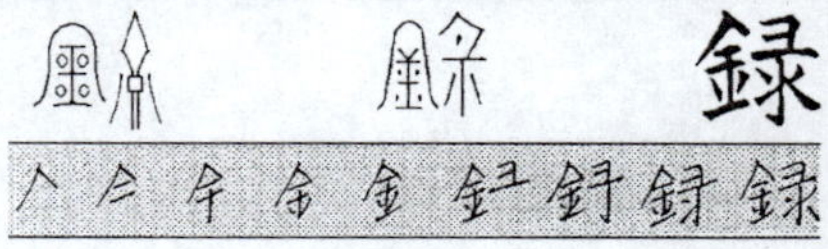
鉄鋼業 てっこうぎょう sidérurgie 地下鉄 ちかてつ métro	shitsu phonétique → tetsu (La main qui laisse tomber, jette, "perd" quelque chose) + le métal. Le mineur cherchait les métaux nobles - or, argent...- et rejetait le fer.	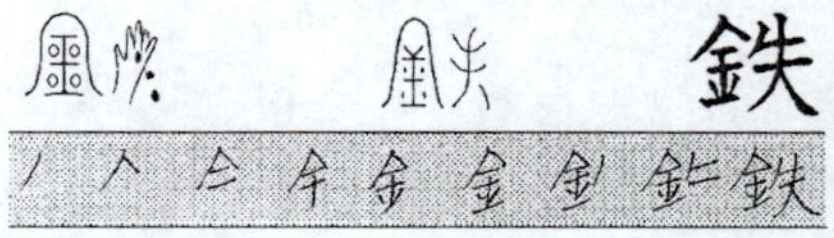
結論 けつろん conclusion 結納 ゆいのう cadeau de fiançailles	kitsu phonétique → ketsu (吉 abréviation de 壹 : le panier, le couffin, bien remplis) + le fil, la corde : corde nouée, liée pour les fermer. Par extension, conclusion. Aussi coiffer, peigner.	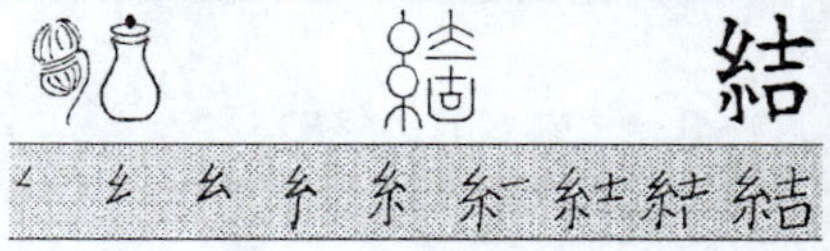
番号 ばんごう nombre 号泣する ごうきゅう crier, hurler (de douleur)	ko phonétique → gō (Abréviation de 號 : le cri du tigre 丂 : la respiration difficile) + la bouche, le cri. Autrefois, dans les réunions publiques, pour être clair, on criait les nombres).	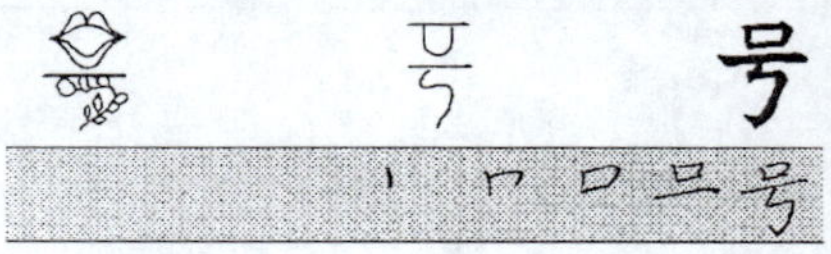

漢字	Page Mémto	Nb traits	Clé	Radical phonétique (//// = pas à l'index)	Lecture ON	Lecture KUN	Signification	Exemples de composés (1)	
路	129	13	足	*KAKU* 各 各 客 格 略 絡 落 KYAKU RYAKU *RAKU RAKU* 酪 閣 額 - dérivé 路 *RAKU* GAKU *RO*	***RO***	***-ji***	*route, voie, chemin suffixe pour "*	線路 せんろ 路線 ろせん	rail voie ferrée ligne de conduite
荷	82	10	艹	KA 可 何 河 荷 歌 - dérivé 奇 *KA-GA* KI	***KA***	**ni**	charge(ment) fardeau	出荷 しゅっか 荷物 にもつ	expédition (de marchandises) bagage(s)
橋	150	16	木	*KYŌ* 喬 橋 矯	***KYŌ***	**hashi**	pont	陸橋 りっきょう 橋渡し はしわた	passerelle (servir d') intermédiaire
航	82	10	舟	*KŌ* 亢 坑 抗 航	***KŌ***		*navigation*	航空 こうくう 航海 こうかい	aviation traversée navigation
港	110	12	氵	*KYŌ* 共 共 供 洪 恭 港-dér.具-異 *KYŌ-GU KŌ* *KŌ* GU I	***KŌ***	**minato**	port	空港 くうこう 寄港 きこう	aéroport escale relâche
飛	69	9	飛	*////*	***HI***	**to(bu)** **to(basu)**	voler, sauter faire voler jeter, omettre	飛行機 ひこうき 突飛な とっぴ	avion fantasque insolite
受	42	8	又	*JU* 受 受 授	***JU***	**u(kéru)** **u(karu)**	recevoir, obtenir passer (examen) réussir (examen)	受付 うけつけ 受賞 じゅしょう	réception prix récompense
伝	19	6	亻	*SEN* 専 専- simp. en 云 : 伝 転; en 寸:団 *DEN TEN* DAN	***DEN***	**tsuta(éru)** **tsuta(waru)** **tsuta(u)**	*légende, habitude* transmettre être transmis se répandre longer	伝統 でんとう 手伝う てつだ	tradition aider assister
全	19	6	人	*Ō 王 王 玉 全 狂 宝 皇 栓 GYOKU *ZEN KYŌ HŌ Ō-KŌ* SEN -assimilé 往 国 KOKU	***ZEN***	**matta(ku)**	tout entier(ement) complét(ement)	全国 ぜんこく 安全 あんぜん	tout le pays sûreté sécurité
部	100	11	⻏	*BAI* 咅 倍 剖 培 部 陪 賠 *BŌ* *BU*	***BU***		*exemplaire part(ie),section suffixe "cercle"*	全部 ぜんぶ 幹部 かんぶ	tout cadres encadrement
屋	58	9	尸	**SHI* 至 至 到 室 屋 倒 致 窒 握 *TŌ SHITSU OKU TŌ CHI CHITSU AKU*	***OKU***	***-ya***	*toit, maison magasin boutique*	屋上で おくじょう 部屋 へや	sur le toit en terrasse chambre pièce, salle
洋	62	9	氵	**YŌ* 羊 羊 洋 祥 詳 養 鮮- dérivé 窯 *SHŌ SHŌ* *SEN*	**YŌ**		*océan, étranger* Occident	海洋 かいよう 洋間 ようま	mers, océans pièce de style occidental
服	48	8	月	FUKU 𠬝 服 報 HŌ-***PŌ***	**FUKU**		*(se)soumettre* vêtement	服装 ふくそう 制服 せいふく	tenue(soignée correcte) uniforme
旅	76	10	方	*HA* 𠂢 派 脈 assimilé 旅 HA-*PA* MYAKU *RYO*	***RYO***	**tabi**	voyage	旅行 りょこう 旅先 たびさき	voyage excursion séjour destination
以	11	5	亻	*I* 以 以 似 *JI*	***I-***		*préfixe : au moyen de, par avec, malgré...*	以来 いらい 以上 いじょう	depuis, à partir ci-dessus plus que/de

Exemples de composés (2)	ANALYSE（Radical phonétique + Clé）	CHEMINEMENT GRAPHIQUE
道路 route, rue どうろ 家路 chemin du retour à la maison いえじ	kaku → hō → ro phonétique (Le voyageur allant son chemin + les jambes, les pieds. Les voyageurs arpentent les routes, les chemins).	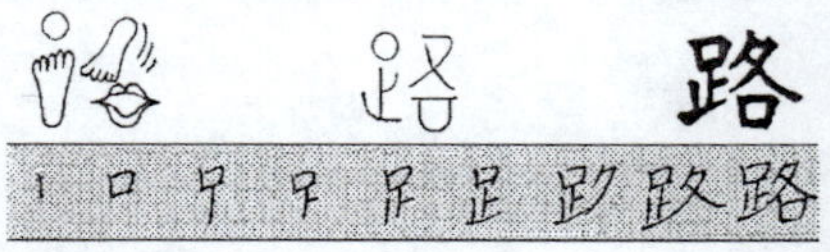
重荷 lourde charge おもに 船荷 cargaison, fret ふなに	ka phonétique (Graphiquement, la charge portée par deux hommes) + l'herbe, le foin. Ces images décrivent la charge, le fardeau, porté par le paysan revenant de ses champs.	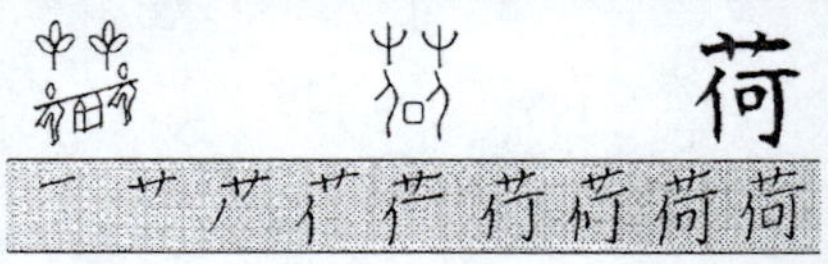
鉄橋 pont métallique てっきょう 桟橋 quai, jetée embarcadère さんばし	kyō phonétique (Haut comme un ouvrage surélevé, à étages sur lequel un homme 夭 peut marcher) + l'arbre, le bois. L'ouvrage en bois, sur lequel on peut marcher, c'est un pont.	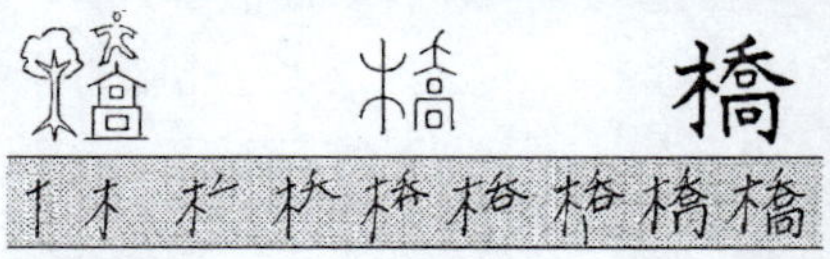
航路 ligne, route こうろ 難航 (navigation, négociation)difficile なんこう	kō phonétique (L'homme arc-bouté, prêt à résister) + le bateau. Le marin doit toujours être prêt à résister aux assauts de la mer pour faire naviguer son bateau.	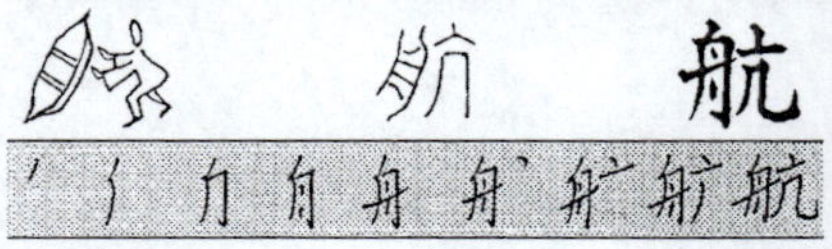
港湾 port(s) こうわん 港町 ville portuaire みなとまち	kyō phonétique → kō (20 c-à-d beaucoup de mains portant, transbordant des marchandises et le sceau 己 qui officialise la transaction, l'expédition) + le bord de l'eau. Pouvait-on mieux évoquer un port ?	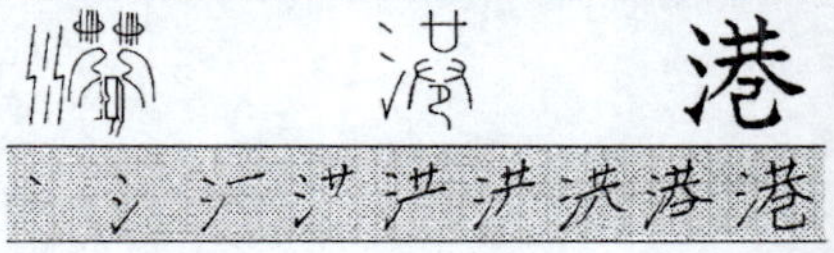
飛躍 saut, essor ひやく 飛び込む sauter se jeter と　こ	hi //// Clé "pure". Deux oiseaux qui volent. Par extension sauter.	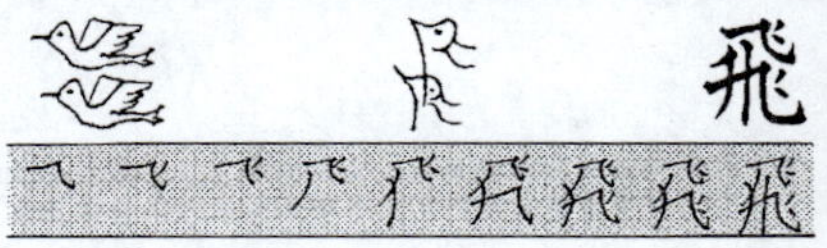
受験 (se présenter à) un examen じゅけん 受話器 récepteur téléphonique じゅわき	shu → ju phonétique (Une main à plat 爫 donnant un objet 冖 + la main qui le reçoit, éventuellement à plat. On reçoit un diplôme quand on a passé un examen).	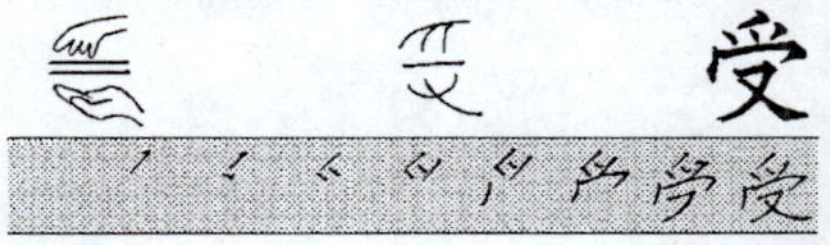
宣伝 réclame publicité せんでん 伝染病 maladie contagieuse でんせんびょ	sen phonétique → den (専 abrége en 云 : le lien, l'échange entre éléments liés) + l'homme. L'homme qui échange transmet. Par extension, la chose transmise : l'habitude, la légende.	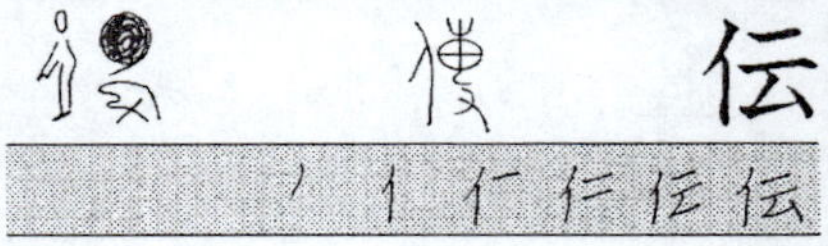
全部 total, entier ぜんぶ 全く pleinement tout à fait まった	ō phonétique → zen (全 transcrit en 全 : ce qui, tel un travail 工 achevé 亼, est complet, entier. Ou encore, aussi achevé que peut l'être le jade 玉 parmi les pierres précieuses). Clé 亼-イ.	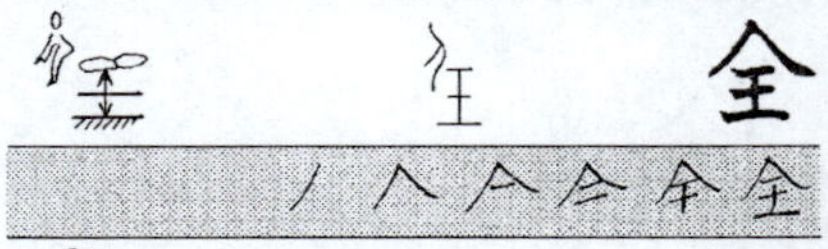
部分 morceau part, partie ぶぶん 部屋 chambre pièce, salle へや	bai phonétique → bu (La parole et 不 - transcrit en 立- la négation : couper la parole) + le village. Quand on coupe, divise la terre du village, chacun en reçoit une partie, une "section".	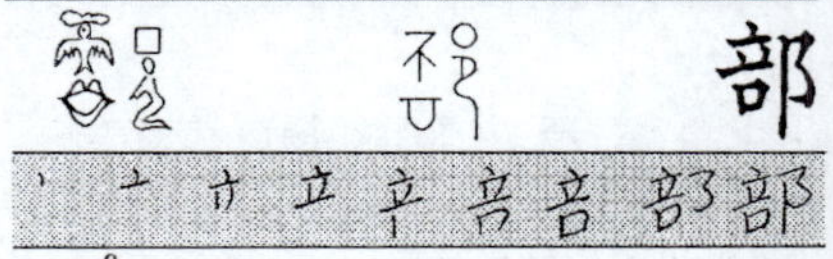
家屋 bâtiment, maison, immeuble かおく 屋根 toit やね	shi phonétique → oku (Arriver tel l'oiseau piquant vers le sol) + l'homme qui se repose. Jadis, après avoir marché, on se reposait dans ces magasins, boutiques qu'étaient les maisons de thé.	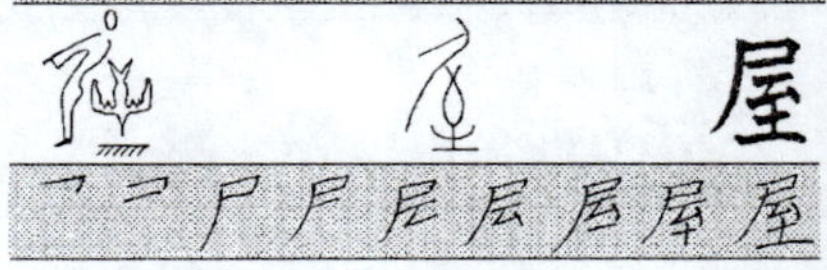
東洋 Orient Extrême-Orient とうよう 大西洋 Océan Atlantique たいせいよう	yō phonétique (Le mouton) + l'eau. L'eau qui écume, moutonne, est celle de l'océan. Et, vu d'Asie, au-delà de l'Océan, se trouvent les terres étrangères, l'Occident.	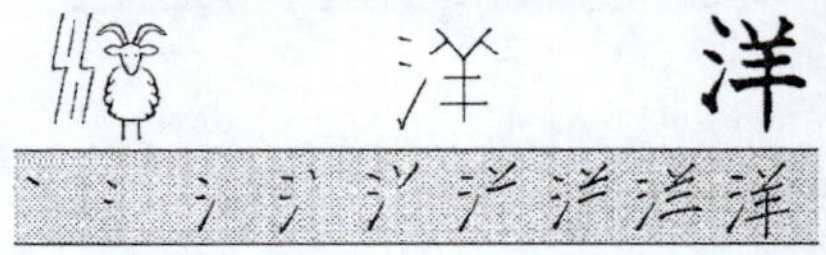
克服 victoire sur (surmonter) こくふく 洋服 vêtement occidental ようふく	fuku phonétique (L'officiel porteur du sceau de l'état + le bateau avec lequel il va délivrer l'ordre. Par extension, l'uniforme, le vêtement distinctif qu'il porte et la soumission qu'il impose. Clé 月).	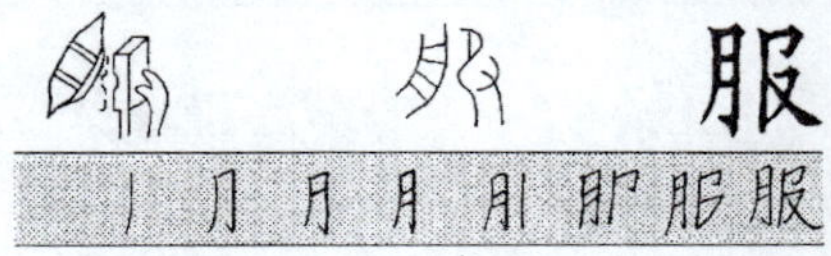
旅館 auberge りょかん 旅人 touriste voyageur たびびと	ryo classé au phonétique ha 𠂢 (Deux, c-à-d de nombreux hommes alignés, des soldats) + 㫃 la mangrove leur servant de bivouac ou la bannière qu'ils suivent, évoquent mobilité et voyage.	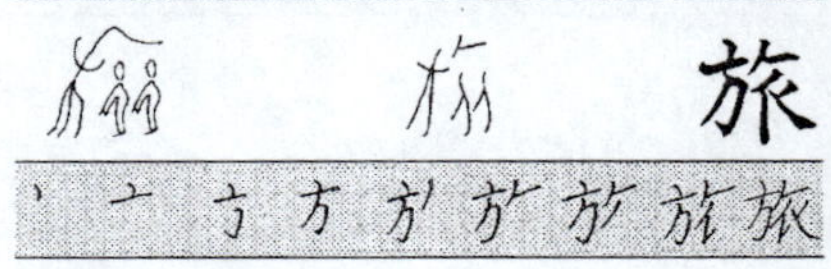
以前 avant, précédent いぜん 以外 sauf, excepté en outre, en plus いがい	i phonétique (Le souffle + la personne qui l'exhale, - ou l'instrument aratoire qu'elle utilise ?- a été retenu pour exprimer les préfixes "par", "avec" quelqu'un ou, hélas, "malgré" les autres).	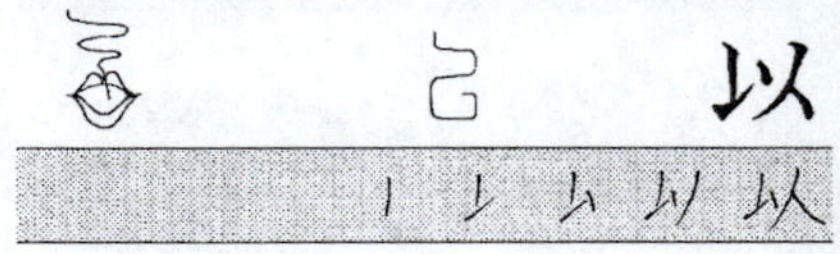

漢字	Page Mémto	Nb traits	Clé	Radical phonétique (//// = pas à l'index)	Lecture ON	Lecture KUN	Signification	Exemples de composés (1)
有	23	6	月	*YŪ* ナ 右 雄- dérivés 有 賄 随- 友 *YŪ-U WAI ZUI YŪ*	***YŪ-U***	**a(ru)**	avoir, posséder exister, être (pour une chose)	有名な ゆうめい célèbre, renommé 有利な ゆうり favorable, avantageux
集	118	12	隹	*SHŌ* 隹 隹 准 唯 推 進 催 準 維 確 *JUN YUI-I SUI SHIN SAI JUN I KAKU* 羅-dérivés 焦 礁 et 隻 classé-assimilé 稚 *RA* SEKI à KAKU *CHI*	***SHŪ***	**atsu(méru)** **" (maru)** **tsudo(u)**	réunir, rassembler, recueillir se rassembler se réunir	特集 とくしゅう (numéro...) spécial 編集 へんしゅう montage, rédaction
守	22	6	宀	*SUN 寸 寸 守 村 狩 討- dérivé 得 SHU-SU *SON SHU TŌ* TOKU	***SHU*** ***SU***	**mamo(ru)**	gardien garder, conserver protéger se conformer à	留守 るす absence 守備 しゅび défense (de ville)
住	28	7	亻	CHŪ 主 主 住 注 柱 駐 *SHU-SU JŪ* - assimilé 往 classé à Ō Ō	***JŪ***	**su(mu)**	demeurer, habiter, résider	住宅 じゅうたく logement, habitation 住民 じゅうみん habitants, population
送	68	9	辶	*SŌ* 关 送 朕 - 関 classé à 干 ***CHIN KAN KAN***	***SŌ***	**oku(ru)**	envoyer escorter	放送 ほうそう émission 輸送 ゆそう transport
返	38	7	辶	*HAN* 反 反 坂 返 板 版 販 飯-ass.仮 ***HAN HEN HAN HAN KA-KE*** ***TAN BAN*** BAN	***HEN***	**kaé(ru** **kaé(su)**	retourner, rentrer rendre, repayer	返済 へんさい restitution 繰り返す く かえ répéter, réitérer
選	147	15	辶	*////*	**SEN**	**éra(bu)**	choix, tri choisir, trier	選挙 せんきょ élection 選考 せんこう sélection
消	78	10	氵	*SHŌ* 肖 肖 削 宵 消 硝 - dérivé 鎖 *SAKU* SA	***SHŌ***	**ké(su)** **ki(éru)**	éteindre s'éteindre disparaître	消費 しょうひ consommation 消化 しょうか digestion
終	97	11	糸	*SHŪ* 攸 修 悠- sim. 条 -assim.冬 終 *SHŪ-SHU YŪ* JŌ *TŌ*	**SHŪ**	**o(éru)** **o(waru)**	*fin, extrémité* finir, terminer se terminer s'achever	終了 しゅうりょう fin 終値 おわりね dernier cours (de bourse)
打	15	5	扌	*CHŌ* 丁 丁 打 頂 ‖ 訂 ‖ 町 貯 CHŌ-*TEI DA TEI CHO* -dérivé 亭 -assimilé 庁 灯 *TEI TŌ*	***DA***	**u(tsu)**	frapper, battre enfoncer	舌打ち したう clappement (de langue) 打開する だかい résoudre, surmonter
泳	50	8	氵	*EN* 永 永 泳 詠	***EI***	**oyo(gu)**	*nage, natation* nager	平泳ぎ ひらおよ brasse 水泳-遊泳 すいえいゆうえい nage, natation
向	21	6	口	*KŌ* 口 口 后 -assimilé 向- dérivé 品 *KŌ-KŪ KŌ-GŌ* HIN	***KŌ***	**mu(kau)** **mu(ku)** **mu(kéru)**	faire face, affronter se tourner vers s'orienter être tourné, dirigé	方向 ほうこう direction, orientation 意向 いこう intention, disposition
死	24	6	歹	SHI 死 死 葬 ***SŌ***	**SHI**	**shi(nu)**	mort mourir, décéder	死亡 しぼう mort 死滅 しめつ extinction, disparition
退	68	9	辶	*KON* 艮 艮 恨 退 限 根 眼 銀 ***TAI GEN GAN*** GIN - dérivés 墾 懇	***TAI***	**shirizo(ku)** **" (kéru)**	*retraite* se retirer, reculer repousser, écarter	退職 たいしょく retraite, démission 後退 こうたい recul, marche (en) arrière
招	47	8	扌	*SHŌ* 召 召 招 沼 昭 紹 詔 超 照 *CHŌ*	***SHŌ***	**mané(ku)**	inviter provoquer causer	招待 しょうたい invitation 招待状 しょうたいじょう carte, lettre d'invitation

Exemples de composés (2)	ANALYSE (Radical phonétique + Clé)	CHEMINEMENT GRAPHIQUE
有給の (ゆうきゅう) (congés, travail..) payés 有り様 (あ さま) situation, aspect état (catastrophes)	yū phonétique (La main tenant un objet) + la viande. Un chasseur rentre en tenant sa proie à la main ; il l'a vraiment "eue". D'où le sens d'avoir, posséder, exister, être, pour les choses.	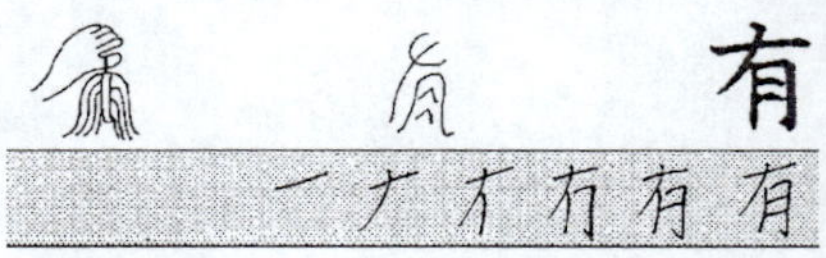
募集 (ぼしゅう) recrutement 集中 (しゅうちゅう) centralisation concentration	shū //// L'arbre, ou shō phonétique 焦 → shū ? + le petit oiseau à queue courte. Les petits oiseaux se rassemblent, se réunissent sur les arbres à la tombée du jour. Par extension recueillir.	
保守的 (ほしゅてき) conservateur お守り (まも) gri-gri amulette	sun phonétique → shu (Le poignet et sa marque ; la mesure, symbole de loi, de règle) + le toit, la maison. Pour garder, conserver, protéger sa mai- sonnée, il faut appliquer, se conformer aux règles.	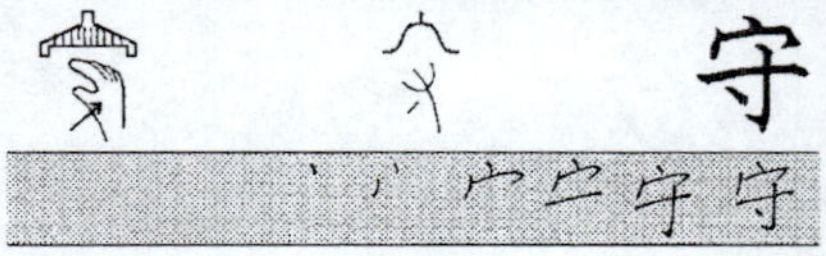
住所 (じゅうしょ) adresse 住み込む (す こ) (être) au pair logé, nourri	chū phonétique → jū (La lampe à huile du chef de famille) + l'homme. Ces images évoquent la maison où l'on vit, où l'on habite ; le lieu où l'on réside.	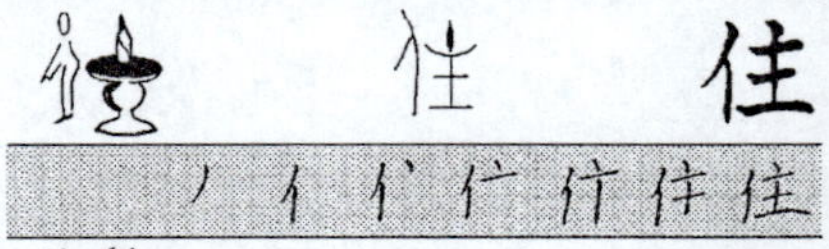
送金 (そうきん) transfert,virement envoi de fonds 見送る (みおく) reconduire raccompagner	yo → sō phonétique (Des mains tenant des braises) + aller. En se déplaçant, les premiers hommes, pour conserver le feu, emportaient les braises avec eux. D'où, envoyer, escorter.	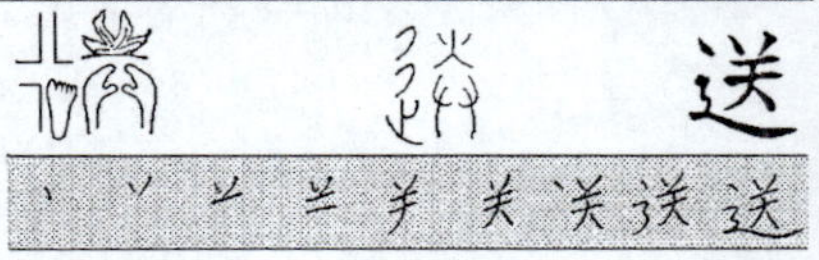
返事 (へんじ) réponse 恩返し (おんがえ) (rendre un) bienfait	han phonétique → hen (La main appuie sur une planche avant qu'elle ne revienne à sa position initiale) + aller. Aller remettre les choses en place, c'est retourner, rendre, repayer.	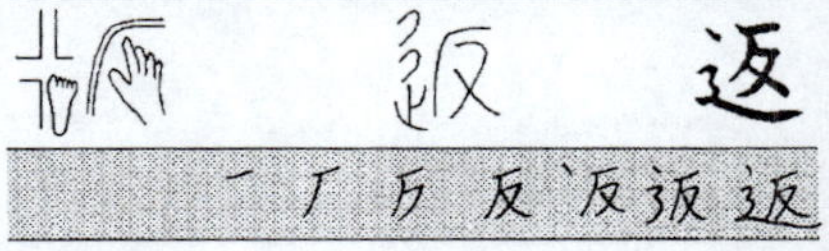
当選する (とうせん) être élu 選手 (せんしゅ) champion joueur, athlète	sen phonétique //// Les sceaux 巳巳 les mains ++ et la table de vote 六 ou les personnes age- nouillées discutant le prix de vingt objets + aller. Aller voter ou acheter implique un choix, un tri.	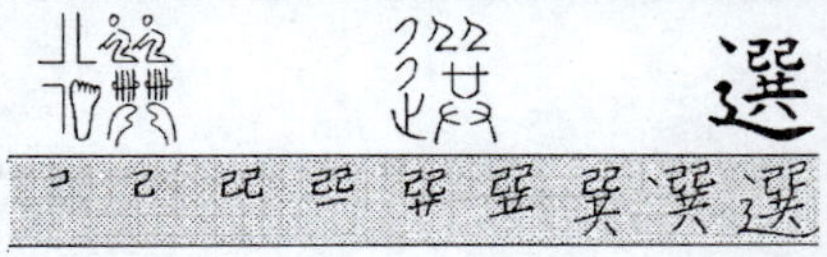
消しゴム (け) gomme 消防 (しょうぼう) lutte contre le feu, l'incendie	shō phonétique (La viande coupée en si petits morceaux qu'elle disparaît) + l'eau qui éteint, "fait disparaître" le feu.	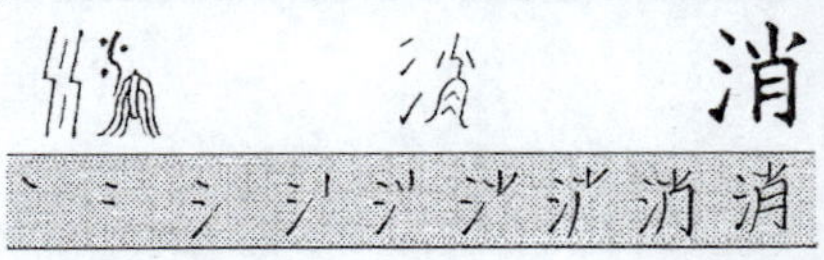
最終的 (さいしゅうてき) définitif 終生 (しゅうせい) sa vie durant toute sa vie	shū phonétique (冬 l'hiver : la glace accumulée empêche la source de couler) + le fil. L'hiver marque la fin du fil des saisons. D'où, extrémité, se terminer, s'achever - ou la fin de l'écheveau.	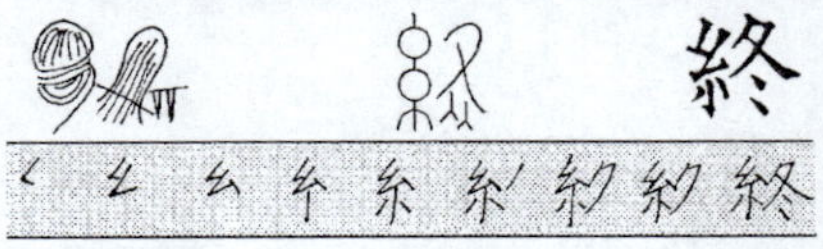
打者 (だしゃ) batteur 耳打ち (みみう) murmure(r) à l'oreille	chō phonétique → da (Le clou à large tête) + la main avec laquelle, avant l'invention du marteau, on le frappait, le "battait", l'enfonçait.	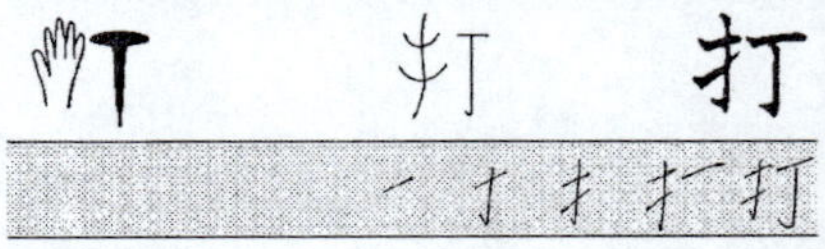
背泳ぎ (せおよ) nage sur le dos	ei phonétique (Les rivières qui coulent sans fin) + l'eau. Ces images ne peuvent évoquer que la nage, la natation.	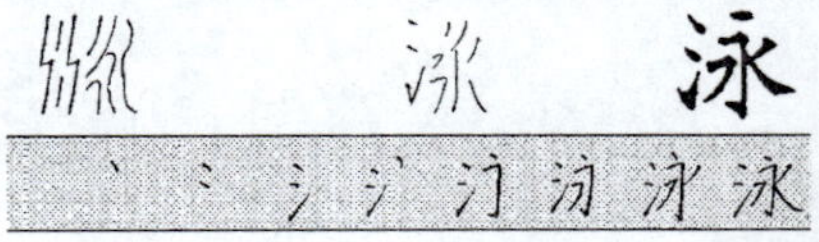
傾向 (けいこう) inclination, ten-dance, penchant 向こう (む) en face de l'autre côté	kō phonétique (La petite fenêtre ronde percée dans le mur nord de la maison pour la ventilation est tournée vers, fait face au nord). Clé 口 retenue par assimilation graphique.	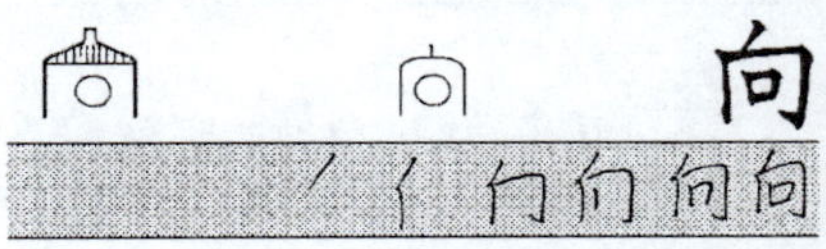
死体 (したい) cadavre 死傷者 (ししょうしゃ) morts et blessés	shi phonétique (巳 → 匕 : l'homme assis + l'os, le squelette. Ces images évoquent les ou la mort car, dans certaines régions d'Asie, on enterrait les morts assis à l'intérieur des tombes).	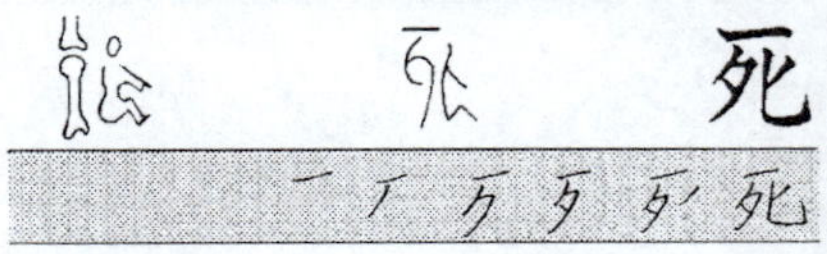
引退 (いんたい) retraite 退場 (たいじょう) sortie (d'acteur)	kon phonétique → tai (Ici au sens propre, l'homme restant -longtemps- sous le soleil) + aller, marcher. On sent dans l'évocation le soldat qui, repoussé, se retire, bat en retraite, fuit.	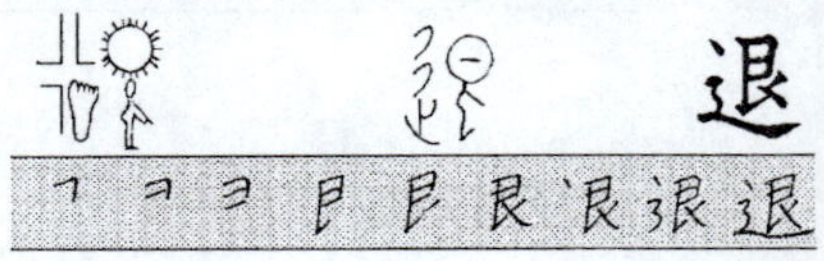
招請 (しょうせい) invitation (officielle) 手招き (てまね) signe, geste de la main	kuwa → kai phonétique //// 另, simplification de 骨 : l'os extrait du squelette + la main ; main qui prend pour extraire. Par extension, enlever, dérober.	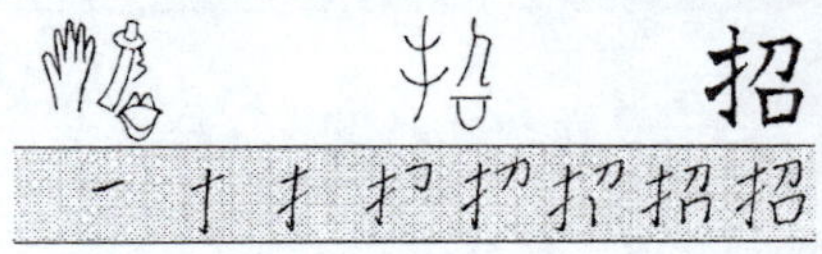

漢字	Page Mémto	Nb traits	Clé	Radical phonétique (//// = pas à l'index)	Lecture ON	Lecture KUN	Signification	Exemples de composés (1)
注	50	8	氵	CHŪ 主 主 住 注 柱 駐 *SHU-SU JŪ* - assimilé 往 classé à Ō *Ō*	*CHŪ*	**soso(gu)**	verser (se)concentrer prendre note	注意 ちゅうい remarque attention 注文 ちゅうもん ordre commande
意	121	13	心	ON 音 音 暗 - dérivé 意 億 憶 ON-*IN* *AN* *I* *OKU* *OKU*	**I**		pensée, opinion goût, sentiment volonté, dessein	意見 いけん opinion, avis 意味 いみ signification sens, acception
安	22	6	宀	*AN* 安 安 案	***AN***	**yasu(i)**	*paix, sécurité* *tranquillité* bon marché	安全 あんぜん sécurité 不安 ふあん anxiété inquiétude
案	77	10	木	*AN* 安 安 案	**AN**	**an(zuru)**	plan, idée proposition être concerné s'inquiéter de	名案 めいあん bonne idée idée géniale 提案 ていあん proposition
念	45	8	心	*KIN* 今 今 吟 含 念-assimilé 琴 ***KIN-KON*** ***GIN*** ***GAN*** NEN	**NEN**		sentiment, pensée attention, soin	記念 きねん commémo-ration 信念 しんねん croyance conviction
故	60	9	攵	*KO* 古 古 居 苦 故 枯 据 湖 KYO KU su(éru)	***KO***	**yué**	*décédé, feu...* raison, cause	事故 じこ accident incident 故郷 こきょう/ふるさと pays natal
証	115	12	言	*SEI* 正 正 疋 征 政 症 証 整 *SEI-SHŌ* *SEI-SHŌ* SHŌ - dérivés 定 - 是 [Classé à TEI] ***TEI*** ***ZE***	***SHŌ***		preuve témoignage	保証 ほしょう caution garantie 証券 しょうけん effets publics valeurs, titres
状	36	7	犬	*SHŌ* 壮 壮 状 荘 装 -dér. 将 奨 *SŌ* *JŌ* *SŌ* *SŌ-SHŌ* simplifié.en 广 : 床	***JŌ***		*situation* *condition, état* *lettre*	状態 じょうたい fait, état situation 現状 げんじょう condition actuelle
法	50	8	氵	*KO* 去 去 法 -assimilé 却 脚 *KO-KYO* HŌ-*PŌ* *KYAKU* *KYAKU*	**HŌ-*PŌ***	**nori**	règle, méthode principe, doctrine	法律 ほうりつ loi, droit 法案 ほうあん proposition projet de loi
去	12	5	厶	*KO* 去 去 法 -assimilé 却 脚 *KO-KYO* HŌ-*PŌ* *KYAKU* *KYAKU*	***KO-KYO***	**sa(ru)**	passer, partir (se) retirer (s')écouler	過去 かこ (le) passé 死去 しきょ mort décès, trépas
昨	61	9	日	SAKU 乍 作 昨 詐 酢 搾 SAKU-*SA* *SA*	***SAKU-***		*la veille, hier* *le...dernier*	昨年 さくねん l'an dernier année dernière 昨日 さくじつ-きのう hier
晩	107	12	日	*BEN* 免 免 勉 晩 ‖ assim 逸 *MEN* BAN *ITSU*	**BAN**		*tard(if),* soir, soirée	今晩 こんばん ce soir 晩酌 ばんしゃく alcool du soir " au dîner
代	11	5	亻	*TAI* 代 代 袋 貸 ***TAI-DAI***	***DAI*** ***TAI***	**yo** **shiro** **ka(éru)** **ka(waru)**	génération, âge prix à payer remplacer, échanger représenter	身代金 みのしろきん rançon 代表 だいひょう délégation représentation
度	59	9	广	DO 度 度 渡 *DO-TO*	**DO-*TO*** ***TAKU*** ***-DO***	**tabi**	degré, quantité mesure fois *(nombre de) fois*	程度 ていど niveau, degré 今度 こんど cette/une autre fois,récemment
最	108	12	日	*SAI* 最 最 撮 *SATSU*	***SAI***	**motto(mo)**	*supérieur* le plus, extrême	最近 さいきん récemment ces temps-ci 最後 さいご à la fin (le) dernier

Exemples de composés (2)	ANALYSE (Radical phonétique + Clé)	CHEMINEMENT GRAPHIQUE
注射 ちゅうしゃ piqûre, injection 注目 ちゅうもく digne d'attention, centre d'intérêt	chū phonétique (La lampe à huile du maître) + l'eau qui coule dans une direction donnée - tel la famille sous les directives du maître - quand elle est versée. Par extension, concentrer, noter.	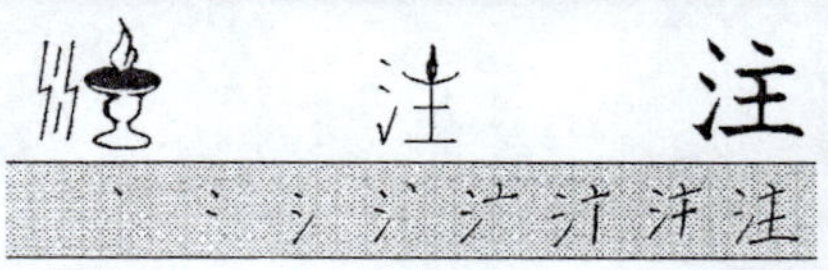
注意 ちゅうい remarque, attention 決意 けつい résolution	on phonétique → i (Les sons, chants ou paroles que l'on émet) + le cœur, le sentiment. Les mots et les sons traduisent les sentiments, pensées, opinions, volontés, desseins ou les goûts.	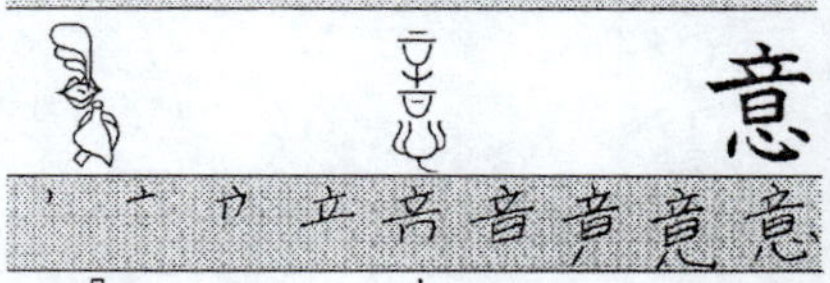
安定 あんてい stabilité, équilibre 安心 あんしん apaisement, tranquillité	an phonétique (La femme + le toit, la maison. La sécurité, la paix pouvaient être préservées si la femme restait à la maison, ne sortait pas pour colporter des ragots. Aussi bon marché !).	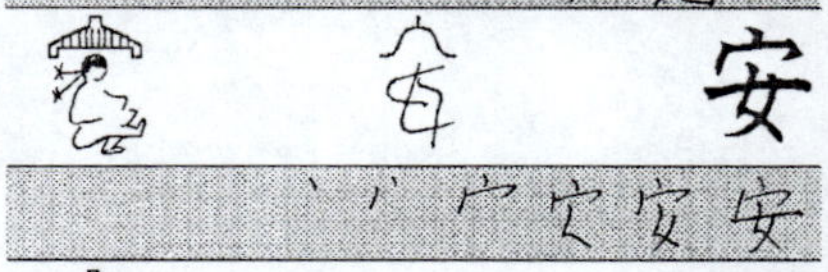
案内 あんない guide, information 思案 しあん pensée, méditation, réflexion	an phonétique (La femme sous un toit, symbole de paix) + l'arbre. Appuyé contre un arbre, l'âme en paix, on se sent concerné par un problème, on élabore des plans, ressasse ses idées.	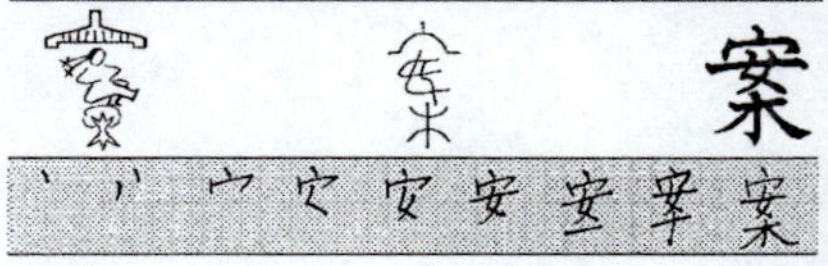
残念 ざんねん regret, dépit, désappointement 念願 ねんがん vœu, désir le plus cher	kon, kin phonétique → ken → nen (Le présent, résultat du passé "accumulé") + le cœur. Ce qui est présent au cœur, à l'esprit : un désir, une pensée, une attention.	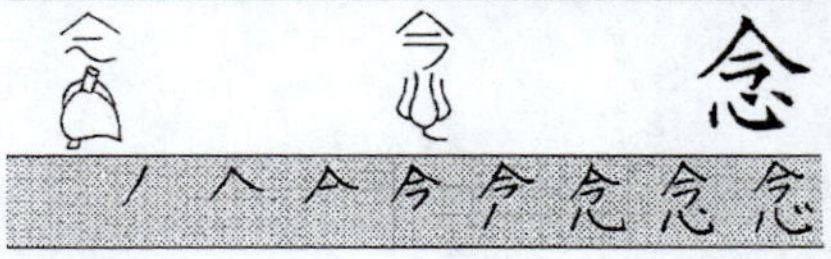
故障 こしょう panne, empêchement 縁故 えんこ relation, rapport, parenté	ko phonétique (Vieux comme l'histoire passée par dix bouches) + la main au fouet évoquant le respect. Les "vieilles choses" respectées sont les traditions : cause, raison du comportement.	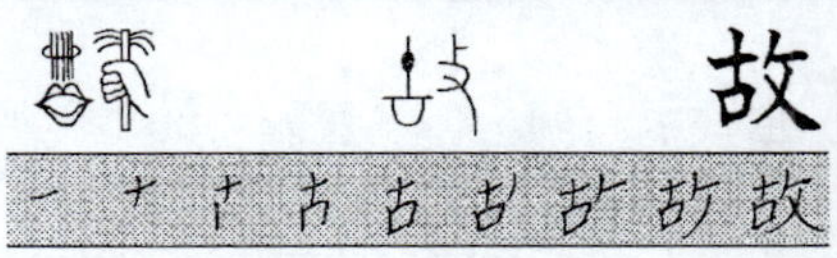
証人 しょうにん témoin 証拠 しょうこ preuve, témoignage	shō, sei phonétique (Juste, correct comme le pied 止 s'arrêtant derrière une ligne 一) + les mots, la parole. La parole juste, correcte est celle qui apporte la preuve, donne un témoignage.	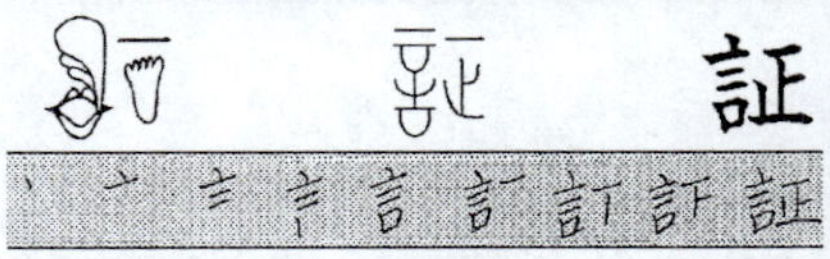
状況 じょうきょう conjoncture 礼状 れいじょう lettre de remerciement	shō phonétique → jō (Le demi-arbre, le banc. Son proche de "zō" 像 : l'apparence, la forme) + l'animal, l'être vivant. L'apparence d'un être vivant reflète son état, sa condition.	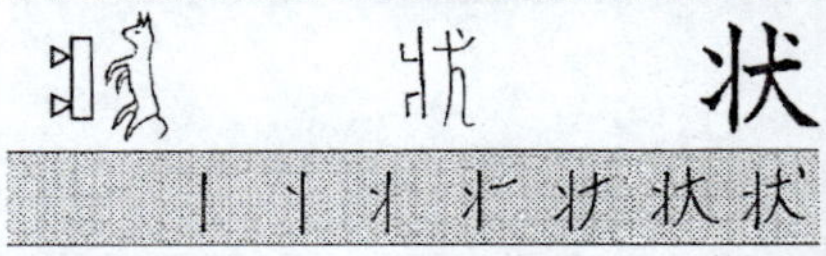
文法 ぶんぽう grammaire, manière de 方法 ほうほう méthode, procédé	ko phonétique → hō (Forme complexe simplifiée en 去 : marmite et vapeur s'échappant du couvercle) + l'eau qui s'écoule. D'où, ce qui aide à "couler" : règle, méthode, principe, doctrine.	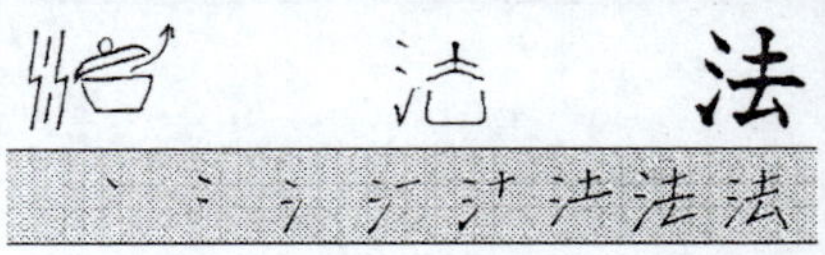
去年 きょねん l'an dernier 持去る もちさ enlever, (r)emporter	hō → ko phonétique (Le récipient, la marmite et son couvercle entrouvert qui laisse échapper, partir, passer, s'écouler, fumet, vapeur. Clé 厶).	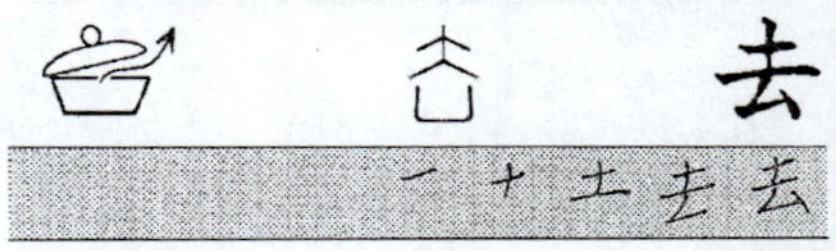
昨今 さっこん de nos jours, depuis qq. jours 昨夜 さくや cette nuit, hier soir	saku phonétique (L'homme qui va faire, achever, quelque chose de difficile dans son coin) + le soleil, le jour. Le jour "achevé" c'est la veille, hier. Par extension, le...dernier.	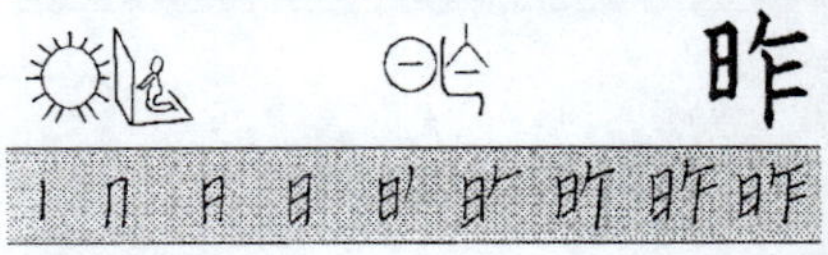
晩婚 ばんこん mariage tardif 晩年 ばんねん dernières années (soir de la vie)	ben phonétique → ban (Graphiquement, l'homme au ventre gonflé ou la femme qui accouche) + le soleil, le jour. Sans douleur, le jour donne naissance à la nuit quand vient le soir. Par extension, tard.	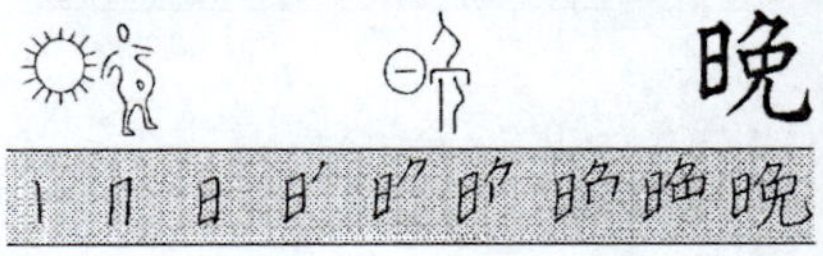
時代 じだい âge, ère, temps 身代わり みが substitut, à la place	tai phonétique (La pique, la lance + l'homme): le garde qui son arme à la main, protège le territoire. La pérennité permet d'assurer le remplacement des générations, la suite des règnes.	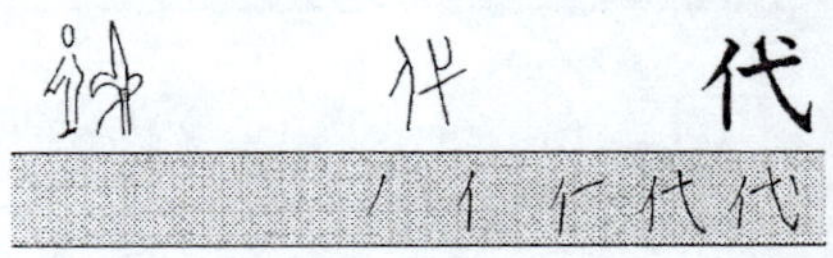
速度 そくど vitesse 度重なる たびかさ se répéter, suite de...	sho → do phonétique (La main + la maison et les 卄 20 personnes de la famille assemblées autour du feu, abrégé en 广廿 : main venant les compter, les recenser. D'où, quantité, degré, nombre de fois).	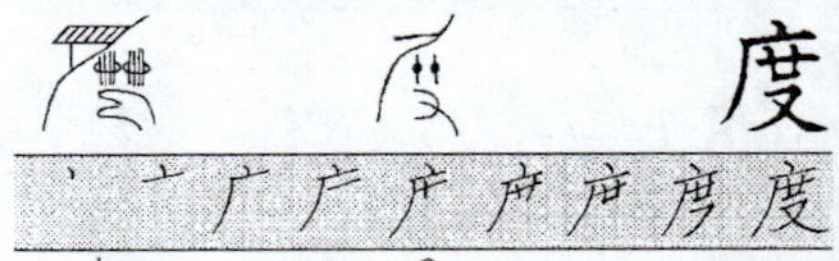
最高 さいこう maximum, suprême 最善 さいぜん (faire de) son mieux	shu → sai phonétique (Saisir comme la main qui prend l'oreille de l'ennemi + 日 transcription de 曰 : la parole qui s'accumule. Saisir et accumuler traduit l'excès. D'où, superlatif, le plus).	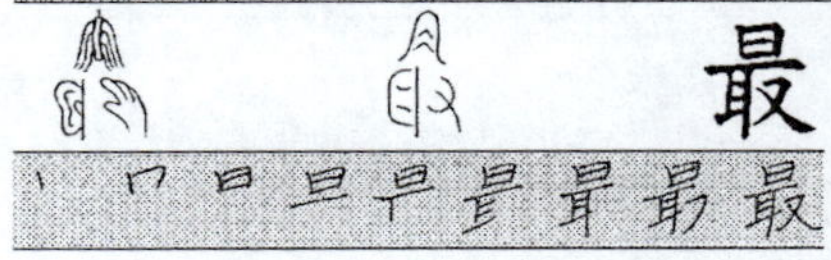

漢字	Page Mémto	Nb traits	Clé	Radical phonétique (//// = pas à l'index)	Lecture ON	Lecture KUN	Signification	Exemples de composés (1)
卒	41	8	十	*SOTSU* 卒 卒 -dér. 枠 砕 粋 酔 waku *SAI* SUI *SUI* 率 雑 *SOTSU*-RITSU *ZATSU*	***SOTSU***		*simple soldat* *serviteur* *fin(ir)*	卒業 そつぎょう fin d'études 軽卒 けいそつ légèreté étourderie
勉	71	10	力	*BEN* 免 免 勉 晩 ‖ assim 逸 *MEN* BAN *ITSU*	***BEN***		*application* *effort*	勉強 べんきょう travail, étude 勉学 べんがく application
筆	112	12	竹	*ITSU* 聿 律 津 書 筆 *RITSU* *SHIN* SHO *HITSU-PITSU* - dérivé 建 健 *KEN* *KEN*	***HITSU*** ***PITSU***	**fudé**	pinceau	鉛筆 えんぴつ crayon 筆者 ひっしゃ auteur rédacteur
説	137	14	言	ETSU 兌 悦 脱 税 説 鋭 閲 *DATSU* ZEI *ZEI* ***EI*** SETSU	***ZEI*** **SETSU**	**to(ku)**	*explication* opinion, doctrine expliquer, persuader, convaincre	説明 せつめい explication 遊説 ゆうぜい tournée (électorale..)
問	87	11	口	*MON 門 門 問 聞 ***MON-BUN***	***MON***	**to(i)-*ton*** **to(u)**	question interrogation demander, accuser	訪問 ほうもん visite 問題 もんだい question problème
題	159	18	頁	*SEI* 是 是 堤 提 題 ***ZE*** DAI	***DAI***		thème, sujet titre (livre...)	問題 もんだい question problème 宿題 しゅくだい devoir à la maison
次	24	6	欠	*SHI* 次 次 姿 盗 資 諮 ***SHI-JI*** ***TŌ***	***SHI-*** ***JI***	**tsugi** **tsu(gu)**	qui suit, suivant degré(équation) suivre, venir après	次第に しだい petit à petit graduellement 目次 もくじ sommaire, table des matières
例	39	8	イ	RETSU 列 列 例 烈 裂 - dérivé 別 REI *BETSU*	**REI**	**tato(éru)**	usage, coutume *exemple, précédent* *d'usage, de règle* comparer	例年 れいねん année normale, ordinaire 恒例の こうれい d'usage bien établi
失	11	5	大	*SHITSU* 失 失 迭 秩 鉄 *TETSU* *CHITSU* TETSU	***SHITSU***	**ushina(u)**	*échec, faute* perdre, laisser échapper	失敗 しっぱい échec, revers 失礼 しつれい impolitesse
礼	17	5	ネ	*HŌ* 豊 豊 -simplifié en 亅: 礼 ; en 本: 体 REI TAI	**REI** ***RAI***		salutation courtoisie politesse	婚礼 こんれい noces 礼儀 れいぎ politesse courtoisie
様	133	14	木	////	***YŌ***	**sama**	*manière, état* *apparence* Monsieur, Madame	神様 かみさま Dieu 同様の どうよう semblable même, pareil
君	29	7	口	*KUN* 君 君 郡 群 GUN *GUN*	***-KUN***	**kimi**	*suffixe pour* *nom d'homme* Monsieur tu, toi	諸君 しょくん Mes, Mles, Mrs 君主 くんしゅ monarque souverain
申	10	5	田	*SHIN* 申 申 東 伸 神 紳 電- dérivé 陳 ***SHIN-JIN*** ***DEN*** ***CHIN***	***SHIN***	**mōsu**	dire (humble) demander "	申請 しんせい requête demande 申し込み もう こ offre, inscription
願	161	19	頁	*GEN* 原 原 源 願 GAN	**GAN**	**néga(i)** **néga(u)**	prière, vœu, requête prier,solliciter, demander, désirer	志願者 しがんしゃ candidat postulant 祈願 きがん prière requête
式	23	6	弋	SHIKI 式 式 試 SHI	**SHIKI**		*rite, style* cérémonie formule (math.)	株式 かぶしき action, titre 正式の せいしき bonne et due forme, officiel

Exemples de composés (2)	ANALYSE (Radical phonétique + Clé)	CHEMINEMENT GRAPHIQUE
卒倒 そっとう syncope, évanouissement 兵卒 へいそつ simple soldat, homme de troupe	sotsu phonétique (L'uniforme du simple soldat avec son baudrier ou du serviteur, aux manches de kimono assujetties par une bande d'étoffe pour effectuer les travaux quotidiens. Clé 十).	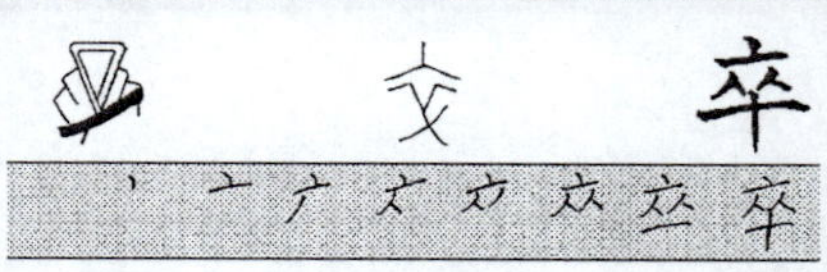
勤勉 きんべん assiduité, diligence, labeur がり勉 べん se consacrant uniquement à l'étude	ben phonétique. (La femme enceinte au ventre gonflé) + la force. La femme doit s'appliquer, déployer beaucoup d'efforts, le plus souvent, pour mettre un enfant au monde.	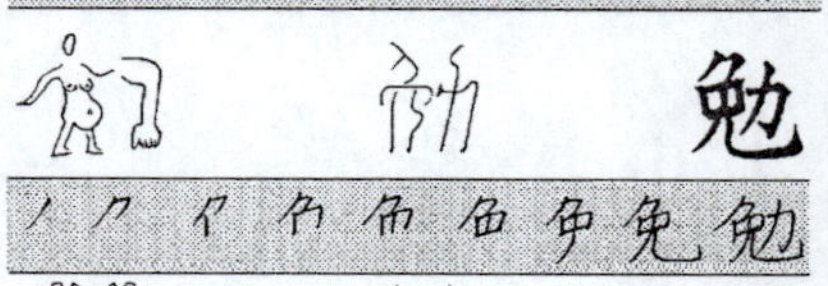
万年筆 まんねんひつ stylo 絵筆 えふで pinceau (de peintre)	itsu phonétique → hitsu (La main tenant un pinceau) + le bambou, dont est fait le pinceau.	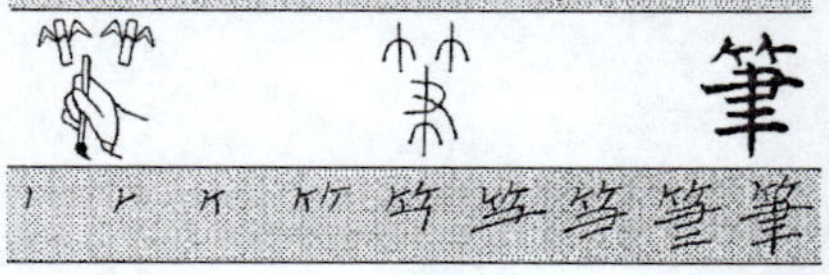
小説 しょうせつ roman 口説く くど persuader, faire la cour	etsu phonétique → zetsu (Les mots que prononce le frère aîné) + les mots. Par delà la force de l'autorité, pour imposer son opinion, sa "doctrine", l aîné doit persuader, convaincre.	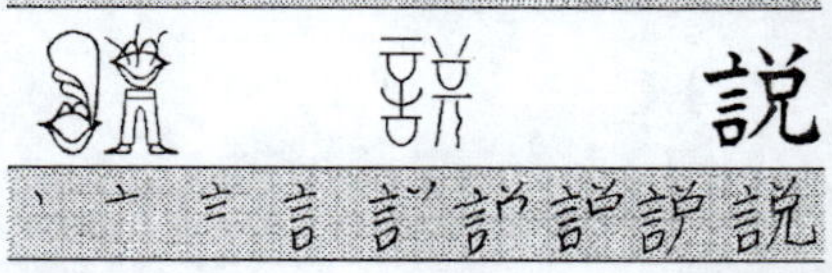
疑問 ぎもん doute, question 質問 しつもん question, interrogation	mon phonétique (La porte à double battant, la barrière) + la bouche, la parole. Devant la porte, la "barrière" de l'autre, on questionne, interroge, demande ou, parfois, accuse.	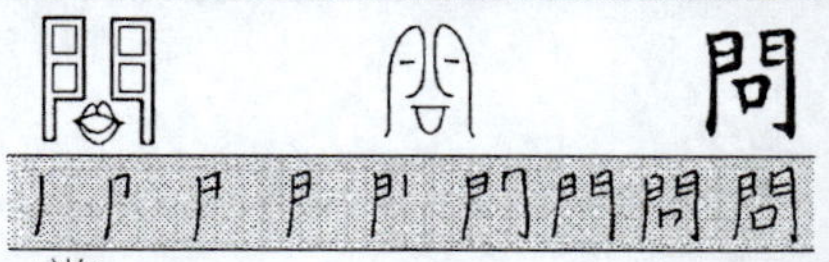
課題 かだい thème, tâche 話題 わだい sujet de conversation	tei phonétique → dai (Ce qui est contrôlé 疋, comme la marche des astres 日) + la tête. Contrôler la "tête" d'une discussion, c'est en maîtriser le sujet, le thème. Par extension, titre - de livre.	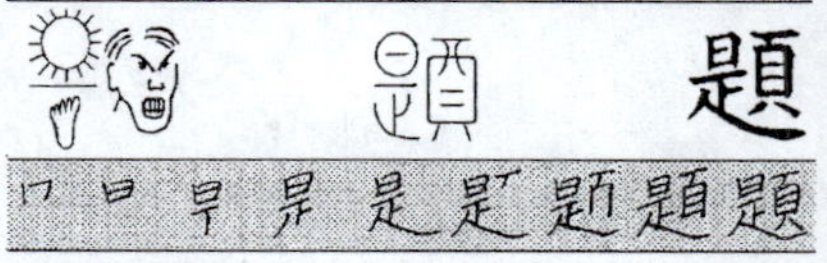
次官 じかん vice-ministre 取り次ぐ と つ transmettre, faire passer	shi phonétique (冫 le chiffre "deux" - n.p.c. avec la glace + la respiration, évoquée par une bouche grande ouverte. Deux respirations successives symbolisent ce qui suit, le suivant).	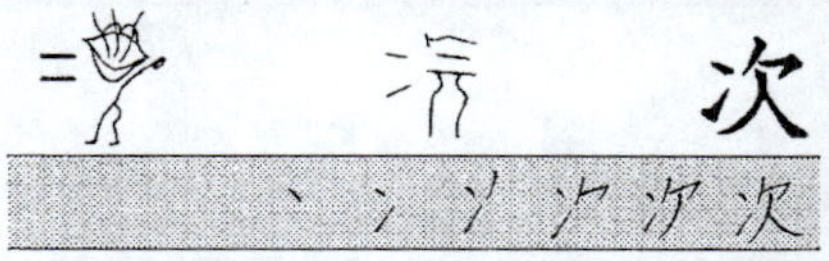
例外 れいがい exception 例えば たと par exemple	retsu phonétique → rei (La viande coupée, alignée) + l'homme. Le boucher coupe un premier morceau de viande qui sert d'exemple, de "règle", de "précédent" auquel il compare les suivants.	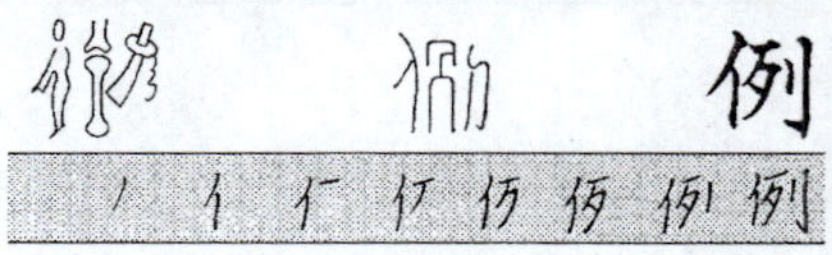
失業 しつぎょう chômage 見失う みうしな perdre de vue	乙 otsu → shitsu. phonétique (La main qui laisse tomber, échapper, l'objet qu'elle tenait, le "perd". Par extension, échec, faute. Clé 大).	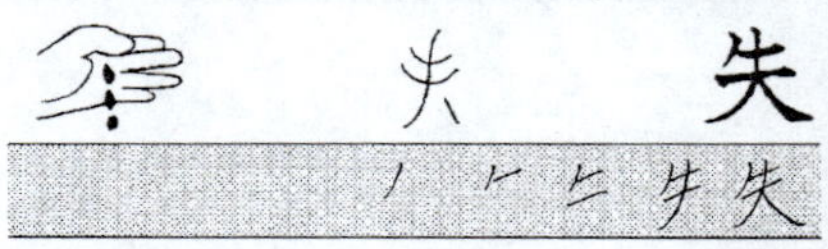
失礼 しつれい impolitesse 無礼 ぶれい insolence, grossièreté	hō phonétique → rei (豊 abrégé en L : le vase rituel et ses offrandes) + la table à offrandes devant laquelle on s'agenouillait, se prosternait, on "saluait". Par extension, courtoisie, politesse.	
..の様に よう comme... 様子 ようす apparence, air, état, situation	yō phonétique //// Graphisme proche de 象: prendre la forme de + l'arbre - un teck selon certains. Quoiqu'il en soit, ce Kanji signifie apparence, la manière, l'état et aussi Monsieur, Madame.	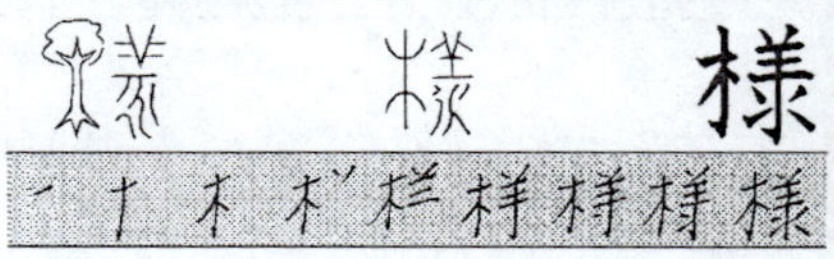
君臨 くんりん domination (régner sur) 田中君 たなかくん Monsieur Tanaka	in → kun phonétique (Le bâton à la main, symbole de l'autorité + la bouche. Ici, celle du Prince parlant à un inférieur. Dans la vie quotidienne, ne signifie plus que Monsieur, tu, toi) .	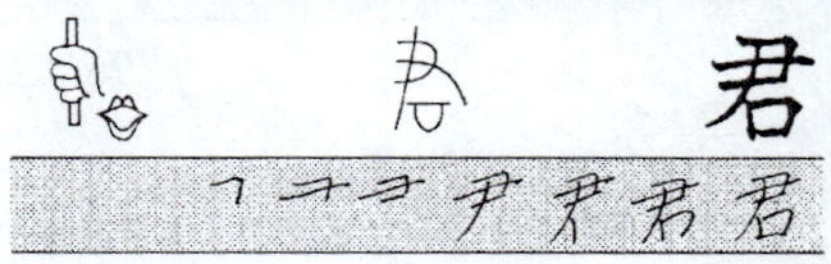
申告 しんこく déclaration (revenu...) 申し入れ もう い proposition, réclamation	shin phonétique (L'éclair qui transmet aux hommes la puissance des Dieux - ou deux mains tenant une corde - symbolise la chose transmise, dite humblement à un supérieur. Clé 田).	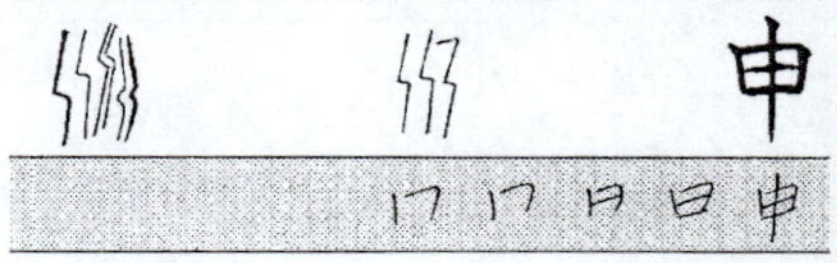
願書 がんしょ dossier d'inscription 念願 ねんがん (plus cher) désir, souhait	gen phonétique → gan (La falaise d'où sort la rivière, dont elle est la source) + la tête. L'homme remonte à la source quand il prie, demande, sollicite les faveurs des Dieux. D'où, requête, désir.	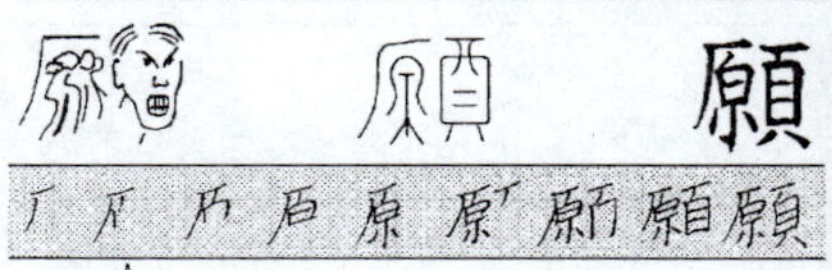
式場 しきじょう salle des fêtes 方式 ほうしき formule, procédé, méthode, mode	shiki phonétique (L'équerre du menuisier, symbole du travail + la lance, arme et unité de longueur, norme. Le travail exécuté selon les normes donne un style. D'où, cérémonie, rite).	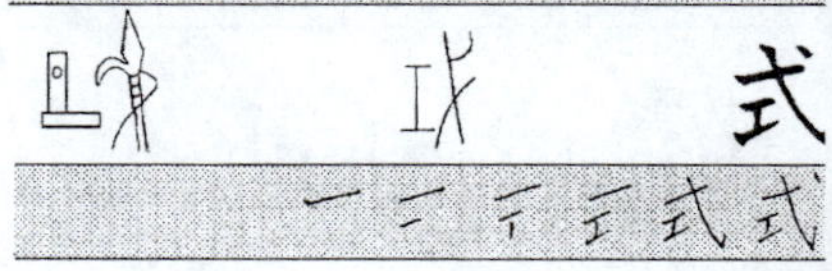

漢字	Page Mémto	Nb traits	Clé	Radical phonétique (//// = pas à l'index)	Lecture ON	Lecture KUN	Signification	Exemples de composés (1)
身	38	7	身	////	*SHIN*	mi	corps, chair	自身 じしん soi-même 身長 しんちょう taille
側	86	11	亻	*SOKU* 則 則 側 測- dérivé 賊 ZOKU	*SOKU*	kawa *-gawa*	côté	側面 そくめん aspect 内側 うちがわ côté intérieur flanc, côté
性	46	8	心	*SEI 生 生 姓 性 星 牲 -dérivé 産 SEI SEI SEI ***SEI*** SAN ***SHŌ SHŌ*** SHŌ ***JŌ***	SEI SHŌ		sexe, nature tempérament	性能 せいのう qualité rendement 性格 せいかく caractère personnalité
植	108	12	木	SHIN 真 真 直 懐 慎 鎮-dér.置-徳 聴 *CHIN CHI* TOKU *CHŌ* 壊 直 値 植 殖 ***KA I CHOKU-JIKI CHI SHOKU SHOKU***	*SHOKU*	ué(ru) ué(waru)	*plant* planter, établir être planté	植民 しょくみん colonisation 植物 しょくぶつ plante végétation
落	114	12	艹	*KAKU* 各 各 客 格 略 絡 落 KYAKU RYAKU *RAKU RAKU* 酪 閣 額 - dérivé 路 ***RAKU*** GAKU ***RO***	*RAKU*	o(chiru) o(tosu)	*chute* tomber, choir laisser tomber perdre	落第 らくだい échec (à un examen) 落胆 らくたん abattement découragement
由	10	5	田	*YU* 由 由 宙 抽 油 笛 軸 - assi 届 ***YŪ CHŪ CHŪ TEKI*** JIKU todo(ku) ***YU***	*YU-YŪ* *YUI*	yoshi	moyen, motif raison, cause	自由 じゆう liberté 由緒 ゆいしょ origine et filiation
岸	44	8	山	**KAN* 干 干 刊 汗 肝 幸 軒 *KŌ KEN* -assimilé 岸 - dérivés 開 関- 逆 ***GAN KAI*** GYAKU	*GAN*	kishi	rive, rivage	岸壁 がんぺき quai 海岸 かいがん rivage bord de mer
園	120	13	囗	*EN* 袁 園 猿 遠 *EN-ON*	*EN*	sono	jardin	公園 こうえん parc jardin public 楽園 らくえん paradis, Eden
両	17	6	一	////	*RYŌ-*		*préfixe deux, paire* *vieille monnaie*	両親 りょうしん parents 両手 りょうて deux mains
借	70	10	亻	*SEKI* 昔 昔 借 惜 措 錯 籍 *SEKI-SHAKU SHAKU SO SAKU*	*SHAKU*	ka(riru)	*emprunt, prêt* emprunter, louer	借款 しゃっかん prêt, emprunt en devises 拝借 はいしゃく emprunt citation
族	92	11	方	**SHITSU* 矢 矢 医 疾 族 - dérivé 知 *SHI* I *ZOKU* CHI	*ZOKU*		*famille* *tribu, clan*	民族 みんぞく peuple race, nation 親族 しんぞく parents parenté
活	63	9	氵	**KATSU* 舌 舌 括 活 話 憩 *ZETSU WA KEI* - assimilés 乱 辞 RAN JI	KATSU		énergie, vigueur vie, vitalité	生活 せいかつ vie existence 活動 かつどう action activité
公	5	4	八	*KŌ* 公 松 翁 訟 ***SHŌ Ō SHŌ***	*KŌ*	ōyaké	public officiel	公園 こうえん jardin public 公認 こうにん reconnaissance officielle
級	66	9	糸	*KYŪ* 及 及 吸 扱 級 - dérivé 急	KYŪ		classe rang, grade	階級 かいきゅう classe sociale 一級 いっきゅう qualité supérieure
面	69	9	面	////	MEN	omoté tsura	masque, aspect (sur)face, devant visage, face physionomie	面目 めんぼく "face",honneur réputation 当面 とうめん à traiter en priorité, urgent

Exemples de composés (2)	ANALYSE (Radical phonétique + Clé)	CHEMINEMENT GRAPHIQUE
身分 みぶん condition, classe (sociale) 出身 しゅっしん (être) d'origine " originaire de	shin → sha clé et phonétique (Le corps, la chair représentés par la silhouette d'une femme enceinte car, à l'origine, le caractère signifiait "conception").	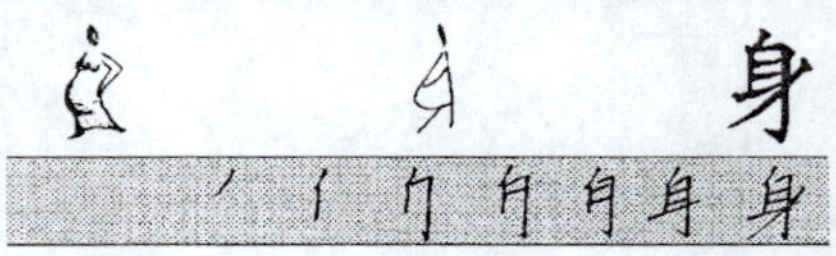
右側 みぎがわ côté droit 側近者 そっきんしゃ proches entourage	soku phonétique (La loi, évoquée par l'argent 貝 de l'amende et le sabre 刂 qui mutile) + la personne, le citoyen; citoyen qui doit être du côté de la loi - et non pas à côté, bien sûr.	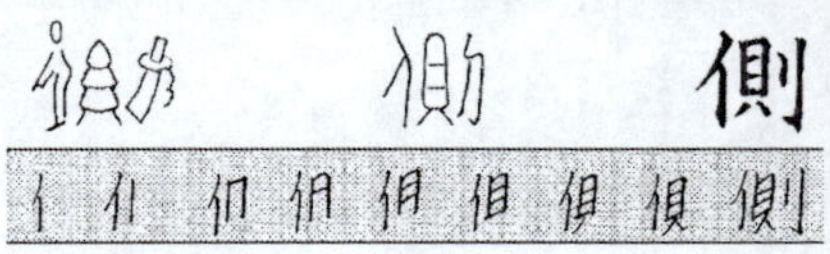
気性 きしょう nature tempérament 根性 こんじょ fort caractère (tenace, dur...)	sei phonétique (La vie, évoquée par une plante qui "naît" et pousse) + le cœur. Le sexe, le tempérament, la nature de l'individu sont inscrits dans son cœur, dans ses gènes, dès sa naissance.	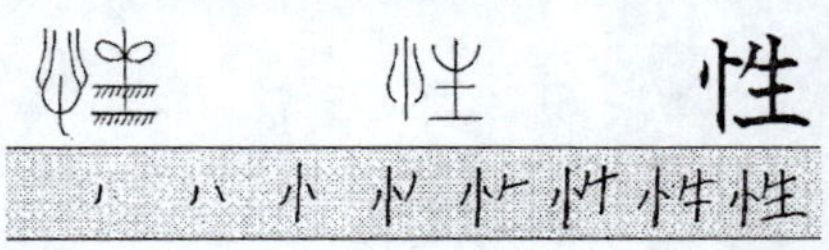
移植 いしょく greffe transplantation 植木 うえき arbuste, plante de jardin	shin phonétique → shoku (Les dix + yeux 目 qui observent, contrôlent si les choses sont correctes) + l'arbre. L'arbre observé, soigné, taillé, émondé, est planté comme il faut. Par extension, établir.	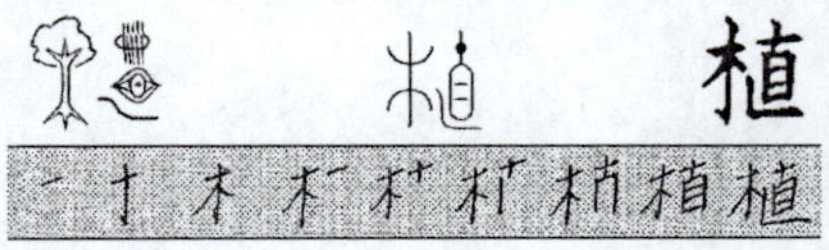
落とし穴 お あな trappe 落語 らくご conte comique	kaku phonétique → raku (Individuel, comme le voyageur passant son chemin) + la végétation, les feuilles et l'eau ; eau tombant goutte à goutte, feuilles une à une. D'où, chute, choir, perdre.	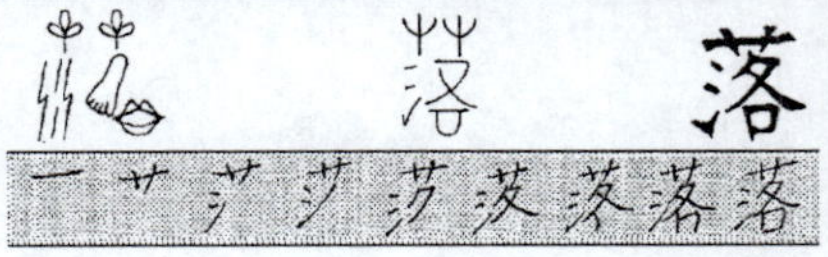
理由 りゆう raison fondement 経由 けいゆ via	yū phonétique (Le grain qui germe. La germination, qui traduit l'enchaînement logique de la maturation, symbolise la cause, la raison d'être, le sens des choses. Clé 田).	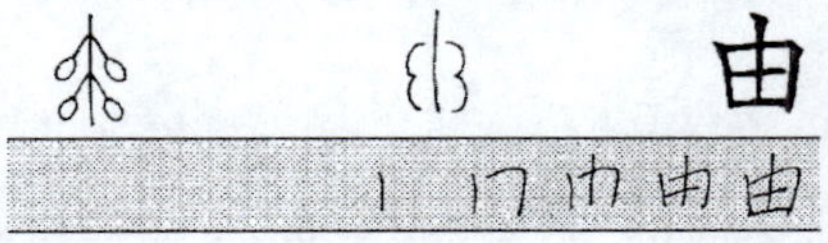
沿岸 えんがん côte, littoral 川岸 かわぎし rive, berge	kan phonétique → gan (干: ici non pas une lance, mais des couches stratigraphiques) + la montagne. On voit apparaître ces strates sur les rives de torrents affouillées par le courant.	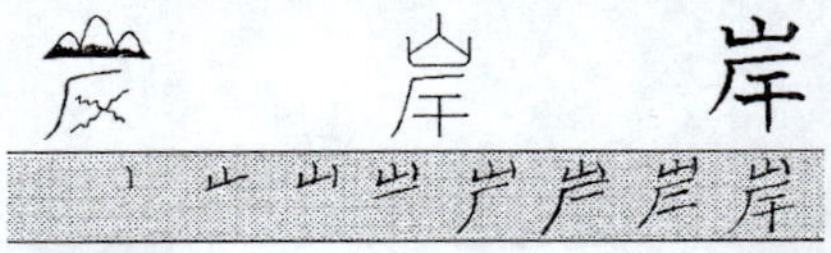
動物園 どうぶつえん zoo 花園 はなぞの jardin fleuri	en phonétique (Le long kimono des nobles) + l'enceinte ; enceinte des jardins fermés où ils se promenaient, à l'abri du regard des passants.	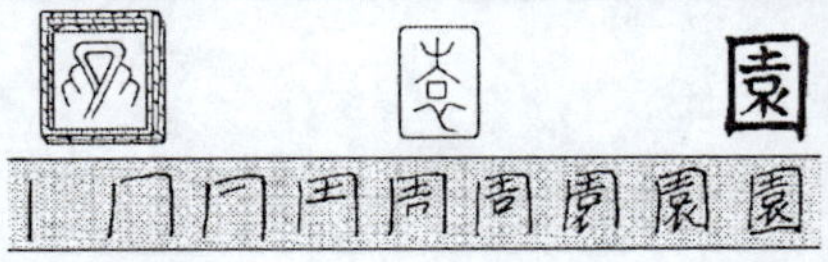
両方 りょうほう les deux l'un et l'autre 両面 りょうめん des deux côtés	ryō phonétique //// Simplification de 兩 : la balance. Il faut y mettre pour l'équilibre, une paire d'objets de même poids. L'instrument sert à peser l'or. D'où, unité monétaire. Clé 一.	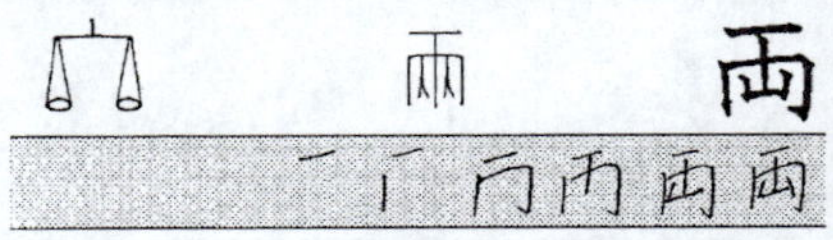
借金 しゃっきん dette, emprunt 借り物 か もの emprunt objet emprunté	shaku, seki phonétique (La viande - ou ici des grains - séchant au soleil comme au bon vieux temps : la récolte stockée) + l'homme. Le seigneur "empruntait, louait" la récolte des serfs.	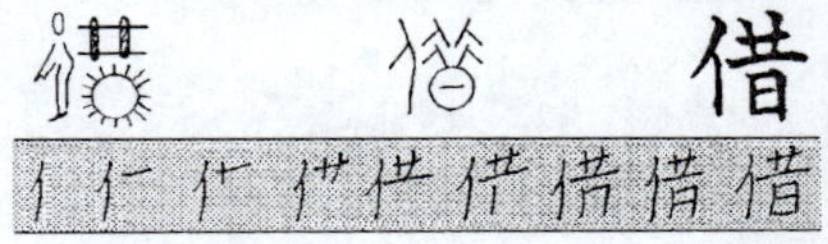
家族 かぞく famille 水族館 すいぞくかん aquarium	shitsu phonétique → zoku (Les flèches ; armes du groupe) + la mangrove qui entoure - ou la bannière sous laquelle on se range ; y sont rangés, les membres de la famille, de la tribu, du clan.	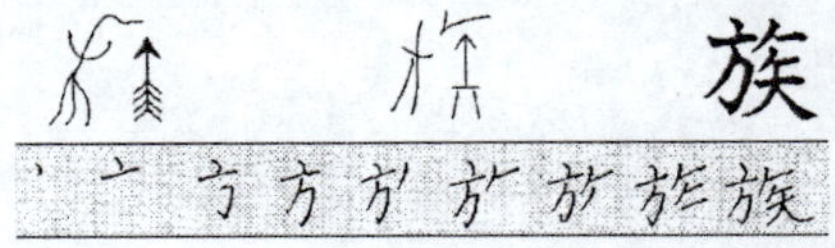
活躍 かつやく activité 活字 かつじ caractère d'imprimerie	katsu phonétique (舌 la langue, simplification de 𠯑 : ce que l'on garde dans la bouche) + l'eau. L'eau dans la bouche, la salive, prouve qu'on est plein d'énergie, de vigueur, de vitalité.	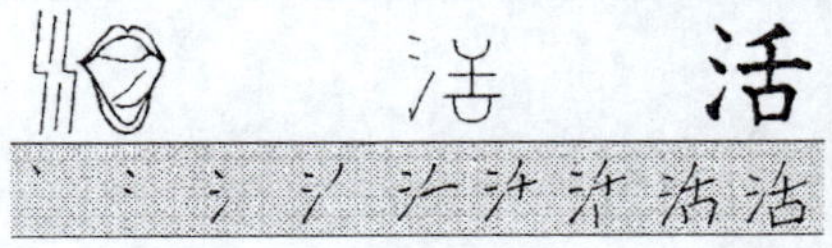
公式 こうしき formule, formel 公衆 こうしゅう public	kō phonétique (La personnalité. Graphiquement, le nez, symbole en Asie de la personne, de propriété + la division. La propriété divisée entre tous devient un bien public, officiel).	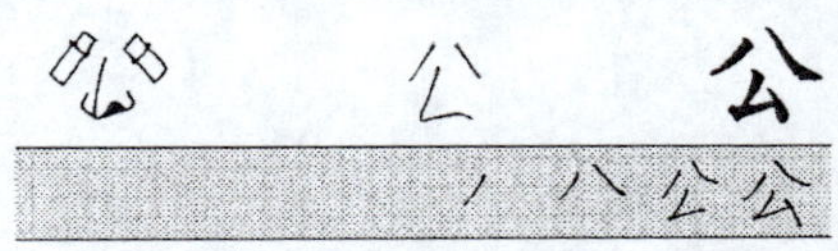
高級な こうきゅう de 1er ordre, 1ère qualité 級友 きゅうゆう camarade de classe	kyū phonétique (La main qui saisit, prend quelqu'un au collet) + le fil. On saisit les fils pour les classer, les ranger, les aligner par qualité, par "grade", avant de les tisser.	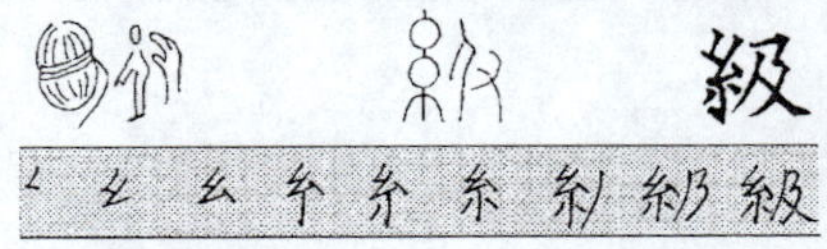
表面 ひょうめん surface extérieur 面影 おもかげ traits, physionomie,image, restes	men //// Le masque. En Asie, il est plus petit que la face, le visage. Ce dernier déborde du masque, ce qui explique la forme du Kanji. Par extension, surface, devant. [Clé 面].	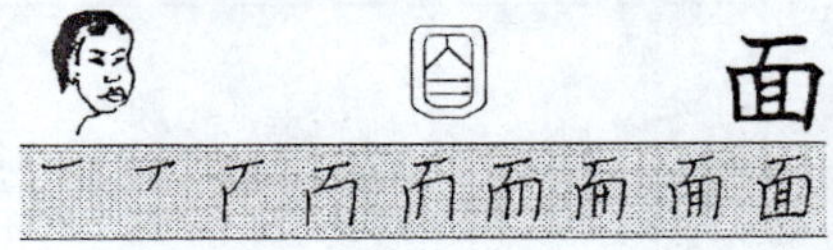

漢字	Page Mémto	Nb traits	Clé	Radical phonétique (//// = pas à l'index)	Lecture ON	Lecture KUN	Signification	Exemples de composés (1)
良	37	7	艮	*RŌ* 良 良 即 郎 娘 朗 浪 廊 節 RYŌ *SOKU* musumé SETSU - dérivé 食 SHOKU	*-RYŌ* RYŌ	yo(i)	*assez bien* bon , convenable satisfaisant	良心 りょうしん conscience 最良の さいりょう idéal, meilleur
温	110	12	氵	////	*ON*	atata(kai) "(méru) "(maru)	*chaleur* chaud (ré)chauffer se (ré)chauffer	温泉 おんせん source thermale 気温 きおん température de l'air
昭	61	9	日	*SHŌ* 召 召 招 沼 昭 紹 詔 超 照 CHŌ	*SHŌ*		*clair, brillant* *lumineux* *éclatant*	昭和 しょうわ (ère) Showa (1926/1989)
横	143	15	木	*KŌ* 黄 黄 横- simp. 拡 鉱- assimilé 広 *KŌ-Ō Ō KAKU*	*Ō*	yoko	latéral (sur le) côté	横顔 よこがお profil 横領 おうりょう malversation détournement
料	80	10	米	*TO* 斗 斗 料 ***RYŌ***	*RYŌ*		*matériau* *prix, coût*	料理 りょうり nourriture plat, cuisine 原料 げんりょう matières premières
利	29	7	禾	RI 利 利 痢	RI	ki(ku)	avantage profit, intérêt agir,être efficace	利用 りよう mise à profit utilisation 便利 べんり facilité commodité
味	42	8	口	*MI* 未 未 味 妹 魅 ***MAI***	*MI*	aji aji(wau)	goût, saveur goûter, apprécier	意味 いみ sens signification 味方 みかた allié, partisan
堂	88	11	土	*SHŌ* ⺍ 労 学 栄 蛍 覚 RŌ GAKU *EI KEI KAKU* - déri. ⺌ 当 尚 党 堂 常 掌 賞 償 *TŌ* TŌ. *DŌ JŌ*	DŌ		*grand bâtiment* *(accueillant* *le public)* hall, temple	殿堂 でんどう sanctuaire palais, temple 講堂 こうどう salle de conférence
階	118	12	阝	*KAI* 皆 皆 階	*KAI*		*marche* *étage, niveau*	段階 だんかい phase, étape 階段 かいだん marches escalier
球	94	11	王	*KYŪ* 求 求 救 球	*KYŪ*	tama	boule sphère, globe	地球 ちきゅう terre, globe terrestre 野球 やきゅう base-ball
期	108	12	月	*KI* 其 基 期 棋 欺 碁 旗 *KI-GO GI* GO	*KI-GO*		*période* *temps, terme*	期間 きかん terme délai, période 最期 さいご fin, mort heure suprême
秒	65	9	禾	**SHŌ* 小 小 少 劣 妙 抄 砂 *RETSU MYŌ SA-SHA* 省 秒 *SHŌ-SEI BYŌ*	BYŌ		seconde	秒針 びょうしん aiguille des secondes 数秒 すうびょう plusieurs secondes
主	11	5	丶	CHŪ 主 主 住 注 柱 駐 *SHU-SU JŪ* - assimilé 往 classé à Ō ***Ō***	SHU *SU*	nushi omo(ni)	maître, seigneur principal(ement)	主人 しゅじん mari, chef de famille 主張 しゅちょう opinion doctrine
詩	127	13	言	*JI* 寺 侍 待 持 時 特 等 詩 *TAI TOKU TŌ* SHI	SHI		poésie poème, chant	詩人 しじん poète 詩情 しじょう sentiments poétiques
命	40	8	亼	////	*MEI* *MYŌ*	inochi	ordre vie, destin	革命 かくめい révolution 命令 めいれい ordre (donné) commandement

Exemples de composés (2)	ANALYSE (Radical phonétique + Clé)	CHEMINEMENT GRAPHIQUE
良質 りょうしつ bonne qualité 改良 かいりょう amélioration perfectionnement	rō phonétique → ryō (La nourriture + l'homme sous le soleil. Ce dernier reçoit le don du ciel - la nourriture, la manne ? . Alors tout lui semble bon, bien, convenable, satisfaisant).	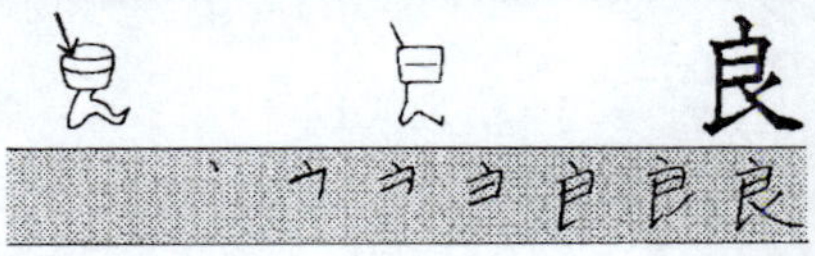
温度 おんど température 体温 たいおん température du corps	on phonétique //// 昷 simplification de 𥁕 : la nourriture du prisonnier + l'eau, le liquide. Il faut faire ré-chauffer la soupe, la nourriture du prisonnier pour qu'il mange chaud.	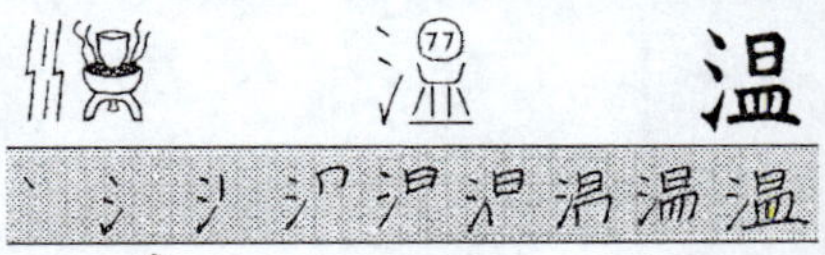
	shō phonétique (Convoquer par l'ordre 口, la menace d'une arme 刀) + le soleil. A celui qu'on convoque, il faut donner des ordres clairs, brillants, lumineux comme l'éclat du soleil.	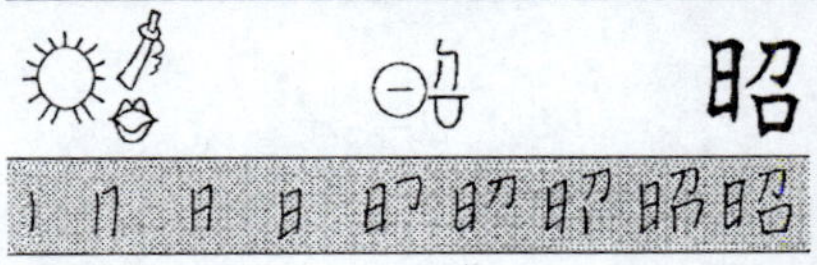
横断 おうだん traversée passage (piéton) 横書き よこが écriture horizontale	kō phonétique → ō (La teinte jaune du champ élargi, brûlé 20 fois) + l'arbre. L'arbre aux feuilles jaunes, le ginkgo planté sur le côté des routes. Il s'élargit en poussant latéralement.	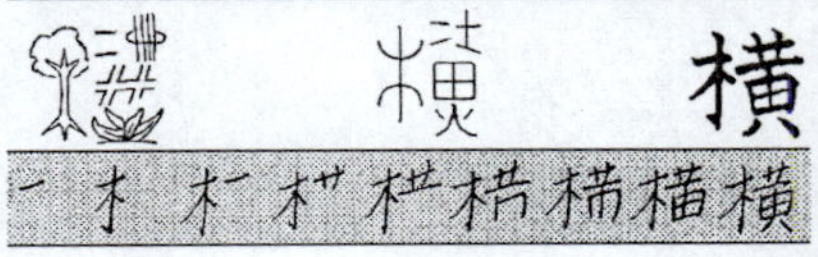
材料 ざいりょう matière matériaux 無料 むりょう gratuit	Le riz, le grain + to phonétique → ryō (La mesure) Le grain mesuré évoque l'idée de quantité, puis de prix, de coût de ce matériau.	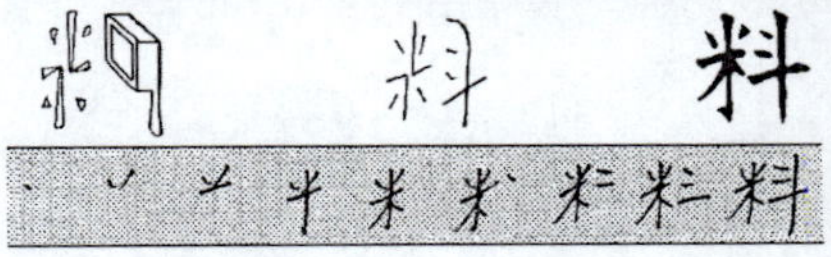
利益 りえき profit, bénéfice 権利 けんり droit, privilège	shi → ri phonétique (Les céréales + le couteau, la faucille pour les couper. Le paysan efficace coupe, récolte ses céréales pour tirer avantage, profit de la vente. C'est son intérêt).	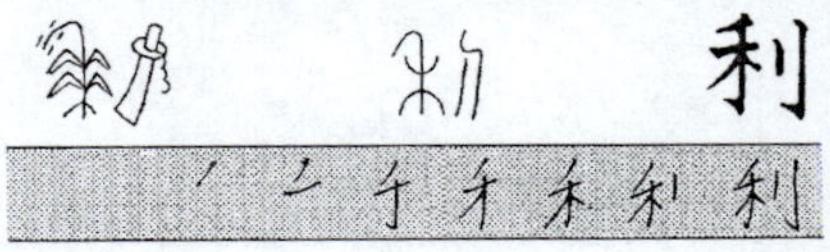
興味 きょうみ intérêt (pour quelque chose) 味見する あじみ goûter	mi phonétique (L'arbre qui porte des fruits) + la bouche ; ici la bouche goulue qui va goûter ces fruits, en apprécier la saveur.	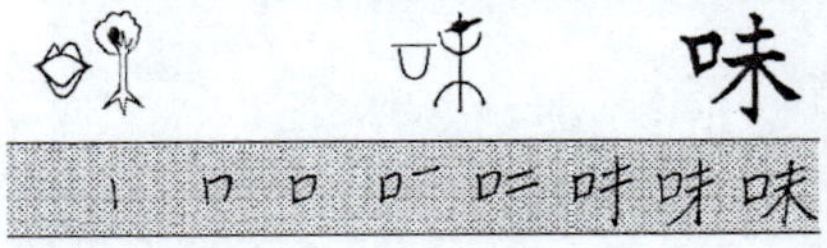
食堂 しょくどう salle à manger 聖堂 せいどう édifice religieux (temple, église)	shō phonétique → dō (Le sommet du toit 冖 qui divise 丷 l'eau de pluie) + la terre ; terre battue qui servait de sol aux grands bâtiments publics qu'étaient les halls, les temples.	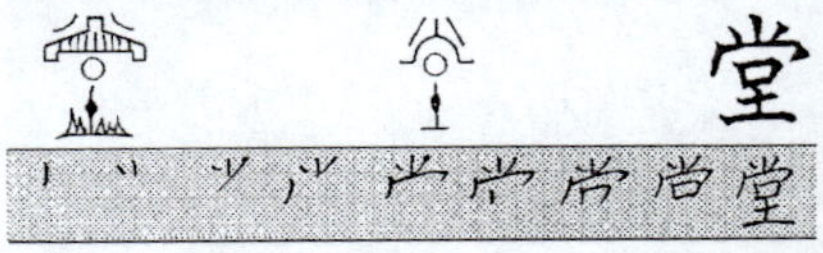
階級 かいきゅう classe sociale 三階 さんがい deuxième étage (à la française)	kai phonétique (Les personnes rassemblées, agissant ensemble : tout le monde) + la pente, la colline. Tout le monde gravit la colline par les marches qu'on y a taillées. D'où, étage, niveau.	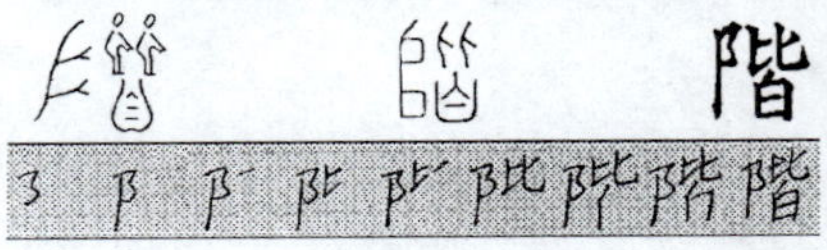
球根 きゅうこん bulbe, oignon 電球 でんきゅう ampoule électrique	kyū phonétique (La fourrure désirée) + le collier, retenu ici pour la forme sphérique des pierres. L'objet sphérique, bourré de fourrure, c'est une balle. Par extension, globe.	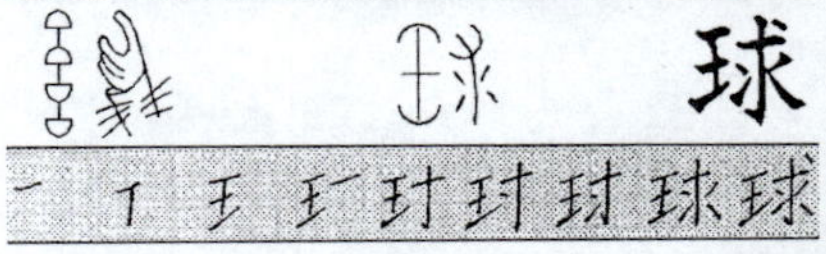
期待 きたい attente, espoir 定期的な ていきてき périodique (régulier)	ki phonétique (Les tamis 甘 empilés sur leur support 丌) + la lune. Les phases de la lune "s'empi- lant" l'une sur l'autre, rythment la période, le temps, le terme du calendrier lunaire en usage en Asie.	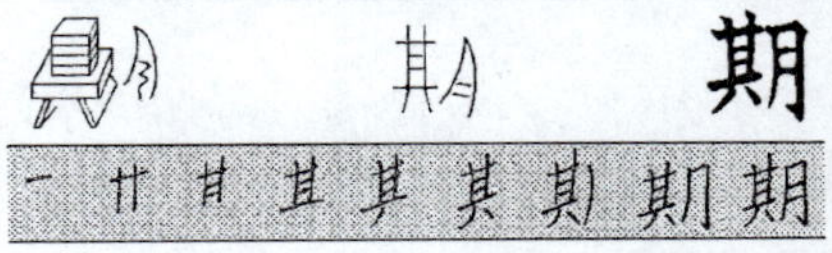
秒速 びょうそく ...par seconde (vitesse) 秒読み びょうよ compte à rebours	shō phonétique → byō (Le petit élément divisé) + la céréale, le grain. Le grain divisé symbolise une petite unité, ici de temps ; il s'agit de seconde.	
持主 もちぬし propriétaire 民主主義 みんしゅしゅぎ démocratie	shu → chū phonétique (La lampe à huile qui était réservée au maître, au propriétaire de la maison. Par extension, important, principal. Clé 丶).	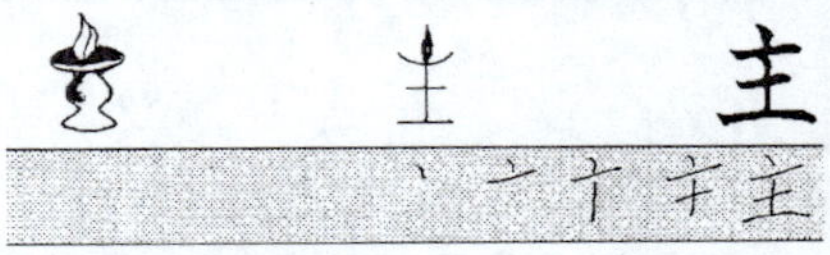
詩的な してき poétique 詩集 ししゅう anthologie, recueil de poèmes	ji phonétique → shi (L'endroit où la loi est appliquée avec continuité) + les mots, la parole. Les paroles qui suivent une loi - rime.. sont des chants, des poèmes. Par extension, poésie.	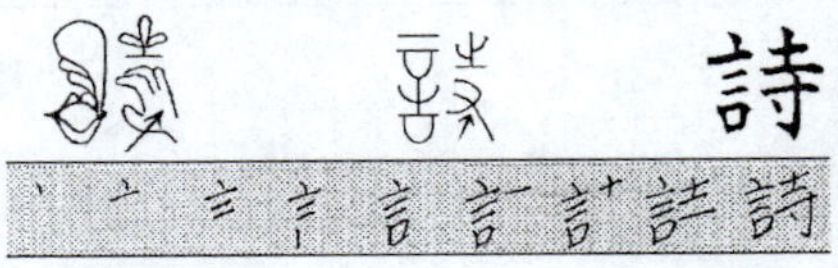
生命 せいめい vie, âme 命拾い いのちびろ échappé belle (à la mort...)	mei phonétique //// La foule rassemblée + la parole du chef qui, ici, ne lui dicte pas une loi, authentifiée par un sceau 卩 - mais lui clame des ordres qui régleront sa vie, son existence.	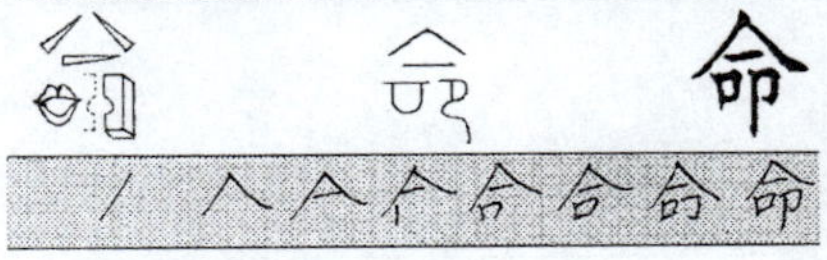

漢字	Page Mémto	Nb traits	Clé	Radical phonétique (//// = pas à l'index)	Lecture ON	Lecture KUN	Signification	Exemples de composés (1)
岩	44	8	山	*SEKI 石 石 拓 SEKI-SHAKU TAKU	**GAN**	**iwa**	roc, rocher	溶岩 ようがん lave 岩場 いわば paroi rocheus
湖	110	12	氵	KO 古 古 居 苦 故 枯 据 湖 KYO KU su(éru)	**KO**	**mizuumi**	lac	湖水 こすい lac 湖底 こてい fond de lac
根	76	10	木	KON 艮 艮 恨 退 限 根 眼 銀- **TAI GEN GAN** GIN -dérivés 墾 懇	**KON**	**né**	*fond, nature* racine radical (chimie)	屋根 やね toit 根性 こんじょう forte nature "caractère"
湯	110	12	氵	YŌ 昜 場 揚 湯 陽 傷 腸 **JŌ TŌ SHŌ** CHŌ	**TŌ**	**yu**	eau chaude	湯気 ゆげ vapeur, buée 銭湯 せんとう bains publics
陽	117	12	阝	YŌ 昜 場 揚 湯 陽 傷 腸 **JŌ TŌ SHŌ** CHŌ	**YŌ**		*ensoleillé* *positif, Yang* *(principe mâle)*	太陽 たいよう soleil 陽気 ようき gaieté, jovial température
炭	63	9	火	*SAN 山 山 岩 炭 - assimilé 仙 **SAN-ZAN GAN TAN SEN**	**TAN**	**sumi**	charbon de bois	石炭 せきたん charbon 炭鉱 たんこう houillère mine de charbo
油	49	8	氵	YU 由 由 宙 抽 油 笛 軸 - assi 届 **YŪ CHŪ CHŪ TEKI** JIKU todo(ku) **YU**	**YU**	**abura**	huile	石油 せきゆ pétrole 油田 ゆでん champ pétrolifère
波	50	8	氵	*HI 皮 皮 彼 披 波 疲 破 被 婆 *HA HA BA*	**HA**	**nami**	vague	津波 つなみ raz de marée 波乱 はらん trouble vicissitudes
県	64	9	目	KEN 県 県 懸 *KEN-KE*	**KEN**		préfecture département	県民 けんみん habitants d'un préfecture 県庁 けんちょう préfecture
島	73	10	山	CHŌ 鳥 鳥 島 鳴 *TŌ MEI*	**TŌ**	**shima** ***-jima***	île	列島 れっとう archipel 島国 しまぐに pays insulaire
深	93	11	氵	SHIN 罙 探 深 *TAN*	**SHIN**	**fuka(i)** **fuka(méru)** **" (maru)**	profond intense approfondir s'approfondir	深層 しんそう profondeurs 毛深い けぶか poilu, velu
軽	116	12	車	KEI 圣 径 怪 茎 経 軽 *KAI KEI*-KYŌ	**KEI**	**karu(i)**	léger, aérien facile, simple	軽薄 けいはく légèreté frivolité 軽減 けいげん diminution allégement
細	96	11	糸	NŌ 㐫 悩 脳 - simplifié 思 細 **SHI SAI**	**SAI**	**hoso(i)** **hoso(ru)** **koma(kai)**	étroit, ténu fin, mince s'amincir minutieux	細胞 さいぼう cellule 詳細 しょうさい (menus) détails
直	51	8	目	SHIN 真 真 直 懐 慎 鎮-dér.置-徳 聴 *CHIN CHI* TOKU *CHŌ* 壊 直 値 植 殖 *KA I CHOKU-JIKI CHI SHOKU SHOKU*	**JIKI** **CHOKU**	**nao(su)** **nao(ru)** **tada(chini)**	*honnête, direct* réparer être réparé, corrigé sur-le-champ	書き直す か なお réécrire en corrigeant 素直な すなお docile soumis
平	10	5	干	HEI 平 平 坪 評 *HEI-BYŌ* tsubo HYŌ-*PYŌ*	**HEI** **BYŌ**	**hira** **tai(ra)平**	ordinaire *égal, uniforme* plat, de niveau	平和 へいわ paix 平等 びょうどう égalité

Exemples de composés (2)	ANALYSE (Radical phonétique + Clé)	CHEMINEMENT GRAPHIQUE
花崗岩 granit かこうがん 岩屋 grotte, caverne いわや	Deux pierres, abrégées en une. Se détachant de ses flancs, des parois, ces pierres sont des rochers, des rocs + san phonétique → gan (La montagne).	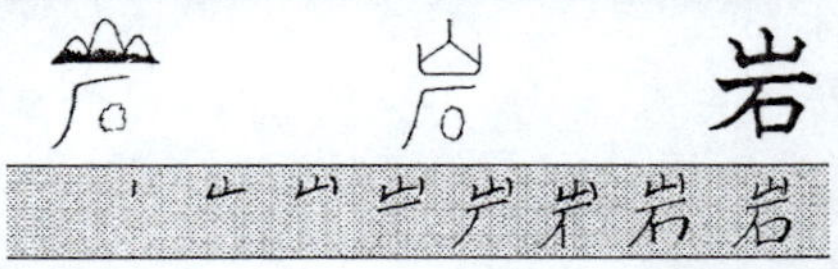
湖畔 bords de lac こはん 湖岸 berges de lac こがん	ko phonétique (古 vieux comme une histoire passée par dix bouches - ou des graminées et la lune) + l'eau. Une eau stagnante -vieille- où se reflètent la lune ou les graminées évoque un lac.	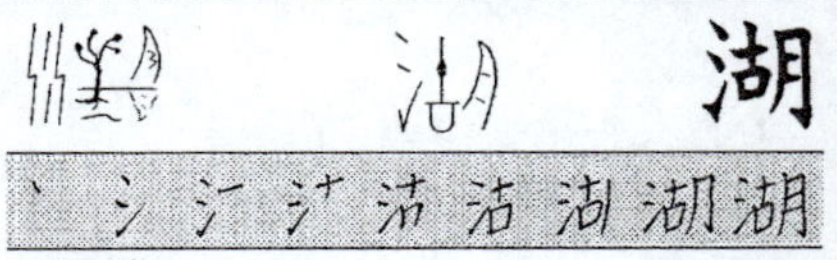
根本的 fondamental こんぽんてき 根拠 base こんきょ	kon phonétique (Un homme tournant les yeux - ou le dos - au soleil, évoquant ce qui est caché, obscur) + l'arbre. La partie cachée d'un arbre, c'est sa racine. Par extension, radical, fond, nature.	
熱湯 eau bouillante ねっとう 茶の湯 cérémonie, art du thé ちゃ ゆ	yō phonétique → tō (Le soleil au-dessus de l'horizon et ses reflets 勿) + l'eau. Il faut de l'eau chaude pour dissoudre les graisses, comme si elles fondaient au soleil.	
陽光 lumière du jour ようこう 陽性 (caractère, réaction) positif/ve ようせい	yō phonétique (Le soleil qui brille et ses reflets 勿) + la colline qui indique l'endroit. D'où le sens d'endroit ensoleillé. Par extension positif, principe mâle - opposé au Yin - in 陰 féminin.	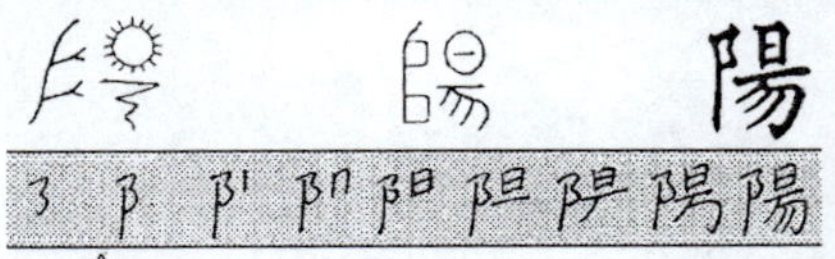
炭素 carbone たんそ 炭火 brasier すみび	san phonétique → tan (La pente de la montagne) + le feu. On fabriquait le charbon de bois, le plus souvent, à partir d'arbres coupés à flanc de montagne, brûlés et transformés sur place.	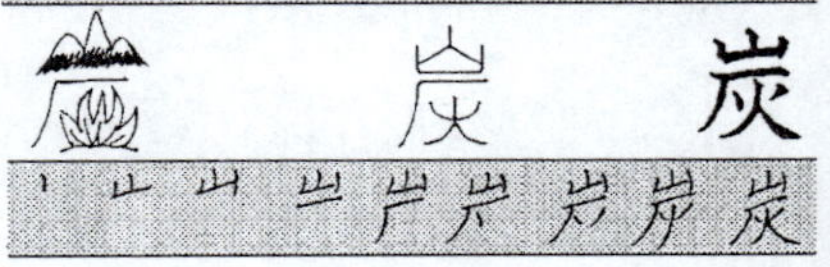
油脂 huiles et graisses ゆし 油絵 peinture à l'huile あぶらえ	yu phonétique (Le grain qui germe) + le liquide, l'eau. Le liquide extrait du grain d'oléagineux, c'est l'huile. En Asie, l'huile de sésame est très utilisée).	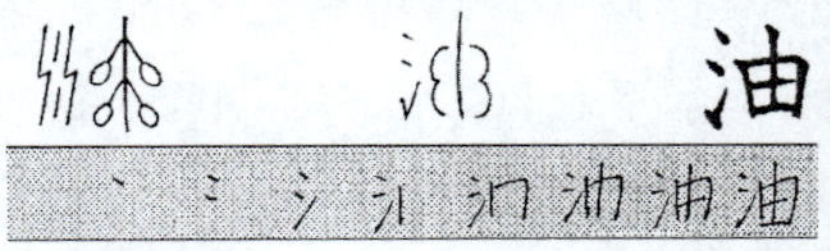
電波 onde (électrique) でんぱ môle 防波堤 jetée, digue ぼうはてい	hi phonétique → ha (La peau de l'animal que l'on tanne) + l'eau mouvante. Les moutons mouvants sur la mer, ce sont les vagues.	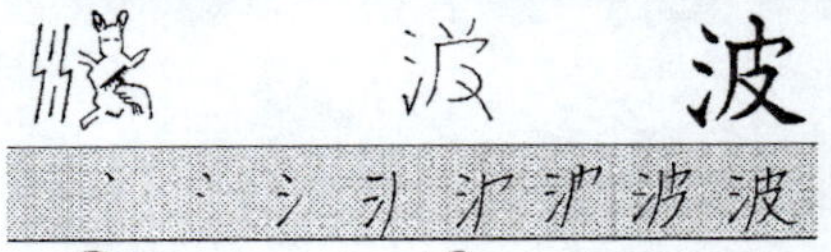
県道 route départementale けんどう 県営の administré par la préfecture けんえい	縣 ken phonétique (La haute branche où l'on pend les criminels + la tête tournée vers le bas, stylisée en œil. Châtier les criminels relevait de la juridiction des préfectures, des départements).	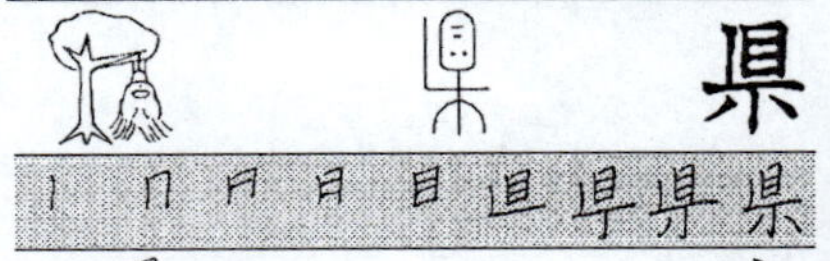
半島 péninsule はんとう 離れ島 île isolée はな じま " perdue	chō phonétique → tō (L'oiseau) + la montagne qui se profile au loin. Ces images évoquent pour le navigateur la proximité d'une île.	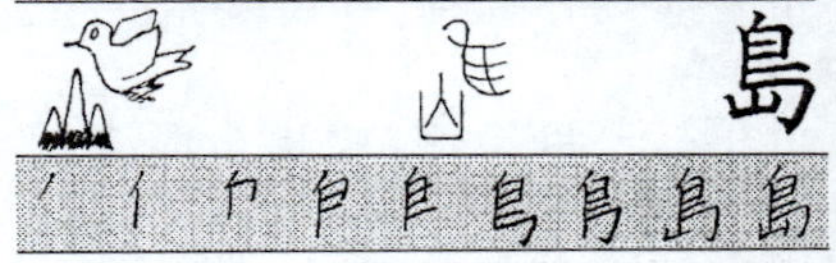
深夜 tard dans la nuit しんや 深刻な grave sérieux しんこく	shin phonétique (La main qui cherche, fouille dans le fond d'un four) + l'eau. Le fond de la mer évoque la profondeur et, par extension, l'intensité.	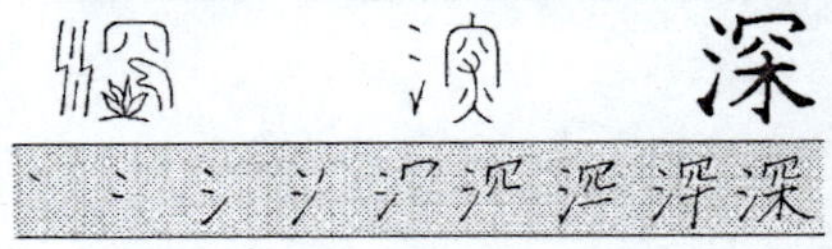
掛け軸 "kakémono" か じく 枢軸国 puissance de "l'Axe" すうじくこく	kei phonétique (巠 abrégé en 圣 : la main qui marque des lignes sur la terre) + la charrette. Pour circuler facilement, simplement sur les chemins, la charrette doit être légère, "aérienne".	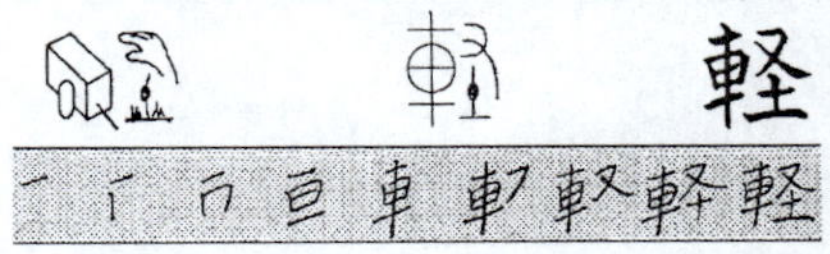
繊細 finesse délicatesse せんさい 細面 visage mince, fin et délicat ほそおもて	shin, nō phonétique → sai (Le cerveau 囟 ou 口, le crâne simplifié en 田) + le fil. Filaments nerveux du cerveau, cheveux ; l'image évoque ce qui est étroit, mince, fin, ténu, minutieux.	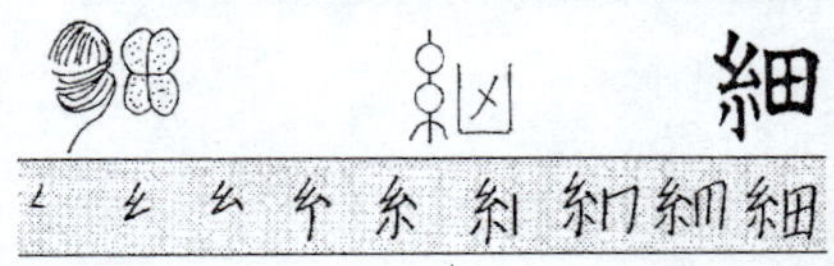
正直 honnêteté intégrité しょうじき 直接 direct, immédiat ちょくせつ	shin phonétique → choku (Dix yeux 直 observent si les choses sont correctes 乚 ou non. Si elles ne le sont pas, inutile de se dérober : il faut corriger, réparer honnêtement. Clé 目).	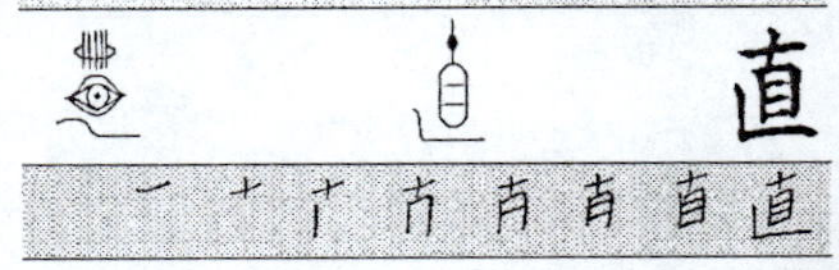
平均 moyenne へいきん 平屋 maison ひらや	hei phonétique (La forme plate, égale, "uniforme", d'une plante d'eau comme un lotus qui flotte à la surface d'un étang. Par extension, ordinaire. Clé 干).	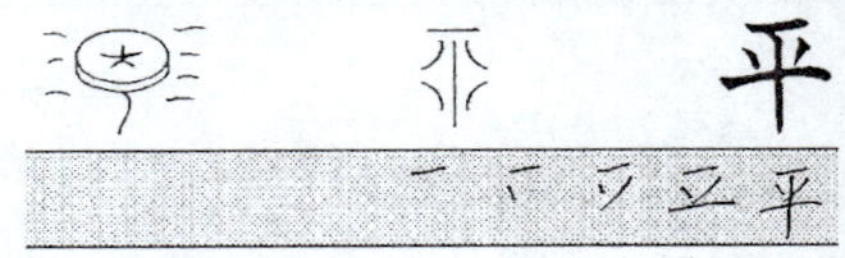

漢字	Page Mémto	Nb traits	Clé	Radical phonétique (//// = pas à l'index)	Lecture ON	Lecture KUN	Signification	Exemples de composés (1)
定	43	8	宀	*SEI* 正 正 定 征 政 症 証 整 *SEI-SHŌ SEI-SHŌ* SHŌ - dérivés 定 - 是 [Classé à TEI] *TEI ZE*	***TEI-JŌ***	**sada(méru)** **sada(maru)**	établir régler, fixer être fixé s'apaiser	勘定 かんじょう calcul, compt 決定 けってい décision fixation
決	35	7	氵	*KETSU* 夬 快 決 *KAI*	**KETSU**	**ki(méru)** **ki(maru)**	décision, vote décider être décidé	決意 けつい résolution 決定 けってい décision fixation
進	100	11	辶	*SHŌ* 隹 隹 准 唯 推 進 催 準 維 確 *JUN YUI-I SUI SHIN SAI JUN I KAKU* 羅-dérivés 焦 礁 et 隻 classé-assimilé 稚 *RA* SEKI à KAKU ***CHI***	***SHIN***	**susu(mu)** **"(méru)**	(s')avancer progresser faire avancer	進歩 しんぽ avance progrès 推進 すいしん poussée propulsion
整	150	16	攵	*SEI* 正 正 定 征 政 症 証 整 *SEI-SHŌ SEI-SHŌ* SHŌ - dérivés 定 - 是 [Classé à TEI] ***TEI ZE***	***SEI***	**totono(u)** **" (éru)**	mettre en ordre être réuni, être ordonné	整備 せいび entretien (de machine... 整理 せいり rangement réorganisation
調	146	15	言	*SHŪ* 周 周 彫 週 調 ***CHŌ CHŌ***	***CHŌ***	**shira(béru)** **totono(éru)** **totono(u)**	examiner, harmoniser/arranger, mettre en ordre être prêt, en ordre	調査 ちょうさ enquête 調整 ちょうせい réglage mise au point
帳	89	11	巾	*CHŌ* 長 長 帳 張 脹	***CHŌ***		*registre* *rideau, rouleau*	手帳 てちょう carnet, agenda 通帳 つうちょう livret (bancaire...)
農	129	13	辰	*NŌ* 農 農 濃	***NŌ***		*agriculture*	農業 のうぎょう agriculture 農家 のうか (une) ferme famille
客	57	9	宀	*KAKU* 各 各 客 格 略 絡 落 KYAKU RYAKU *RAKU RAKU* 酪 閣 額 - dérivé 路 *RAKU* GAKU *RO*	***KAKU*** ***KYAKU***		invité, visiteur hôte, client	乗客 じょうきゃく passager 顧客 こかく-こきゃ habitué bon client
化	5	4	亻	*KA* 化 化 花 貨 靴 ***KA-KE***	***-KA*** ***KA-KE***	**ba(kéru)** **ba(kasu)**	*transformation* changer, prendre la forme de ensorceler, duper	化粧 けしょう maquillage 文化 ぶんか culture civilisation
具	40	8	八	*KYŌ* 共 共 供 洪 恭 港-dér.具-異 *KYŌ-GU KŌ KŌ* GU I	**GU**		outil, moyen de...	家具 かぐ (a)meuble(ment 具合 ぐあい état condition
丁	1	2	一	CHŌ 丁 丁 打 頂 ‖ 訂 ‖ 町 貯 CHŌ-*TEI DA TEI CHO* -dérivé 亭 -assimilé 庁 灯 *TEI TŌ*	***TEI*** ***CHŌ*** ***-CHŌ***		*forme en "T"* *4ème(dans série)* *division, pair* *suffixe "*	丁寧 ていねい soin politesse 二丁目 にちょうめ 2ème secteur
配	84	10	酉	*KI* 己 己 改 起 ‖ 忌 紀 記‖ 妃 配 *KAI ‖ HI HAI*	***HAI*** ***PAI***	**kuba(ru)**	livrer distribuer faire circuler	心配 しんぱい souci inquiétude 配給 はいきゅう rationnement distribution
局	32	7	尸	KU 句 句 拘 - dérivé 局 ***KŌ KYOKU***	***KYOKU***		*bureau* *département* *conjoncture*	当局 とうきょく autorité compétente 結局 けっきょく à la fin, enfin finalement
庫	74	10	广	**SHA* 車 車 庫 連 陣 - dérivé 軍 *KO REN* JIN GUN	***KO***		*entrepôt* *remise, réserve*	倉庫 そうこ entrepôt 金庫 きんこ caisse coffre-fort
第	96	11	竹	*DAI* 弟 弟 第 *DAI-TEI*	***DAI*** ***DAI-***		*degré, n°* *préfixe ordinal*	及第 きゅうだい reçu (à un examen) 次第 しだい circonstances dès que...

Exemples de composés (2)	ANALYSE (Radical phonétique + Clé)	CHEMINEMENT GRAPHIQUE
予定 よてい projet, programme 安定 あんてい stabilité, équilibre	sei → tei phonétique (Le pied s'arrêtant sur une ligne, symbole du "contrôle" + le toit, la maison, qui délimite l'espace habité évoque lui aussi l'idée de ce qui est établi, fixé, réglé).	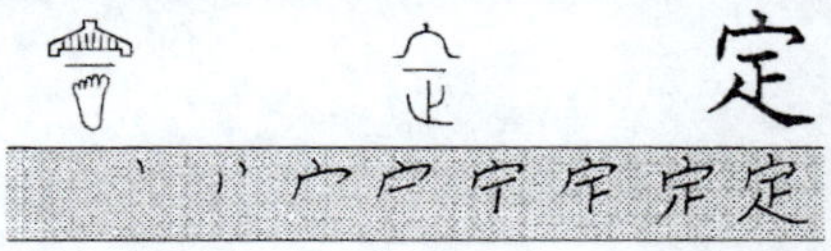
解決 かいけつ solution 本決まり ほんぎ fixé définitivement	ketsu phonétique (La main qui saisit une partie 丑 d'un tout 中 et donc décide, partage) + l'eau. L'eau se partage lorsqu'il y a rupture de digue.	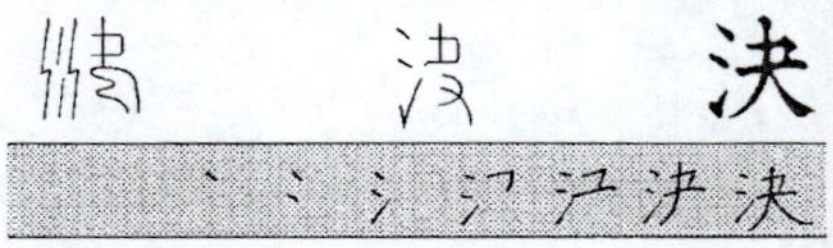
後進国 こうしんこく pays en voie développement 勝進む かちすす continuer de gagner	shō phonétique → shin (Le petit oiseau à queue courte, agile) + aller, marcher. L'oiseau vole toujours droit devant lui. Il avance, progresse.	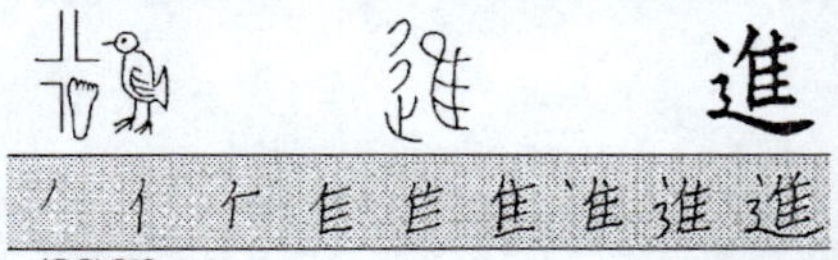
調整 ちょうせい ajustement, réglage, mise au point 整形外科 せいけいげか chirurgie esthétique	sei phonétique (Juste, correct comme le pied 止 s'arrêtant derrière une ligne 一) + la main 夂 liant des fagots 束. Pour le faire correctement il faut les réunir, les mettre en ordre, les ordonner.	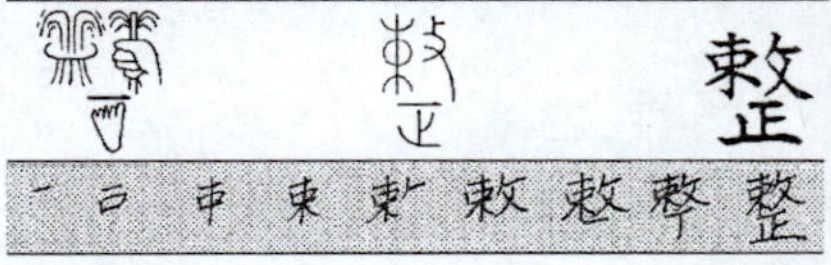
強調 きょうちょう insistance, accent mis sur.. 調子 ちょうし ton, rythme, train manière d'aller	shū phonétique → chō (Le vase des ancêtres et 乃, copié en 口: l'aptitude, le contrôle) + la parole. Contrôler par la parole, c'est examiner, harmoniser pour mettre en ordre, arranger.	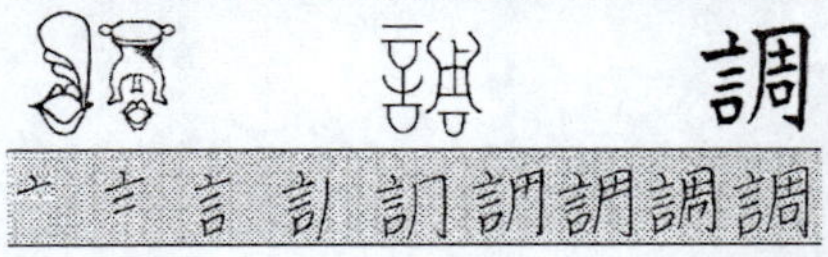
蚊帳 かや moustiquaire 電話帳 でんわちょう annuaire téléphonique	chō phonétique (Long comme les cheveux de femmes assujettis par des broches) + la largeur de tissu. De longs lés juxtaposés forment des rideaux - ou des registres - jadis faits en tissu.	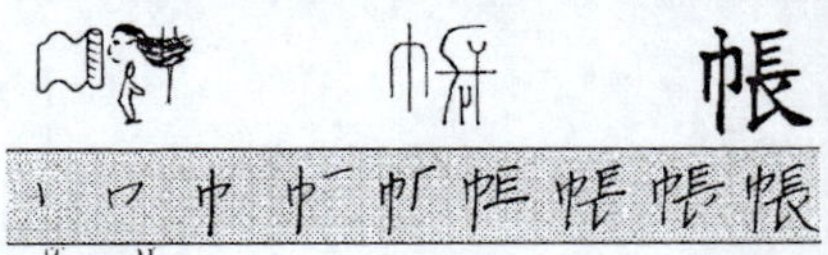
農民 のうみん agriculteur, fermier, paysan 農村 のうそん village, commune rurale	nō phonétique (La main au champ + 晨 abrégé en 辰 : le jour cesse de se cacher ; c'est l'aube. Et signe du dragon pour cette heure. On donne ses mains aux champs dès l'aube dans l'agriculture).	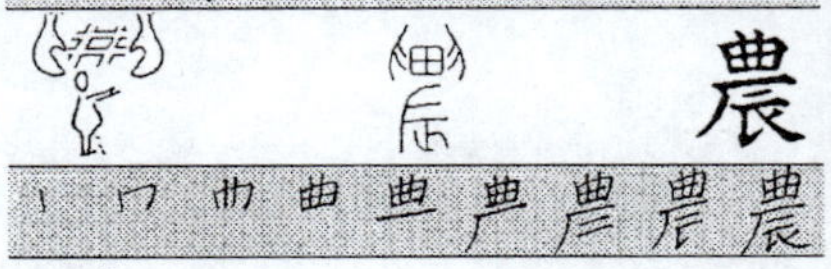
観客 かんきゃく public, spectateur お客様 きゃくさま invité, client (poli)	kaku phonétique (L'individu allant son chemin, donnant son opinion. Ici il fait le pied de grue, s'annonce) + le toit. Le visiteur, l'invité s'annonce devant la maison de son hôte, de son client.	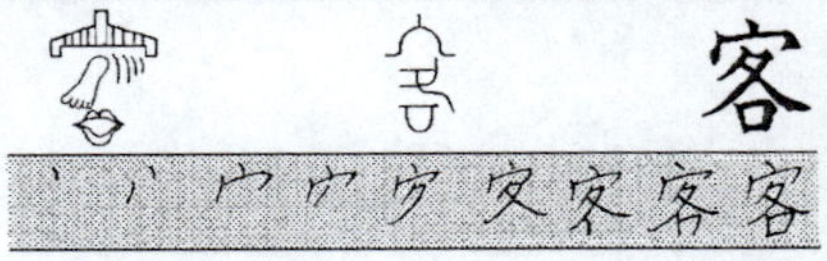
化学 かがく chimie 化け物 ば もの monstre, fantôme, spectre	ka phonétique (L'aïeul assis + le jeune homme debout. Avec son expérience, l'aïeul doit changer le jeune, lui faire prendre la forme d'un adulte. Par assimilation, duper).	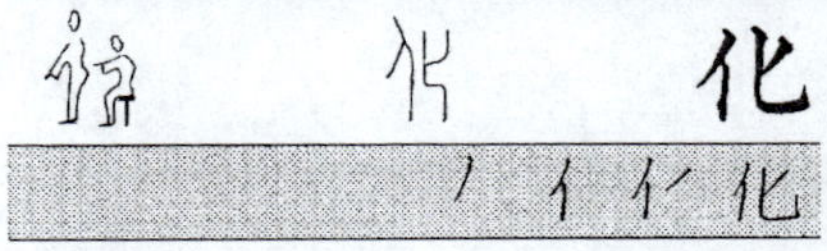
道具 どうぐ outil, instrument 具体的 ぐたいてき spécifique, précis, concret	Un objet, ici un coquillage + kyō phonétique → gu (六 abréviation de 共 : mains portant un objet, une offrande) + les mains qui les manipulent. Elles font alors office d'outil, "d'ustensile".	
丁度 ちょうど juste, exact 包丁 ほうちょう couteau de cuisine	chō phonétique (Le clou à large tête, symbole d'abondance - ils étaient rares à l'époque -, d'achèvement, de mesure, de forme en "T". Aussi chiffre pair et quatrième dans une série. Clé 一).	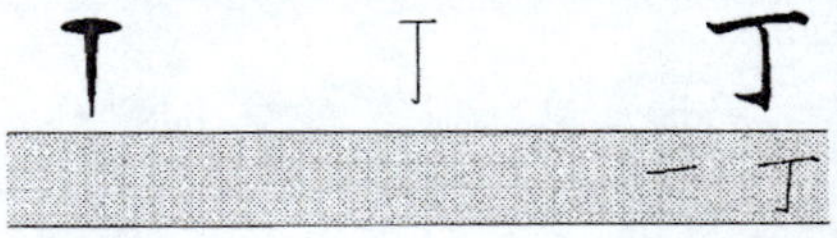
支配 しはい domination, contrôle, maîtrise 心配り こころくば soin, attention	ki phonétique → hai (L'homme agenouillé) + la bouteille, le vin. Ici il s'agenouille pour recevoir le saké que l'on distribue, qu'on livre, que l'on fait circuler.	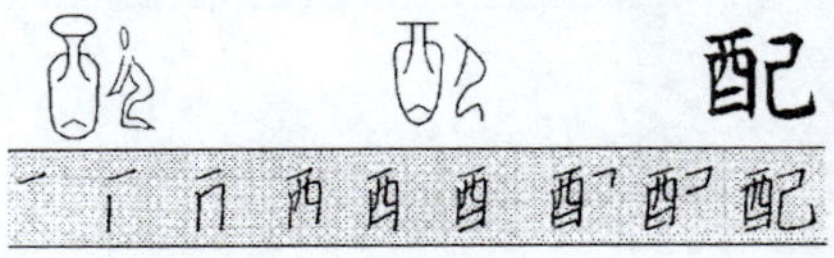
局員 きょくいん bureaucrate 郵便局 ゆうびんきょく bureau de poste	kyū phonétique → kyoku (Les paroles "enveloppées", exprimant analyse ou réflexion) + l'homme penché, en action. Cela dépeint une fabrication en atelier. Par extension, bureau, département.	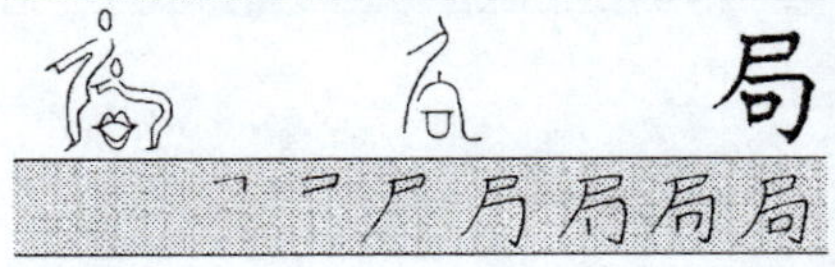
在庫 ざいこ (en) stock 冷蔵庫 れいぞうこ réfrigérateur	sha phonétique → ko (La charrette) + le toit, l'abri. Cet abri où, à l'origine, on rangeait les charrettes, désigne maintenant, par extension, l'entrepôt, la remise, la réserve.	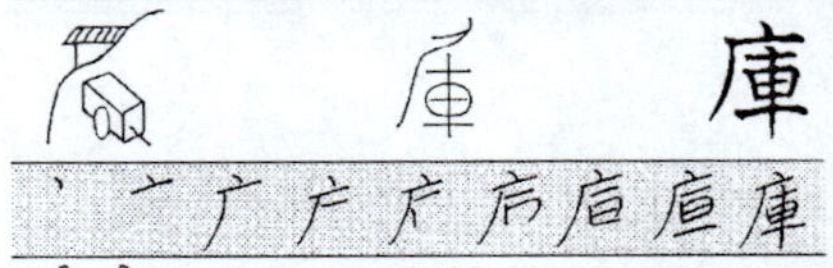
落第 らくだい échec (examen) 第一回 だいいっかい la première fois	dai phonétique. (Les lianes s'enroulant l'une après l'autre sur la branche, ou le fil sur le rouet) + le bambou et ses sections successives ; images qui évoquent les degrés et les préfixes ordinaux.	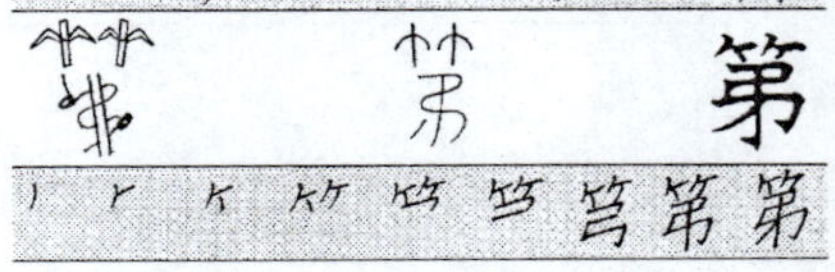

漢字	Page Mémto	Nb traits	Clé	Radical phonétique (//// = pas à l'index)	Lecture ON	Lecture KUN	Signification	Exemples de composés (1)	
投	34	7	扌	SETSU 殳 殳 役 投 没 EKI-YAKU TŌ BOTSU 疫 殺 設 - dérivé 般 EKI-YAKU SAI-SATSU HAN	TŌ	na(géru)	jeter, lancer	投資 とうし 投手 とうしゅ	investissemen pitcher (base-ball)
流	78	10	氵	RYŪ 㐬 流 硫 RYŪ-RU	-RYŪ RYŪ RU	naga(su) naga(réru)	courant, style de pensée faire couler (faire) circuler couler, s'écouler	流行 りゅうこう 流通 りゅうつう	en vogue (à la) mode circulation distribution
育	52	8	月	TETSU 育 育 徹 撤 IKU	IKU	soda(tsu) soda(téru)	éducation grandir, se développer élever, former	教育 きょういく 育児 いくじ	éducation puériculture
曲	23	6	日	////	KYOKU	ma(géru) ma(garu)	courbe, in-flexion mélodie tourner, tordre	曲線 きょくせん 作曲 さっきょく	ligne courbe composition, oeuvre mus
登	111	12	癶	TŌ 豆 豆 登 痘 短 澄 頭- assim.鬪- TŌ TŌ TAN CHŌ TŌ ZU TO ZU 燈 abrégé en 灯 [Classé à 丁 CHō]	TO-TŌ	nobo(ri) nobo(ru)	montée, ascen-sion grimper, monter escalader, gravir	登校する とうこう 登場 とうじょう	aller à l'école apparition entrée en scèn
放	47	8	攵	HŌ 方 方 坊 妨 芳 防 房 放 HŌ-BŌ BŌ BŌ BŌ BŌ 肪 倣 紡 訪 傍 BŌ BŌ BŌ	HŌ	hana(su) hana(tsu) hana(réru)	libérer, relâcher laisser aller se séparer	放送 ほうそう 解放 かいほう	émission(TV.. libération émancipation
表	53	8	衣	HYŌ 表 表 俵	HYŌ	omoté arawa(su) "(réru)	table, liste endroit, (sur)face dessus, apparence montrer, indiquer paraître,représenter	代表 だいひょう 表紙 ひょうし	délégation représentation couverture (de livre)
拾	60	9	扌	GŌ 合 合 拾 塔 搭 答 給 SHŪ-JŪ TŌ TŌ TŌ-DŌ KYŪ	JŪ SHŪ	hiro(u)	dix (légal) trouver, ramasser recueillir	命拾い いのちびろ 収拾 しゅうしゅう	échappée bell "sauvetage" mise en ordre
勝	103	12	力	TŌ 朕 勝 謄 騰 SHŌ	SHŌ	ka(tsu) masa(ru)	partie gagnée vaincre, gagner être supérieur à l'emporter sur	優勝 ゆうしょう 勝手 かって	victoire cuisine "à sa main"
負	56	9	貝	* kai 貝 貝 負 敗 FU HAI-PAI	FU	o(u) ma(kasu) ma(kéru)	porter, assumer vaincre, baisser dette(avoir)perdre baisser (prix)	勝負 しょうぶ 背負う せお	victoire ou défaite porter sur le dos
婚	88	11	女	////	KON		mariage	結婚 けっこん 婚姻 こんいん	mariage mariage
祭	95	11	示	SAI 祭 祭 察 際 擦 SATSU SATSU	SAI	matsu(ri) matsu(ru)	fête, festival vénérer, déifier vouer un culte	祭壇 さいだん 祭日 さいじつ	autel jour férié " de fête
神	65	9	ネ	SHIN 申 申 東 伸 神 紳 電- dérivé 陳 SHIN-JIN DEN CHIN	JIN SHIN	kami kan-kō	Dieu	精神 せいしん 神社 じんじゃ	mental esprit, âme sanctuaire shinto
宮	72	10	宀	KAN 官 官 棺 管 館- assimilé 宮 営 KYŪ-KU-GŪ EI	KYŪ GŪ-KU	miya	palais prince de sang sanctuaire shinto	宮殿 きゅうでん 離宮 りきゅう	palais impérial palais d'été villa impériale
柱	62	9	木	CHŪ 主 主 住 注 柱 駐 SHU-SU JŪ - assimilé 往 classé à Ō Ō	CHŪ	hashira	pilier, poteau colonne	電柱 でんちゅう 霜柱 しもばしら	poteau électrique aiguille, stala-ctite de glace

Exemples de composés (2)	ANALYSE（Radical phonétique + Clé）	CHEMINEMENT GRAPHIQUE
投票 (とうひょう) vote 投書する (とうしょ) envoyer des lettres à un journal	yaku, setsu phonétique → tō (L'objet - outil, fouet, lance, javelot - manié d'un geste brusque) + la main qui le manie ; le jette, le lance...	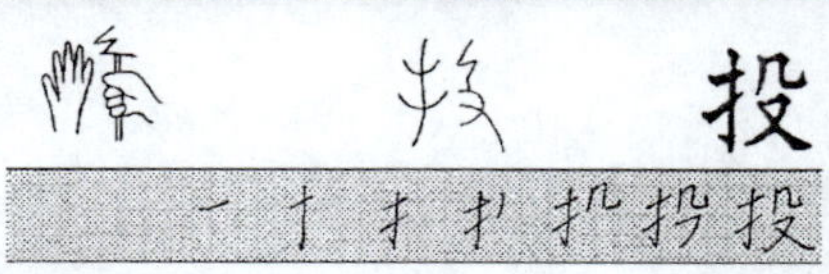
交流 (こうりゅう) courant alternatif, échanges 流れ星 (なが ぼし) météore étoile filante	ryū phonétique (Le nouveau-né qui sort du ventre de sa mère la tête la première) + le liquide, les eaux ; ce qui coule, s'écoule, se déverse. Par extension, courant, style - fluide...	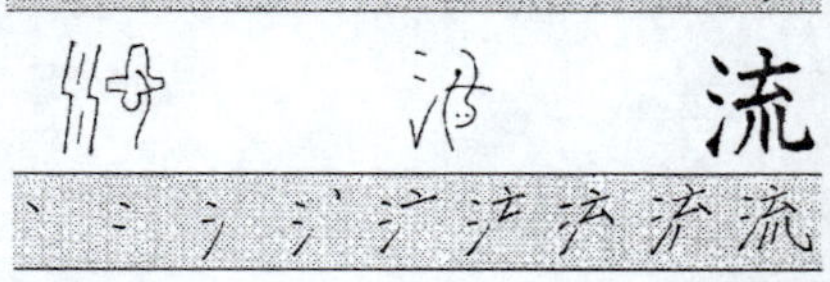
体育 (たいいく) éducation physique 育ち盛り (そだ ざか) en plein âge de croissance	iku → tetsu phonétique (L'enfant naissant représenté la tête en bas + la chair. Un enfant grandit et grossit bien - devient bien "en chair"- s'il est bien élevé. Par extension, bien éduqué).	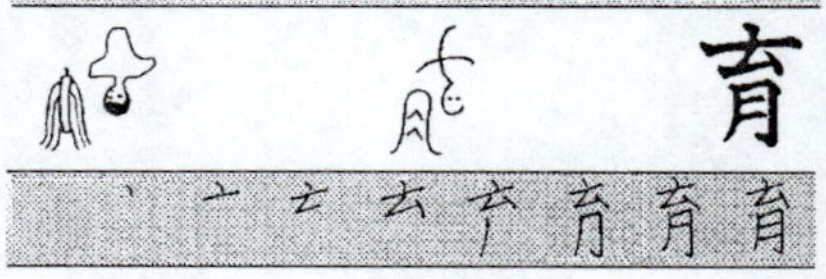
戯曲 (ぎきょく) drame, pièce 曲り道 (まが みち) chemin sinueux " tortueux	kyoku phonétique //// Ce qui est courbé, infléchi tel l'outil en bois ou les chambres de maison asiatique tournant autour du patio central. Par extension, mélodie tournant dans la tête. Clé 日.	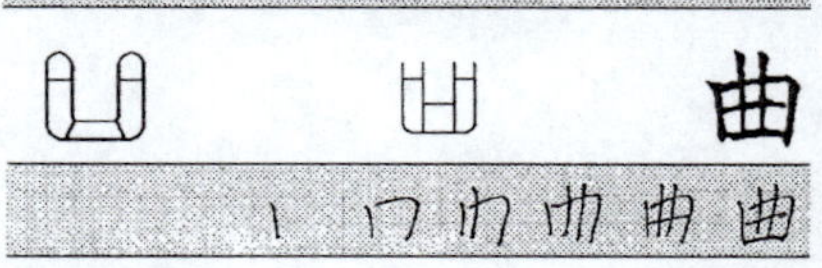
登録 (とうろく) inscription enregistrement 木登り (きのぼ) grimpé(r) à l'arbre	tō phonétique (Le bol à pied, "élevé", où l'on mettait les graines) + les pieds tournés vers le haut. Ces images évoquent la montée, l'ascension ; l'action de monter, gravir, escalader.	
放棄 (ほうき) abandon renonciation 野放し (のばな) laissé très libre bride sur le cou	hō phonétique (La direction, suggérée par la bêche creusant un sillon; ici celle de l'étranger, de l'exil) + la main au fouet. On relâchait les condamnés à l'exil après les avoir fouettés.	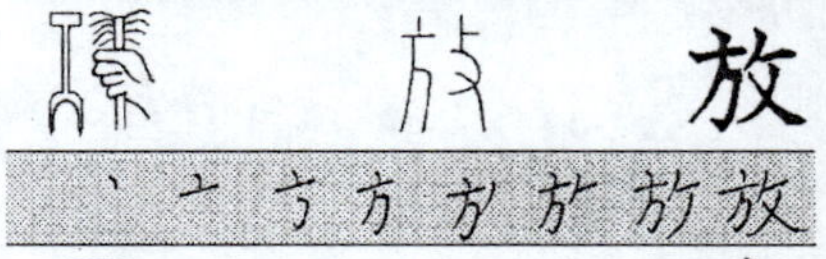
表通り (おもてどお) grand-rue 発表 (はっぴょう) annonce publication	hyō phonétique (L'extérieur, l'endroit du vêtement 衣 évoqué par la fourrure qui se porte le plus souvent à l'extérieur; fourrure qu'on montre, "expose". Par extension, liste, table).	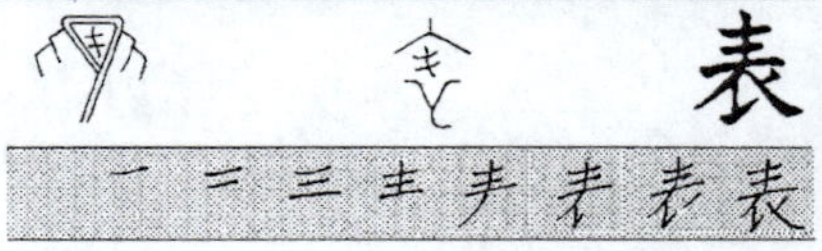
拾得物 (しゅうとくぶつ) acquisition objet trouvé	gō phonétique → jū (La foule rassemblée) + la main, dont le son "shu" est proche de ju. La main "rassemble" quand elle trouve, ramasse, recueille. Aussi, chiffre dix dans un document officiel.	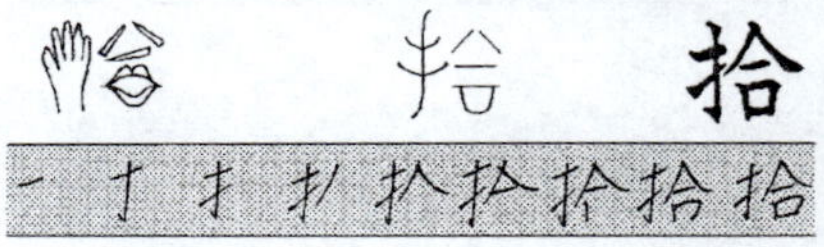
勝利 (しょうり) victoire, triomphe 勝越す (かちこ) prendre le dessus, mener	tō phonétique → shō (Des mains s'élèvent, comme pour relever un bateau 月)+ la force. Les mains s'élèvent pour fêter le triomphe de la force. C'est la victoire. La partie est gagnée.	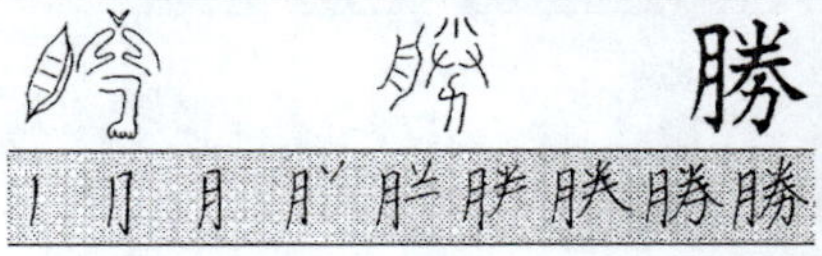
自負 (じふ) présomption outrecuidance 負けん気 (ま き) rivalité émulation	fu phonétique //// L'homme prosterné + le coquillage, l'argent, le tribut. Le vaincu ayant perdu la guerre, essuyé une défaite, doit payer son tribut au vainqueur. Par extension baisser.	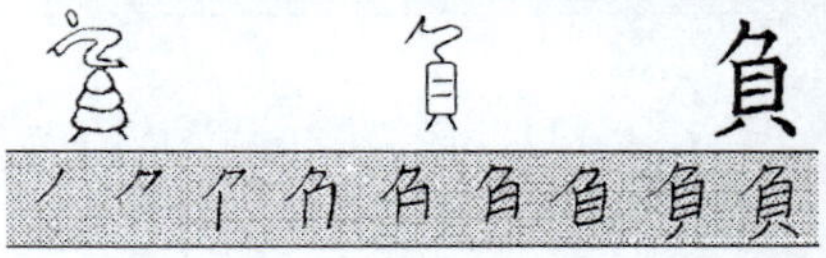
婚約 (こんやく) fiançailles 許婚 (いいなずけ) fiancé(e)	kon phonétique //// Le jour 日 où l'on fête jusqu'au crépuscule la pérennité du clan 氏 + la femme. Elle entre dans le clan de son mari pour perpétuer la lignée le jour de son mariage.	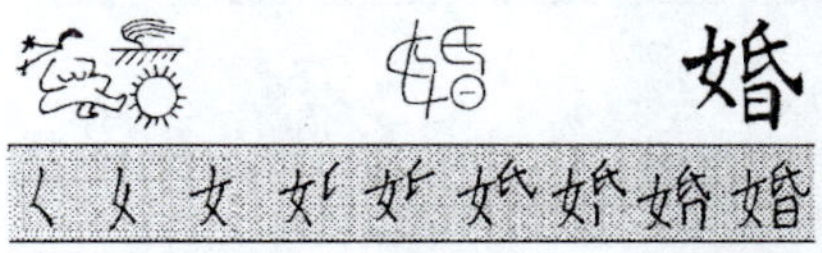
司祭 (しさい) curé 花祭り (はなまつ) fête des fleurs	sai phonétique. (La main 又 déposant de la viande + la table à offrandes. On dépose ces offrandes sur l'autel à l'occasion de festivals, fêtes où l'on vénère, voue un culte aux Dieux).	
神経 (しんけい) nerf 神風 (かみかぜ) "kamikazé" vent divin	shin phonétique (L'élément transmis ; ici l'éclair transmettant aux hommes la colère, l'ire divine) + l'offrande ; offrande faite aux Dieux pour conjurer leur courroux.	
明治神宮 (めいじじんぐう) sanctuaire Meiji 遷宮 (せんぐう) déplacement de sanctuaire	kan phonétique →kyū (Variation de 吕 : les deux niveaux) + la maison. Maisons à étages ; autrefois, réservées aux pagodes, sanctuaires Shintô, palais où résidaient les princes de sang.	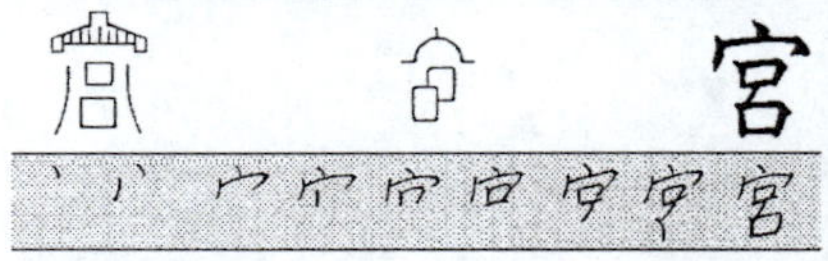
帆柱 (ほばしら) mât 大黒柱 (だいこくばしら) pilier central soutien	chū phonétique (La lampe à huile du maître) + l'arbre, le bois. De même que le maître constitue le pivot de la famille, piliers et poteaux représentent les éléments de base de la maison.	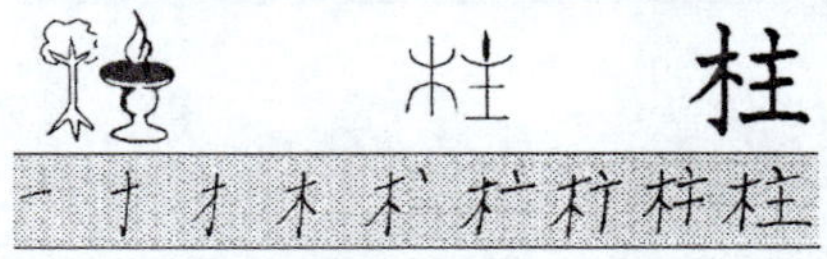

漢字	Page Mémto	Nb traits	Clé	Radical phonétique (//// = pas à l'index)	Lecture ON	Lecture KUN	Signification	Exemples de composés (1)
列	20	6	刂	RETSU 列 列 例 烈 裂 - dérivé 別 REI *BETSU*	**RETSU**		rang, ligne, file	列車 れっしゃ train, rame 陳列 ちんれつ étalage exposition
反	7	4	又	*HAN* 反 反 坂 返 板 版 販 飯-ass.仮 ***HAN*** ***HEN*** ***HAN*** ***HAN-*** ***KA*** *TAN* *BAN* BAN *KE*	***HAN*** ***TAN***	**so(ru)** **so(rasu)**	*anti-,contraire* *unité de surface* se courber ployer	反対 はんたい opposé contraire 違反 いはん violation contravention
対	32	7	寸	*MON* 文 文 紋 蚊 - assimilé 対 ***MON***-BUN ka ***TAI-TSUI***	***TAI*** ***-TSUI***		opposé, anti- *suffixe "paire, couple"*	対象 たいしょう objet de matière à 反対 はんたい contraire opposition
坂	30	7	土	*HAN* 反 反 坂 返 板 版 販 飯-ass.仮 ***HAN*** ***HEN*** ***HAN*** ***HAN-*** ***KA*** ***TAN*** ***BAN*** BAN ***KE***	***HAN***	**saka-*zaka***	pente, colline	急坂 きゅうはん forte pente colline raide 上り坂 のぼ ざか ascension
板	48	8	木	*HAN* 反 反 坂 返 板 版 販 飯-ass.仮 ***HAN*** ***HEN*** ***HAN*** ***HAN-*** ***KA*** ***TAN*** ***BAN*** BAN ***KE***	***HAN*** ***BAN***	**ita**	planche	黒板 こくばん tableau noir 板の間 いた ま pièce au sol en parquet
皮	16	5	皮	**HI* 皮 皮 彼 披 波 疲 破 被 婆 *HA* *HA* *BA*	***HI***	**kawa**	peau, cuir pelage, écorce	皮肉 ひにく ironie 毛皮 けがわ fourrure
血	26	6	血	**KETSU* 血 血 皿 * sara	***KETSU***	**chi**	sang	血液 けつえき sang (groupe) 血筋 ちすじ lignée, sang parenté
角	37	7	角	**KAKU* 角 角 解 触 *KAI-GE* *SHOKU*	***KAKU***	**kado** **tsuno**	angle, coin corne	角度 かくど (degré d') angle 触角 しょっかく antenne
他	11	5	亻	*CHI* 也 他 地 池 施 *TA* CHI-JI *SHI-SE*	***TA***	**hoka**	autre	他人 たにん l'autre l'étranger 其の他 そ ほか le reste autre chose
輪	147	15	車	*RIN* 侖 倫 論 輪 RON	***-RIN*** ***RIN***	**wa**	*suffixe "essieu"* *" "fleur"* cercle, rond, roue	指輪 ゆびわ bague 片輪 かたわ infirmité malformation
章	96	11	立	*SHŌ* 章 章 彰 障	***-SHŌ*** ***SHŌ***		*suff."chapitre",* *insigne,* *médaille*	勲章 くんしょう décoration médaille, croix 憲章 けんしょう statut charte
童	112	12	立	*DŌ* 重 重 動 働 種 衝 *CHŌ-JŪ* SHU *SHŌ* -sim. en 里 : 童 量 糧 - assimilé 勲 **RYŌ** *RYŌ* *KUN*	***DŌ***	**warabé**	enfant	児童 じどう enfant, écolier 童話 どうわ conte de fées " pour enfant
緑	135	14	糸	*ROKU* 录 緑 録 ***ROKU-RYOKU***	***RYOKU*** ***ROKU***	**midori**	vert	緑色 みどりいろ vert 緑化 りょっか (création d') espaces verts
等	112	12	竹	*JI* 寺 寺 侍 待 持 時 特 等 詩 *TAI* *TOKU* *TŌ* SHI	***TŌ***	***-nado*** **hito(shii)**	*classe, rang* *du même genre* *égal à* équivalent	平等 びょうどう égalité 一等 いっとう première classe
息	75	10	心	*JI* 自 自 臭 息- simplifié en 白 : 習 *SHŪ* *SOKU* *SHŪ*	***SOKU***	**iki**	soupir souffle (vital) respiration	利息 そく intérêt (prêt) 消息 しょうそく nouvelles informations

Exemples de composés (2)	ANALYSE (Radical phonétique + Clé)	CHEMINEMENT GRAPHIQUE
行列 ぎょうれつ file, queue procession 列する れっ assister prendre rang	retsu phonétique (L'os + le sabre, le coutelas : ici il s'agit du coutelas du boucher qui, ayant débité la viande, la "met en rang", aligne les morceaux sur son étal. Aussi, assister à).	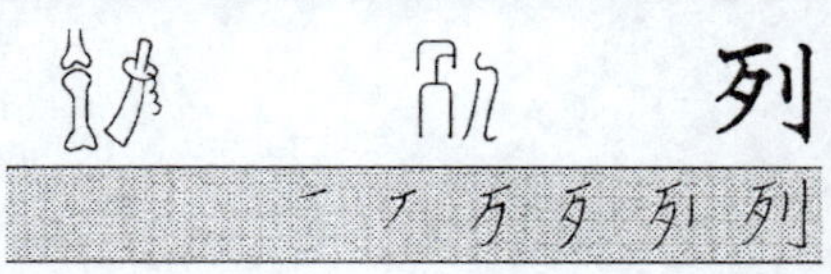
反射 はんしゃ réflexion, reflet 反物 たんもの pièce d'étoffe	han phonétique (La planche + la main qui appuie dessus, la presse. Elastique, elle ploie et revient à sa position initiale. D'où l'idée de répétition, d'opposition. Aussi mesure de tissu).	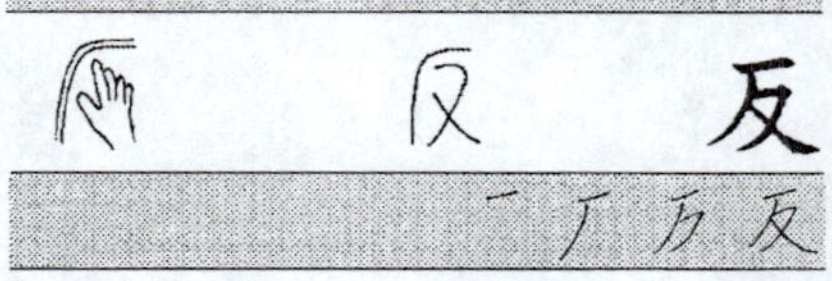
対策 たいさく remède, mesure 一対 いっつい une paire un couple	mon phonétique → tai, tsui (文 abréviation de 業 : une paire de fourches forme un râtelier où pendent des gongs) + la main qui les frappe. Une paire de supports opposés, symbole "d'anti"	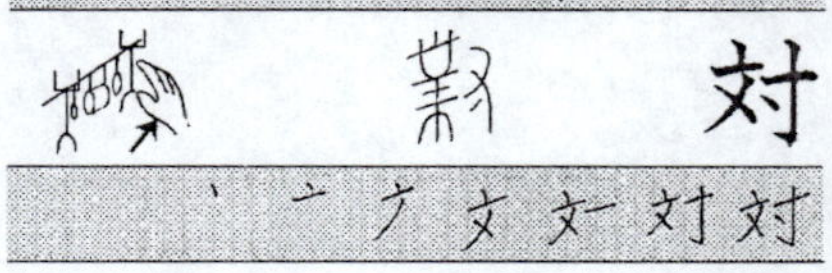
坂道 さかみち chemin en pente 赤坂 あかさか Akasaka (à Tokyo)	han phonétique (La main qui tourne ou appuie sur une planche pour la courber) + la terre. La terre au profil "courbe", incliné, c'est la pente d'une colline.	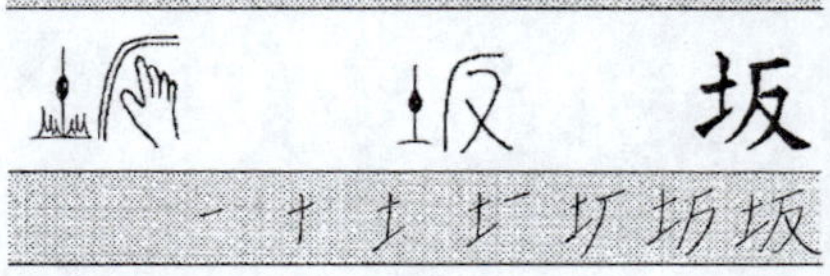
鉄板 てっぱん tôle 看板 かんばん enseigne, panneau	han phonétique (Une main appuyant sur une planche pour la courber) + l'arbre, le bois. Ceci évoque la planche que dans le travail du bois - charpente, membrures... on est amené à cambrer.	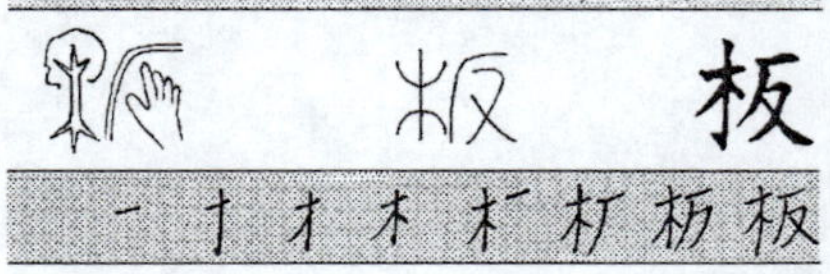
皮膚 ひふ peau 皮靴 かわぐつ chaussures en cuir	hi clé et phonétique (La peau, le cuir, pelage de l'animal, évoqués par la main qui les tanne. Par extension, écorce).	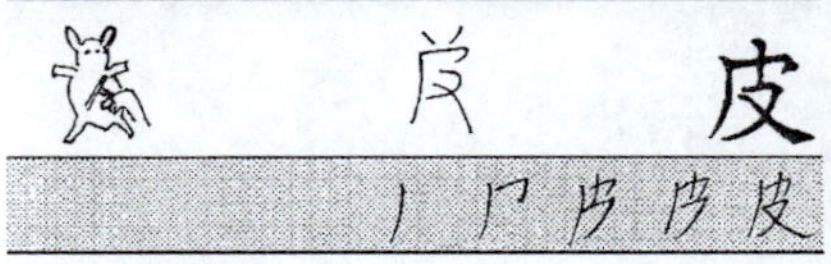
血圧 けつあつ tension artérielle 内出血 ないしゅっけつ bleu hématome	ketsu clé et phonétique (Le sang, représenté par l'image propitiatoire de la coupe à sacrifice dans laquelle il coule goutte à goutte).	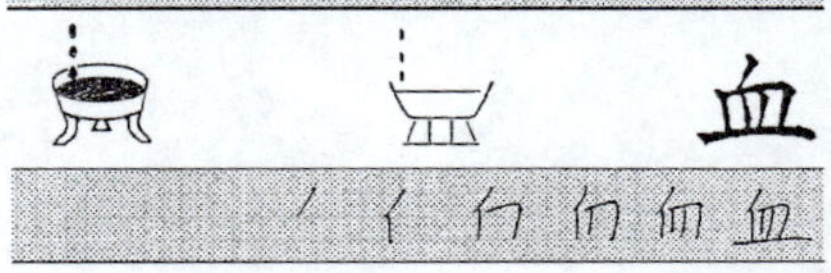
三角 さんかく triangle 角製 つのせい (fait) en corne	kaku clé et phonétique (La corne d'un animal. Cette corne, souvent courbe, a aussi été retenue pour évoquer l'angle, le coin).	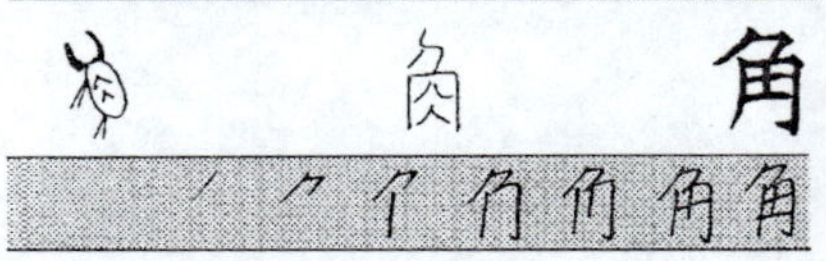
他国 たこく autres pays 他愛ない たわい puéril enfantin	chi phonétique → ta (它 transcrit en 也 : la vipère) + l'homme. Pensait-il que l'autre était une vipère, un loup, pour ses semblables. Ou est-ce une salutation à l'autre "Attention aux vipères?"	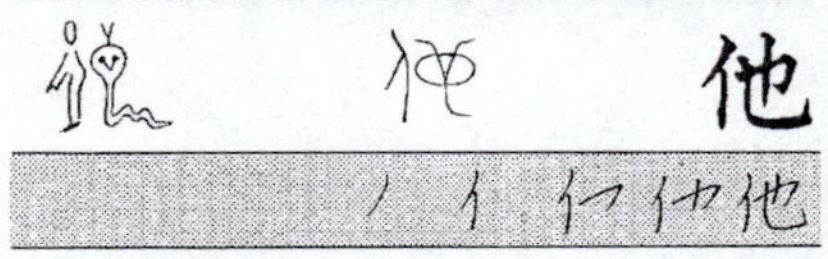
輪郭 りんかく contour 五輪大会 ごりんたいかい jeux olympiques	rin phonétique (Les plaquettes de bambou 冊 assemblées 亼 servant de registre pour transcrire les lois) + la charrette et ses roues. La "loi" de la roue, c'est le cercle, le rond.	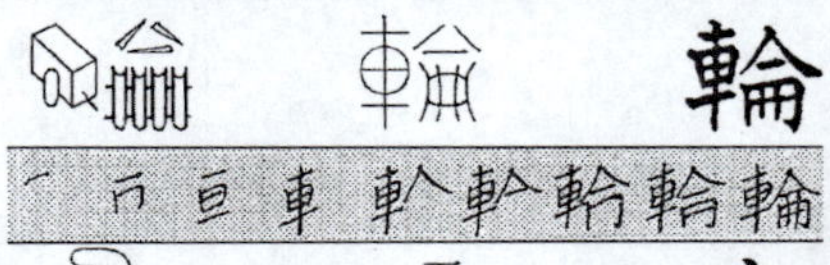
文章 ぶんしょう phrase, prose style, fichier 紋章 もんしょう armoiries blason, emblème	shō phonétique (De un à dix 十 : la perfection + 音 - classé à 立 : le son. Le son parfait est celui du poème chanté ; poème qui, pour l'équilibre doit être divisé en phrases, chapitres).	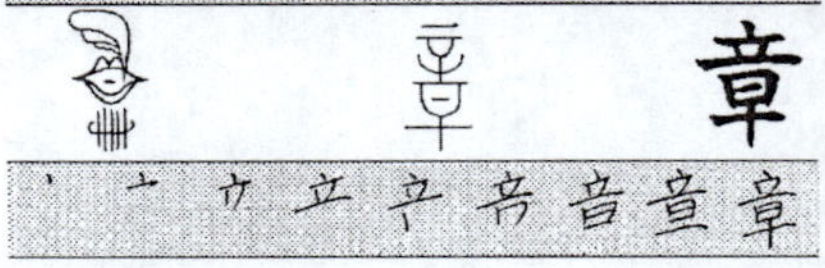
童唄 わらべうた comptine 童心 どうしん candeur cœur d'enfant	dō phonétique (里 ici abréviation de 重 : lourd) + 立 abréviation de 辛 : le tatouage du criminel ; sa lourde faute évoque celui qui n'est pas intégré au monde adulte. Par extension, mineur, enfant.	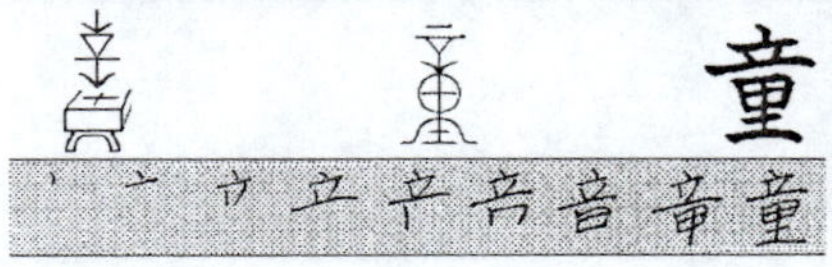
葉緑素 ようりょくそ chlorophylle 緑地 りょくち espace vert ceinture verte	roku phonétique (Simplification de 彔 : la pointe, la lame qui écorce, dépouille, grave les arbres ou les bambous) + le fil teint. Ces deux images évoquent la couleur verte.	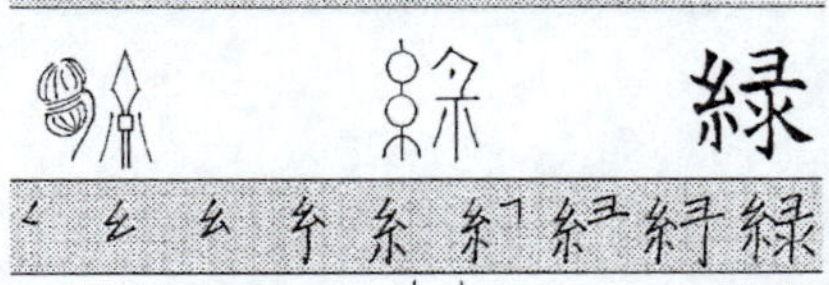
彼等 かれら ils, eux 等級 とうきゅう grade classe, rang	ji phonétique → tō (L'endroit où la loi 寸 est appliquée avec continuité 土) + le bambou. La loi consistait à répartir les terres par rang, classes, lots égaux marqués par des plaquettes en bambou.	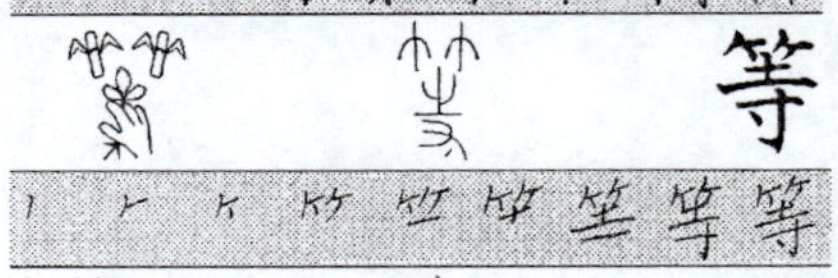
休息 きゅうそく relâche repos, pause 溜め息 た いき soupir	ji phonétique → shin → soku (Le nez) + le cœur : cœur pour pousser des soupirs et nez pour souffler, respirer, bien sûr. Par extension, le souffle vital : la vie.	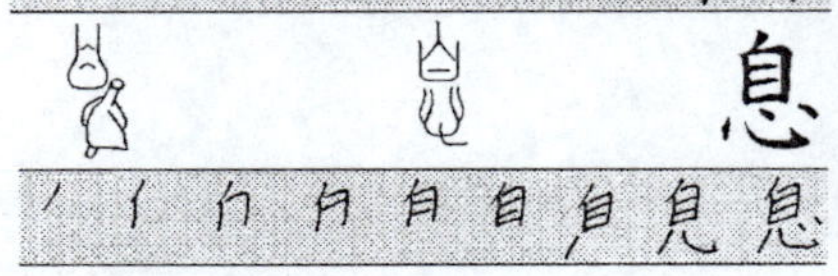

漢字	Page Mémto	Nb traits	Clé	Radical phonétique (//// = pas à l'index)	Lecture ON	Lecture KUN	Signification	Exemples de composés (1)	
悲	106	12	心	**HAI* 非 非 俳 排 悲 扉 罪 輩 *HI* *HI* *HI* *ZAI*	***HI***	**kana(shii)** **"(shimu)**	mélancolie, chagrin, triste(sse) se désoler, déplorer	悲劇 ひげき 悲観 ひかん	tragédie pessimisme
痛	111	12	疒	*TSŪ* 甬 通 痛 踊 勇 *YŌ* *YŪ*	***TSŪ***	**ita(i)** **ita(méru)** **ita(mu)**	douloureux faire souffrir, blesser,endommage	苦痛 くつう 痛快 つうかい	douleur joie intense
苦	53	8	艹	*KO* 古 古 居 苦 故 枯 据 湖 KYO KU su(éru)	**KU**	**niga(i/ru)** **kuru(shii)** **"(shiméru)** **" (shimu)**	amer/être amer douleur, peine (faire) souffrir tourmenter, "	苦労 くろう 苦手 にがて	ennuis efforts, peine pas fort, faible en...
感	121	13	心	KAN 咸 減 感 憾 ***GEN***	**KAN**		sentiment émotion impression	感覚 かんかく 感謝 かんしゃ	sens, sensatio gratitude reconnaissanc
幸	44	8	干	*KŌ* 幸 幸-assimilé 執;en fait, de *SHIN* 辛 ***SHITSU-SHŪ***	***KŌ***	**saiwa(i)** **shiawa(sé)** **sachi**	bonheur, chance bonne fortune fruits (de mer...)	幸福 こうふく 不幸 ふこう	bonheur malheur infortune
福	125	13	ネ	*FUKU* 畐 副 幅 富 福 *FU-FŪ*	**FUKU**		bonne fortune bonheur, félicité	幸福 こうふく 福祉 ふくし	bonheur bienfaisance aide sociale

Exemples de composés (2)		ANALYSE (Radical phonétique + Clé)	CHEMINEMENT GRAPHIQUE
悲鳴 ひめい 悲惨な ひさん	hurlement, cri de détresse triste misérable	hai phonétique → hi (Les ailes opposées, symbole de situation a-normale, contraire) + le cœur, le sentiment. Les contrariétés du cœur rendent mélancolique, engendrent le chagrin, la "désolation".	
痛切な つうせつ 痛手 いたで	grave, intense plaies, choc blessure grave	tsū phonétique (Celui qui prie au-dessus du vase des ancêtres, décoré ?) + la maladie. L'offrande, la supplique aux Dieux pour conjurer la maladie évoquent la souffrance, la douleur du malade.	
苦情 くじょう 息苦しい いきぐる	plainte, grief suffocant étouffant	ko phonétique → ku (Vieux, comme l'histoire passée par dix 十 bouches 口) + l'herbe. Une vieille herbe donne une décoction amère. La boire est pénible ; cela fait "souffrir", "tourmente".	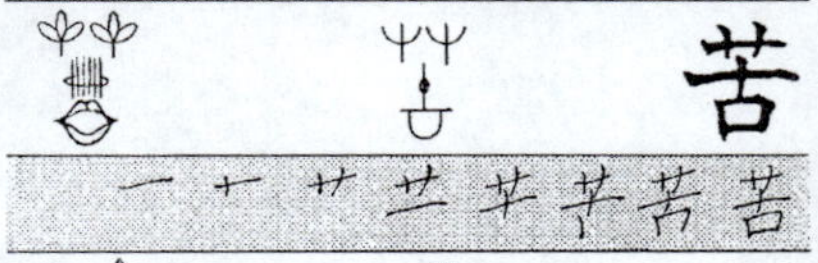
感情 かんじょう 感動 かんどう	émotion sentiment impression attendrissement	kan phonétique (La blessure infligée par la lance à crochet ou la morsure) + le cœur, le sentiment. Les sentiments, émotions, impressions conduisent souvent, hélas, à la blessure du cœur.	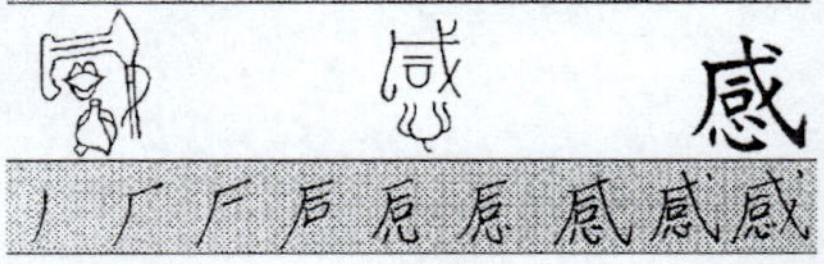
幸運 こううん 幸いに さいわ	chance par chance heureusement	L'homme abattu, malheureux + kan phonétique → kō (Les deux lances qui écartent, repoussent l'ennemi). Le malheur écarté, c'est le bonheur, la chance, la bonne fortune.	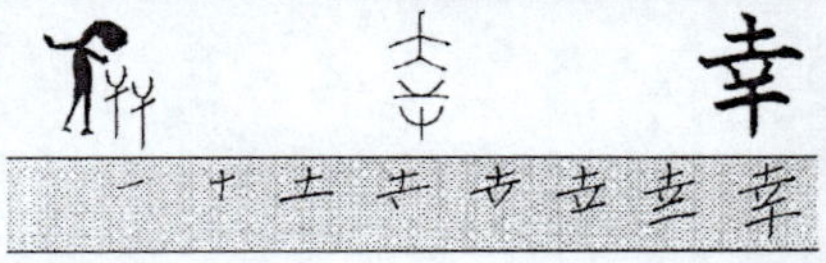
祝福 しゅくふく 福引き ふくび	bénédiction loterie tombola	fuku phonétique (La maison pleine de vivres, biens, symbole d'abondance) + l'offrande aux Dieux. Abondance sous la protection des Dieux ; c'est le bonheur, la félicité, la bonne fortune.	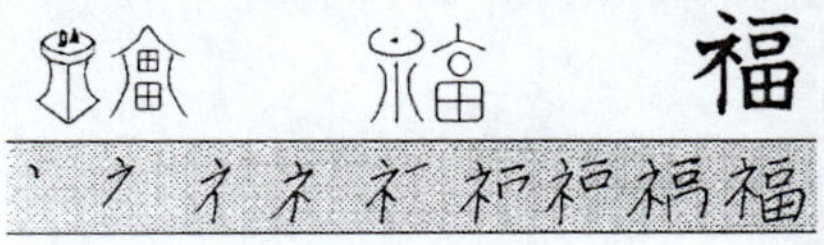

- KANJI DU COURS -INDEX ALPHABETIQUE -

- N -

- O-P -

- R -

- S -

- T -

- U -

- W -

- Y -

- Z -

- KANJI DU COURS - INDEX DES CLES -

广 madaré- abri, toit
- maison bâtie à flanc de colline
広 5 traits ⑳
店 8 traits ⑭
度 9 traits ㉕
庫 10 traits ㉚
庭 " ⑦

廴 innyō - marcher à grandes enjambées
建 9 traits ⑰

弋 shikigamaé- lance
式 6 traits ㉖

弓 yumihen- arc
引 4 traits ⑱
弟 7 traits ⑭
強 11 traits ⑳
assimilé
弱 10 traits ⑳

彡 sanzukuri-3 plumes
形 7 traits ⑮

彳 gyōninben- pas, aller
役 7 traits ㉒
待 9 traits ⑲
後 " ③

心-忄 kokoro- coeur - sentiment
心 4 traits ③
念 8 traits ㉕
性 " ㉗
思 9 traits ⑩
急 " ⑲
息 10 traits ㉜
悪 11 traits ㉑
悲 12 traits ㉝
意 13 traits ㉕
感 " ㉝

戸 todaré- porte
戸 4 traits ⑮
所 8 traits ⑭

手-扌 téhen- main
手 4 traits ③
打 5 traits ㉔
投 7 traits ㉛
招 8 traits ㉔
拾 9 traits ㉛
持 " ⑲
指 " ㉒
assimilé
才 3 traits ⑯

支攵 bokunyō- frapper -main au fouet
放 8 traits ㉛
故 9 traits ㉕
教 11 traits ⑱
数 13 traits ⑮
整 16 traits ㉚

文 bunnyō-écrits
文 4 traits ⑫

斤 onozukuri- hache
新 13 traits ⑪

方 katahen-direction -façon de faire
方 4 traits ④
㫃 sous bannière,mangrove
旅 10 traits ㉓
族 11 traits ㉗

日 hihen- soleil
日 4 traits ①
早 6 traits ⑪
明 8 traits ⑪
星 9 traits ⑫
映 " ⑫
春 " ⑥
昨 " ㉕
昭 " ㉘
昼 " ⑥
時 10 traits ②
晩 12 traits ㉕
晴 " ⑲
暑 " ⑳
暗 13 traits ⑳
曜 18 traits ②
assimilé 曰 hirabi- parole
曲 6 traits ㉛
書 10 traits ⑤
最 12 traits ㉕

月 tsukihen- lune (npc.avec la chair 肉- 月)
月 4 traits ①
服 8 traits ㉓
朝 12 traits ⑥
期 " ㉘

木 kihen- arbre, bois
木 4 traits ②
本 5 traits ④
材 7 traits ⑦
来 " ⑤
東 8 traits ⑦
松 " ⑤
板 " ㉜
枚 " ⑪
柱 9 traits ㉛
校 10 traits ④
根 " ㉙
案 " ㉕
械 11 traits ⑮
植 12 traits ㉗
森 " ⑤
業 13 traits ㉑
楽 " ⑲
様 14 traits ㉖
横 15 traits ㉘
橋 16 traits ㉓
機 " ⑮

欠 akubi-bailler, manque
次 6 traits ㉖
歌 14 traits ⑮

止 toméhen- arrêt
止 4 traits ⑩
正 5 traits ⑳
歩 8 traits ⑩

歹 habanéhen - os - squelette
死 6 traits ㉔

母 haha- mère
母 5 traits ②
毎 6 traits ⑥

毛 ké- poil
毛 4 traits ⑬

气 kigamaé-souffle, esprit
気 6 traits ⑧

水-氵 sanzui- eau
水 4 traits ②
氷 5 traits ⑰
池 6 traits ⑫
決 7 traits ㉚
油 8 traits ㉙
法 " ㉕
波 " ㉙
注 " ㉕
泳 " ㉔
洋 9 traits ㉓
活 " ㉗
海 " ⑫
酒 10 traits ⑰
流 " ㉛
消 " ㉔
深 11 traits ㉙
港 12 traits ㉓
湖 " ㉙
湯 " ㉙
温 " ㉘

火-灬 hihen-rekka-feu
火 4 traits ①
炭 9 traits ㉙
点 " ⑯

父 chichi- père
父 4 traits ②

牛 ushihen- boeuf, vache
牛 4 traits ⑨
物 8 traits ⑧
特 10 traits ⑱

犬-犭 kémonohen- chien - animal
犬 4 traits ⑨
状 7 traits ㉕

王 ōhen-roi, souverain
玉 王 tamahen-jade, pierre
王 4 traits ⑯
玉 5 traits ⑯
球 11 traits ㉘
理 " ⑮

生 sei- naissance, vie
生 5 traits ④
産 11 traits ㉑

用 yōhen- usage-emploi
用 5 traits ⑲

田 tahen- rizière
田 5 traits ⑬
男 7 traits ②
町 " ⑦
画 8 traits ⑮
界 9 traits ⑯
畑 " ⑬
番 12 traits ⑯
assimilés
由 5 traits ㉗
申 " ㉖

疒 yamaidaré- maladie
病 10 traits ⑰
痛 " ㉝

癶 hatsugashira - croissance
発 9 traits ㉑
登 12 traits ㉛

白 shiro- blanc
白 5 traits ⑩
百 6 traits ①

皮 hinokawa- peau
皮 5 traits ㉜

目 méhen- oeil
目 5 traits ③
直 8 traits ㉙
県 9 traits ㉙
真 10 traits ⑰

矢 yahen- flèche
矢 5 traits ⑰
知 8 traits ⑩
短 12 traits ⑪

石 ishihen- pierre
石 5 traits ⑧
研 9 traits ⑭

示ネ shimésuhen- autel -montrer, exposer
礼 5 traits ㉖
社 7 traits ⑦
神 9 traits ㉛
祭 11 traits ㉛
福 13 traits ㉝

禾 nogihen-céréale,grain
私 7 traits ⑧
科 9 traits ⑮
秒 " ㉗

穴 anakanmuri- orifice
究 7 traits ⑭
空 8 traits ⑫

立 tatsuhen-homme debout
立 5 traits ⑨
章 11 traits ㉜
童 12 traits ㉜

竹⺮ takékanmuri-bambou
竹 6 traits ⑤
第 11 traits ㉚
筆 12 traits ㉖
等 " ㉜
答 " ⑯
算 14 traits ⑮

米 koméhen- riz
米 6 traits ⑤
料 10 traits ㉘

糸 itohen- fil
糸 6 traits ⑤
約 9 traits ㉑
級 " ㉗
紙 10 traits ⑧
細 11 traits ㉙
終 " ㉔
組 " ⑰
結 12 traits ㉒
絵 " ⑮
緑 14 traits ㉜
練 " ⑰
線 15 traits ⑧

网-罒 amigashira- filet
置 13 traits ㉒

羊 hitsujihen- mouton
美 9 traits ⑱
着 12 traits ⑨

羽 hané- plume, aile
習 11 traits ⑰

耂 oikanmuri- vieillard
老 6 traits ⑩
者 8 traits ⑧

耳 mimihen- oreille
耳 6 traits ③
聞 14 traits ⑤

肉-⺼ nikuzukuri- chair
[有 6 traits ㉔]
肉 " ⑨
育 8 traits ㉛

自 mizukara- soi-même
自 6 traits ⑬

舟 funéhen- bateau
般 10 traits ㉓
船 11 traits ⑱

艮 konzukuri- arrêté
良 7 traits ㉘

色 iro- couleur
色 6 traits ⑮

艸艹 kusakanmuri-herbe
花 7 traits ⑫
苦 8 traits ㉝
英 " ⑪
茶 9 traits ⑱
草 " ⑱
荷 10 traits ㉓
落 12 traits ㉗
葉 " ⑫
薬 16 traits ⑰

虫 mushihen- ver, insecte
虫 6 traits ⑨

血 chi- sang
血 6 traits ㉜

行 gyō/yukigamae-aller
行 6 traits ⑤
術 11 traits ⑱

衣衤 koromohen- vêtement
表 8 traits ㉛

西覀 ka- plat à l'envers
nishi- ouest
西 6 traits ⑥

見 miru- voir
見 7 traits ⑤
親 16 traits ⑬

角 tsunohen-corne, coin
角 7 traits ㉜

言 gonben- paroles
言 7 traits 4
計 " ⑮
記 10 traits ⑮
証 12 traits ㉕
試 13 traits ⑯
詩 " ㉘
話 " ⑨
語 14 traits ④
説 " ㉖
読 " ⑨
調 15 traits ㉚

谷 tanihen- vallée
谷 7 traits ⑬

貝 kaihen-cauris,argent
貝 7 traits ⑱
負 9 traits ㉛
買 12 traits ⑨
貸 " ㉒
費 " ㉒
質 15 traits ⑭

赤 aka- rouge
赤 7 traits ⑩

走 sōnyū- courir
走 7 traits ⑩
起 10 traits 19

足⻊ ashihen-pied, jambe
足 7 traits ③
路 13 traits ㉓

身 mihen- corps
身 7 traits ㉗

車 kurumahen-roue,véhicule
車 7 traits ⑧
転 11 traits ⑰
軽 12 traits ㉙
輪 15 traits ㉜
輸 16 traits ㉒

辛 shin- amer
辞 13 traits ⑫

辰 shinotatsu-embarras
-dragon (zodiaque)
農 13 traits ㉚

⻌ shinnyū- aller
近 7 traits ⑳
返 " ㉔
退 9 traits ㉔
送 " ㉔
通 10 traits ⑩
週 11 traits ⑥
進 " ㉚
遊 12 traits ⑲
道 " ⑬
運 " ⑰
遠 13 traits ⑳
選 15 traits ㉔

邑-⻏ ōzato- village(ois)
都 11 traits ㉓

酉 torihen- alcool
-oiseau(zodiaque)
配 10 traits ㉚

里 satohen- village
野 11 traits ⑬
assimilé
重 9 traits ⑳

金 kanéhen- métal, or
金 8 traits ②
鉄 13 traits ㉒
銀 14 traits ㉒
録 16 traits ㉒

長 nagai- long
長 8 traits ⑪

門 mongamae- porte
門 8 traits ⑦
閉 11 traits ㉑
開 12 traits ㉑
間 " ⑥
関 14 traits ㉑

阝 kozatohen- pente
-terre accumulée
阪 6 traits ⑦
院 10 traits ⑰
陽 12 traits ㉙
階 " ㉘

隹 furutori- oiseau
集 12 traits ㉔

雨 amékanmuri- pluie
雨 8 traits ⑧
雪 11 traits ⑫
雲 12 traits ⑫
電 13 traits ⑧

青 ao-bleu, vert
青 8 traits ⑪
静 14 traits ㉑

面 men,omoté-(sur)face
面 9 traits ㉗

音 oto- son, bruit
音 9 traits ⑮

頁 ichinogai- tête, page
頭 16 traits ⑬
題 18 traits ㉖
顔 " ⑬
願 19 traits ㉖

風 kazé- vent
風 9 traits ⑫

飛 tobu- voler
飛 9 traits ㉓

食-飠 shokuhen- manger
食 9 traits ⑨
飲 12 traits ⑲
飯 " ⑰
館 16 traits ⑱

首 kubi- cou, tête
首 9 traits ⑬

馬 umahen- cheval
馬 10 traits ⑨
験 18 traits ⑯

高 takai- haut
高 10 traits ⑪

魚 sakana, uo- poisson
魚 11 traits ⑧

鳥 torihen- oiseau
鳥 11 traits ⑨

麥麦 mugihen- céréale
麦 7 traits ⑱

黄 kiiro- jaune
黄 11 traits ⑪

黒 kuro- noir
黒 11 traits ⑪

齒歯 hahen- dent
歯 12 traits ⑬

- KANJI DU COURS -INDEX DES RADICAUX PHONETIQUES -

Leçon(s)	Radical phonétique		Signification du radical
㉑	*A*	亜	Dans toutes les directions. Graphiquement, 亞 2 bossus face à face
㉕㉕	*AN*	安	Une femme 女 sous un toit 宀, symbole de paix, de sécurité
⑨⑨⑨	*BAI*	売	Le marchandage, évoqué par 買 abrégé en 冗, et ce qui en sort : la vente
㉓	*BAI*	音	La parole 口 et 不 transcrit en 立 : la négation. D'où, celui à qui on coupe la parole
⑤	＊*BEI*	米	Le riz : le fléau et les quatre grains ‖ La croisée des chemins
㉕㉖	*BEN*	免	La capitulation. Graphe de ventre gonflé de femme enceinte ‖ Le lièvre
②⑥⑫	＊*BO*	母	La mère 母 nourricière, les seins découverts 丶, prête à donner la tétée Dérivé : 毎 La mère allaitant ou la plante prolifique : symbole du travail efficace
⑪	*BOKU*	支	La main qui tient 又 un fouet, une baguette 卜
②	BUN	分	Coupé, divisé 八, comme un bambou tranché par un sabre 刀
⑩	CHI	知	La parole 口 qui va droit au but comme la flèche 矢 : celle de la connaissance, du savoir
⑫⑬㉜	*CHI*	也	Le serpent, la vipère qui ondule ou l'entonnoir qui concentre
⑤	＊*CHIKU*	竹	Le bambou
⑥	*CHŌ*	朝	Le matin, quand le soleil se lève 卓 et les bateaux 月 commencent à naviguer
⑦㉔㉚	CHŌ	丁	Clou à large tête en forme de"T" ‖ permettant de réparer ‖ symbole d'excès, d'abondance
⑨㉙	＊*CHŌ*	鳥	L'oiseau
⑪㉚	＊*CHŌ*	長	Long comme les cheveux d'un chef - ou d'une femme - assujettis par une broche
④⑨	CHŪ	中	Le centre, le milieu d'une cible
㉔㉕㉘㉛	CHŪ	主	La lampe à huile réservée au maître, au propriétaire de la maison
⑭㉚	DAI	弟	Les lianes s'enroulant l'une après l'autre sur la branche ou les fils sur le rouet
②⑬	＊*DEN*	田	Le champ, la rizière
⑬	＊*DŌ*	首	Le cou - ou la tête - évoqué par un homme aux cheveux dressés V sur la tête 頁
㉕	DO	度	Avoir en main 又, "mesurer" les 20 ++ personnes d'une famille réunies autour du feu
⑲㉜	DŌ	重	Lourd, important comme la charge du portefaix laissant trace sur le sol 土
⑳	*DŌ*	同	Semblable, telles les bouches 口 d'une famille parlant tous le même langage Graphiquement, comme un récipient et le couvercle qui s'y adapte
⑪⑫	*EI*	央	L'homme fort, excellent 大 occupant tout l'espace qui lui est offert
㉔	*EI*	永	Eternel, comme les rivières 水 qui coulent sans fin ㇏
⑱	*EN*	㕣	La rivière, le fleuve, qui coule 八 vers son embouchure 口
⑳㉗	*EN*	袁	Le long kimono 衣 des nobles
㉖	ETSU	兌	Les mots que prononce - qui sortent 八 de la bouche 口 - du frère aîné 兄
⑩	FU	帚	La main qui tient ヨ un balai, un chiffon 巾
⑯	*FU*	不	L'oiseau qui s'envole et disparaît dans le ciel, symbole de la négation
㉓	FUKU	𠬝	L'officiel porteur 又 du sceau 卩 de l'état, symbole de la loi
㉝	*FUKU*	畐	La maison, sa réserve pleine de vivres, de biens, symbole d'abondance, de bonheur
⑪㉒	*FUTSU*	弗	Graphiquement, la rivière, son eau, sa vapeur, symbole de transformation
⑯⑰	*GAN*	元	L'homme debout 兀 et ce qu'il a au-dessus de la tête 一
⑬㉖	*GEN*	原	La falaise 厂 d'où sort la rivière 泉, dont elle est la source, l'origine
①④	*GO*	五	L'échange 㐅. Dérivé 吾 : l'échange qui atteint le cœur à travers les mots 口
③	*GO*	午	Le pilon. Aussi, vieille forme du cheval
⑩⑯㉛	*GŌ*	合	La foule de gens rassemblés 亼, parlant 口 ensemble, à l'unisson
④	＊*GON*	言	Les mots, la parole
⑰	GUN	軍	Entourant ou contournant 冖 le char de guerre 車, le soldat, le fantassin
⑧	＊*GYO*	魚	Le poisson
⑨	＊*GYŪ*	牛	Le bovidé : bœuf, vache, taureau...
㉓	HA	𠂢	Le fleuve qui se divise, se ramifie - en affluents
㉝	＊*HAI*	非	Les ailes déployées "face à face", symbole d'opposition, de situation anormale
①⑩	＊*HAKU*	白	La blancheur éclatante ´ du soleil 日
⑥	*HAN*	半	La moitié - d'un bœuf coupé en deux
⑦⑰㉔㉜㉜	*HAN*	反	La main qui appuie 又 sur une planche 厂, la courbe ; symbole de répétition
⑯	HAN	番	La main ノ qui sème les graines 米 sur le champ 田
⑧	*HATSU*	友	Deux mains - ナ et 又, qui se rapprochent ‖ Le chien - ou l'esclave - entravé
㉑	*HATSU*	発	Le départ 癶 d'une flèche - ou d'un pèlerin : symbole de ce qui s'ouvre, commence
⑰	*HEI*	丙	La calamité domestique qu'on cherche à conjurer par des offrandes aux Dieux
㉙	*HEI*	平	La forme plate, égale d'une plante d'eau, d'un lotus

㉙㉜	*HI	皮	La peau de l'animal que l'on tanne, assouplit...
⑭	HIN	品	Trois objets - ou trois bouches 口- superposés
⑩	HO	歩	Marcher : le pied 止 à petits 少 pas
⑬㉖	HŌ	豊	Le vase à offrandes, symbole d'abondance, de prospérité - l'espoir d'une bonne récolte
④	*HŌ-BŌ	方	La direction, suggérée par une croix - ou une bêche creusant un sillon
⑦	HOKU	北	Deux hommes dos à dos, opposées
④	HON	本	La cause, l'origine évoquée par la racine –, "origine" de l'arbre 木
㉛	HYŌ	表	L'extérieur, l'endroit évoqué par la fourrure 主 portée à l'extérieur du vêtement 衣
㉓	I	以	L'individu 人 symbolisé par le souffle qu'il exhale レ
㉒	IN	員	Le délégué officiel à qui le groupe confie l'argent 貝 - les pièces rondes 員
⑤⑰㉖	ITSU	聿	Une main tenant ⺕ un pinceau 亅, symbole de l écrit
②⑱⑱⑲⑲㉘㉜	JI	寺	L'endroit où la loi 寸 est appliquée avec continuité 土 : le temple, la cour
③	*JI	耳	L'oreille
⑬⑰㉜	*JI	自	Le nez, symbole de la personnalité en Asie
②	*JIN	人	L'homme, la personne
②	*JO	女	La femme, assise sur le sol, jambes croisées
⑳	JŌ	乗	L'homme montant sur un char ou grimpant sur un arbre - pour voir au loin
㉓	JU	受	La main qui donne 爪 et la main qui reçoit 又, à plat, comme toujours en Asie
①⑮	*JŪ	十	Le chiffre dix
⑱	JUTSU	朮	Le riz glutineux collant 丶 à la main
④⑮㉓	KA	可	La difficulté de respirer, de s'exclamer ou pour la plante de sortir de terre
⑦	KA	豕	Le cochon ‖ dérivé : 豙 La bande de cochons ‖ dérivé : 家 ....sous un toit, à l'abri
⑫㉚	KA	化	Ce qui change, se transforme, tel le jeune homme debout 亻 qui deviendra un vieillard assis 匕
⑮	KA	戈	La lance ‖ Les deux lances opposées 我 ‖ Le soldat à la lance 伐
①⑥	*KA	火	Le feu et ses flammes
⑪⑮	*KA	禾	La céréale
⑦⑮	KAI	会	La foule 亼 rassemblée 厶
⑯	KAI	介	Une personne entre deux limites, deux frontières, deux intérêts 八
㉘	KAI	皆	Les personnes rassemblées, agissant ensemble : tous, tout le monde
⑱	*kai	貝	Le cauris, le coquillage, l'argent
㉓㉗㉚	KAKU	各	L'individu, visiteur, voyageur allant son chemin 夂 donnant son opinion 口
㉜	*KAKU	角	La corne de l'animal
㉑㉗	*KAN	干	La lance, la pique qui repousse l'ennemi - ou la fourche
⑥	KAN	間	Le rai de soleil 日 entrant, filtrant à travers les interstices d'une porte à double battant 門
⑱	KAN	官	La déclivité 阜 et le toit 宀, symboles d'un grand bâtiment officiel
㉝	KAN	咸	La blessure infligée par la hallebarde à crochet 戈 ou la morsure 口
⑨⑫㉗	*KATSU	舌	La langue, sortant de la bouche 口
⑦	KEI	京	La capitale et son palais 亠 situé sur une hauteur 小, dominant la ville
⑭㉒	KEI	刑	La blessure 刂 infligée par 2 lances 幵 ‖ 2 lances - ou arbres étêtés -, symbole d'égalisation
㉑	KEI	系	La main tenant, tirant ノ les fils d'un écheveau 糸
㉙	KEI	圣	Abréviation de 巠 : la main 又 qui défriche la terre 土, la marque en traçant des sillons
⑯	KEN	僉	La foule, évoquée par de nombreuses bouches 吅 assemblées 亼
㉙	KEN	県	Abréviation de 縣 : la préfecture où l'on pendait 系木首- les criminels pour l'exemple
⑤	*KEN	見	Voir, regarder : un œil 目 "dressé" sur deux jambes 儿
⑨	*KEN	犬	Le chien
⑲	*KETSU	欠	La respiration ou le cri qui s'exhale d'une bouche grande ouverte
㉜	*KETSU	血	Le sang du sacrifice coulant ´ dans la coupe 皿
㉑	KETSU	契	Les entailles 丰 gravées 刀 sur un arbre 木 ; la première forme de contrat
㉚	KETSU	夬	La main saisissant une partie 夬 d'un tout 中 ; qui donc partage, décide
⑧	KI	气	Le souffle, la vapeur, l'haleine exhalée
⑮	KI	幾	Le fil fin 兹 "contrôlé" comme la frontière par le garde avec son arme 戈
㉘	KI	其	Les tamis empilés sur leur support 亓
⑯⑲㉚	*KI	己	L'air exhalé, symbole du moi ‖ Navette de métier à tisser ‖ La personne agenouillée
⑭⑳	*KIN	斤	La hachette qui coupe, entaille ; symbole de proximité dans 近 et 所
⑤⑤	KIN	林	Deux - c-à-d. beaucoup d'arbres : le bois
⑥㉕	KIN	今	Le présent, résultat du passé "accumulé" 亼
㉒	KITSU	吉	La parole dense, bien "remplie"- du sage ‖ Le panier, couffin bien rempli

⑪	KO	固	La vieille "chose" 古 entourée 囗, permanente
⑳㉕㉙㉝	KO	古	Vieux comme une histoire passée par dix 十 bouches 口
㉕㉕	KO	去	Le récipient, la marmite et son couvercle
⑯	* KO	戸	La demie porte 戸, symbole de la maison, du foyer
④⑱	KŌ	交	La personne assise en tailleur, les jambes croisées, "mêlées, entrelacées"
⑤㉗	KŌ	公	La chose, le bien privé ム, divisé ハ entre tous, devient public
⑩	KŌ	考	Le vieillard 耂 confronté à la difficulté de penser "juste"
⑫	KŌ	光	La lumière vive, la clarté de la torche qui brille
⑱	KŌ	孝	Le vieillard 耂 et l'enfant 子, symbole de la piété filiale
㉒	KŌ	丂	La difficulté de respirer, finalement surmontée
㉓	KŌ	亢	L'homme arc-bouté, prêt à résister
㉝	KŌ	幸	Le bonheur - décrit comme le malheur repoussé [par la lance]
②㉔	* KŌ	口	La bouche
⑪⑳㉘	* KŌ	黄	La couleur jaune d'un champ 田 brûlé 20 ++ fois
⑪	* KŌ	高	Haut, grand - et cher - comme un bâtiment à deux étages
⑭	* KŌ	工	L'équerre du menuisier, symbole du travail
⑪	* KOKU	黒	Noir comme la suie déposée autour de l'ouverture 田 située au-dessus du feu 灬
㉒㉔㉙	KON	艮	L'homme détourne les yeux du soleil au zénith : symbole d'obscurité, limite
㉚	KU	句	Les paroles 口 bien enveloppées 勹
⑫	KŪ	空	Vide comme le ciel qu'observaient les premiers hommes du fond de leur caverne 穴
㉖	KUN	君	Le responsable, le Prince, son bâton de commandement à la main
⑭	KYŌ	兄	Le frère aîné évoqué par une bouche 口 - grande gueule - campée sur ses jambes 儿
㉓	KYŌ	喬	L'ouvrage en bois, élevé 高, sur lequel on peut marcher 夭
㉓㉚	KYŌ	共	Les vingt ++ mains présentant une offrande 共, symbole d'action faite en commun
①⑭	KYŪ	九	Le chiffre neuf évoqué par un mouvement ascendant 丿 et descendant 乚
⑲㉗	KYŪ	及	Atteint, saisi comme celui à qui on met la main au collet Dérivé 急 : le cœur atteint. D'où, vite, urgent car alors on réagit rapidement
㉘	* KYŪ	求	Désiré, recherché comme une peau - un vêtement - de fourrure
④	MAN	万	Abréviation du scorpion, symbole de la myriade - 10.000 - étoiles
⑧	MEI	名	Son nom que l'on doit prononcer 口 dès la tombée de la nuit 夕 pour se faire reconnaître
⑪	MEI	明	La clarté - du soleil 日 et de la lune 月 unissant leurs astrales brillances
⑭㉘	MI	未	L'arbre 木 qui porte encore ses fruits
⑬	* MŌ	毛	La plume, le poil, le cheveu
②	* MOKU	木	L'arbre
⑤⑦㉖	* MON	門	La porte à double battants
⑫㉜	* MON	文	Les tatouages, premiers symboles des choses écrites
㉒	* MU	矛	La pique, la lance à crochet, la hallebarde
③	NAI	内	A l'intérieur, telle la personne entrant 入 dans une maison 冂 ou l'animal dans un enclos
⑥	NAN	南	Le Sud, où la végétation 半 luxuriante 十 envahit la maison 冂
①	* NI	二	Deux, comme le ciel et la terre - ou les deux principes du Yin et du Yang
⑩㉙	NŌ	𡿺	Le cerveau 囟 et les ondes nerveuses ⺍ qui le traversent
㉚	NŌ	農	L'agriculture où le fermier donne ses mains aux champs 曲 dès l'aube 震
⑨	* NYŪ	入	Entrer, pénétrer comme un affluent dans les eaux du fleuve
④⑯㉓	* Ō	王	Le roi, intercesseur entre le ciel et la terre
④⑯	*	玉	Le collier en pierre précieuse, en jade, attribut à l'origine du roi 王
⑯⑳㉕	* ON	音	Les bruits et sons. Et le sentiment - l'opinion - qui par delà les mots, s'exprime aussi par le son
⑰⑲	RAKU	楽	Le plaisir, confort, l'aise que la musique - évoquée par le tambour - apporte aux hommes
⑰	RAN	東	Trier, sélectionner les éléments d'une botte 束 déliassée ハ ‖ Porte fermée
㉑	REI	令	Les ordres froids, comminatoires, inexorables, donnés à la foule 亼 agenouillée マ
⑱㉖㉜	RETSU	列	La viande 歹 coupée 刂 en morceaux, ensuite alignés
㉘	RI	利	La céréale 禾 coupée, fauchée 刂 à la faucille pour la récolte dont on tire profit
⑮	* RI	里	La rizière 田 et la terre 土, bases du village
㉜	RIN	侖	Les plaquettes de bambou 冊 assemblées 亼 servant de registre pour inscrire des noms
⑨	* RITSU	立	L'homme debout, planté sur ses jambes
⑮	RŌ	数	Abréviation de 婁 : les femmes enfermées 中 au gynécée, abrégée en 娄 : la femme et le riz
㉘	RŌ	良	La nourriture, la manne, don du ciel aux hommes
㉒㉜	ROKU	录	Simplification de 彔 : la pointe, lame qui étête, dépouille, écorce, grave

㉛	*RYŪ*	㐬	Ce qui coule, comme le nouveau né du ventre de sa mère
③	*SA*	左	Gauche, comme la main - gauche - qui tient 𠂇 l'équerre 工
⑯	*SAI*	才	La plante qui sort de terre
㉕	*SAI*	最	Extrême, comme ce qui est saisi - la main 手 tenant l'oreille 耳 de l'ennemi et accumulé
㉛	SAI	祭	La main 又 qui dépose de la viande 月 en offrande sur l'autel 示 pour consulter l'oracle
⑩㉕	SAKU	乍	L'homme qui se cache, s'isole dans son coin pour accomplir un travail difficile
⑬㉑	SAN	産	Les "rides" 产 apparaissant sur le ventre de la parturiente 生 ou le visage du vieillard
⑤㉙㉙	* *SAN*	山	La montagne
⑫⑯	*SE*	世	Une génération, un règne, une ère - qui durait alors 卅 trente ans
⑳㉕㉚	*SEI*	正	Juste, correct, comme le pied 足 s'arrêtant juste derrière une ligne 一 fixée
④⑫㉗	* SEI	生	La vie, évoquée par une plante qui "nait" et qui pousse
⑪⑲	* *SEI*	青	Le vert de la plante se reflétant dans l'eau d'un puits. Par extension, bleu, jaune
⑥	* *SEKI*	夕	La tombée de la nuit, lorsqu'apparaît la lune
⑧	* *SEKI*	石	La pierre représentée par un bloc de rocher 口 se détachant d'une paroi 厂
⑩⑳	* *SEKI*	赤	Rouge, comme un homme 土 dont le visage est éclairé par des flammes 灬
㉗	*SEKI*	昔	Le bon vieux temps, où la viande séchait en lanières ++ au soleil 日
⑤	* *SEN*	川	La rivière, le fleuve
④	*SEN*	先	La plante 生 qui pousse et les jambes 儿, symbole de ce qui va de l'avant
⑧	*SEN*	泉	La source, qui sort de terre 白 et se répand en filets d'eau 水
⑭⑯	*SEN*	占	La divination, prononcée 口 par le devin à partir des craquelures 卜 du plastron de tortue
⑰㉓	SEN	専	L'élément tenu à la main 寸 : le lien entre deux éléments
⑩	*SETSU*	切	Coupé, comme un bambou ヒ sectionné par un sabre 刀
㉒㉛	SETSU	殳	La lance, la férule, l'outil, l'objet manié de façon brusque
⑦⑧⑳	*SHA*	者	Le four banal où les gens apportent leur nourriture à cuire, se rassemblent
㉗	* *SHA*	身	Le corps - d'une femme enceinte qui attire le regard comme s'il était visé par une flèche
⑧㉚	* *SHA*	車	Vu de dessus, le char, le chariot, la charrette
㉑	*SHAKU*	勺	Unité de mesure pour les liquides en forme de "cuillère", d'écope
⑭⑭	SHI	市	Le marché, symbole de la cité ‖ Le tissu, la serviette
⑲	*SHI*	史	Le pinceau que le scribe tient à la main
㉒	*SHI*	旨	La bouche 曰 apprécie les bonnes choses contenues dans une cuillère ヒ
㉔	SHI	死	Le squelette 歹 assis ヒ ; manière dont on enterrait les morts en Asie
㉖	*SHI*	次	Les deux 冫 personnes, la bouche grande ouverte 欠 qui baillent, déclament ou salivent
②⑩⑫	* *SHI*	子	L'enfant
⑦㉓	* *SHI*	至	Atteindre, comme l'oiseau qui pique, "tombe" vers le sol 土
⑧	* *SHI*	氏	La plante d'eau - avec ses fibres, ses racines
⑩	* *SHI*	止	Le pied évoquant ici arrêt ou pèlerinage. Dérivé: 之 pied inversé : le manque de...
㉒	* *SHI*	士	Le lettré, le samouraï ; celui qui possède toute la connaissance - de 1 à 10, l' α et l' ω de l'Asie
⑯㉖	SHIKI	式	L'équerre 工 et la lance 戈 ; symboles du travail exécuté selon les normes
⑧㉖	*SHIN*	申	La chose transmise : force des Dieux aux humains - ou mains tirant sur une corde
⑪⑬	*SHIN*	新	Nouveau comme le village où les habitants peuvent se tenir debout 立 dans la forêt 木 défrichée 斤
⑰㉒㉗㉙	SHIN	真	Dix 十 yeux 目 observent, contrôlent, d'un point élevé 亠 si les choses sont correctes
⑲	*SHIN*	𠬶	Le fouet ヨ tenu à la main 又 pour, entre autres, chasser les mauvais esprits
㉙	*SHIN*	罙	La main qui fouille dans le fond d'un four
③	* *SHIN*	心	Le cœur, source des sentiments
⑫	* *SHIN*	辛	Le criminel, évoqué par l'aiguille servant à le tatouer
⑰㉗	* *SHITSU*	矢	La flèche
㉒㉖	*SHITSU*	失	La main qui laisse tomber quelque chose
④⑱㉘	*SHŌ*	⺍	Flammes sur un toit ‖ Toit abritant des échanges ‖ Dérivé ⺌ : faîte du toit où se divise l'eau
㉔㉚	SHŌ	隹	Le petit oiseau à queue courte agile, habile
㉔	*SHŌ*	肖	La viande 月 coupée en morceaux si petits ⺌ qu'elle disparaît
㉔㉘	*SHŌ*	召	Convoquer par l'ordre 口 et la menace d'une arme 刀
㉕	*SHŌ*	壮	Le brave, fort comme un banc - de bois dur. Dérivé 将 : viande d'offrande posée
㉜	*SHŌ*	章	Le son 音 parfait 十 divisé en phrases et, pour un texte, en paragraphes
③⑳㉘	* *SHŌ*	小	Petit comme l'élément divisé. Dérivé : peu
⑨	* SHOKU	食	La nourriture 良, don du ciel à l'homme, qui la mange sous son toit 𠆢
⑰	*SHU*	酉	La bouteille - dont le contenu fermente longuement
⑲	*SHU*	取	Saisir, comme la main 又 qui doit prendre l'oreille 耳 de l'ennemi et la rapporter

⑥㉚	*SHŪ*	周	Le vase des ancêtres 冂 et 及, transcrit en 口 : l'aptitude, le contrôle
⑥	*SHŪ*	秋	La saison où l'on brûle 火 les fanes 禾 : l'automne
⑥㉔	*SHŪ*	攸	Le passeur traversant un gué en le sondant avec son bâton
⑦	SHŪ	州	La région, province évoquées par des terres 〵〵〵 séparées par des fleuves 川
⑤	*SHUTSU*	出	Sortir, comme la plante qui sort de terre
⑰	*SO*	且	Entassé, empilé, comme les boîtes d'offrandes aux ancêtres
⑪⑱	*SŌ*	早	Tôt, comme quand le soleil 日 se lève au-dessus des herbes 十. Transcription de 甲
㉑	*SŌ*	争	Le combat, l'attaque, la bagarre évoqués par deux mains s'arrachant une lance, une arme
㉑㉔	*SŌ*	关	Les mains portant le sac de braises pour le calfatage ou l'emportant dans leurs déplacements
⑩	* *SŌ*	走	Courir : la foulée ⻌ de l'homme lancé en avant 土
㉗	*SOKU*	則	La loi, la mesure, évoqués par l'argent 貝 de l'amende et le sabre 刂 qui mutile
③	* *SOKU*	足	Le pied
㉖	*SOTSU*	卒	Le soldat en uniforme, avec son baudrier
②	* *SUI*	水	L'eau, le liquide. Dérivé 永: l'éternité
⑦㉔	* *SUN*	寸	La marque 丶 près du poignet 寸: unité de mesure - 3,3 cm, symbole de loi, de contrôle
⑯㉑	*TAI*	台	Abrév. de 臺: l'estrade, le piédestal. Abrégé : le souffle 口 exhalé 厶, symbole de la personnalité
㉒㉕	*TAI*	代	Le garde au poteau frontière
④⑪	* *TAI*	大	Grand, "comme cela" dit-on en écartant les bras. Dérivé 太: gros, gras, comme deux hommes
②	*TAKU*	翟	L'oiseau 隹 qui s'élève dans le ciel, ailes déployées 羽
⑦	*TAKU*	尺	Vieille unité de mesure ‖ 睪 abrégé : l'œil surveille les criminels, les "jauge"
⑥	*TAN*	旦	Abrévi. de 詹 : l'homme porte une lourde charge en maugréant ‖ Le soleil 日 au-dessus de l'horizon __
⑦	*TEI*	呈	Le courtisan incliné (王=壬) assiste à une audience où des choses justes seront dites 口
㉖	*TEI*	是	Ce qui est bien, correctement contrôlé 疋 comme la marche des astres 日
㉚	*TEI*	疋	Le pied ⻌ s'arrêtant sur une ligne ‾, symbole de ce qui est contrôlé
⑧	*TEN*	天	Le ciel, le paradis
㉛	*TETSU*	育	L'éducation des enfants, au besoin par le fouet 夊
②⑦	* *TO*	土	La terre, le sol, représentés par une plante qui en sort
㉘	* *TO*	斗	La mesure et unité de volume
⑦	*TŌ*	東	L'Est, où l'on voit le soleil 日 se lever dans les arbres 木
⑪⑬㉛	* *TŌ*	豆	Le bol à pied où l'on mettait les graines
㉛	*TŌ*	朕	Les mains qui s'élèvent ensemble comme pour relever un bateau 月 - ou célébrer une victoire
⑩㉝	*TSŪ*	甬	L'homme priant マ au dessus du vase des ancêtres 用 - ou ce vase dont sort une plante ?
⑫	*UN*	云	Les colonnes d'air ou de vapeur qui s'élèvent en tourbillonnant
⑥	*YA*	夜	Le soir, lorsque la lune se lève 夕 et que l'on 亻 rentre chez soi 亠
⑬㉑	*YO*	予	L'objet qui passe d'une main à l'autre, symbole d'échange, communication
⑰	*YO*	与	La remise de récompense. Assimilé 写 : la pie voleuse
③	* *YŌ*	幺	Le fil fin
㉓	* *YŌ*	羊	Le mouton
⑭㉙㉙	*YŌ*	昜	Le soleil 日 qui se lève au dessus de l'horizon - et ses reflets 勿
⑬	* *YOKU*	谷	La rivière contenue ハ dans une vallée s'élargissant à son embouchure 口
㉒	*YU*	俞	La pirogue 月 faite d'un tronc évidé au couteau 刂 par tous 亼, symbole de l'effort continu
㉗㉙	*YU*	由	Le grain qui germe
③㉔	*YŪ*	𠂇	La main qui prend, saisit, tient...

O Leçon où on trouve le radical phonétique de base

CLES "PURES" (c-à-d. n'assurant pas également le fonction de radical phonétique) DU COURS

#*AN* 行 ⑤	#GATSU 月 ①	#KIN 金 ②	#SAI 西 ⑥	#U 雨 ⑧
#BA 馬 ⑨	#HACHI 八 ①	#MEN 面㉗7	#SHI 糸 ⑤	#YŌ 用 ⑲
#BAKU 麦 ⑱	#HI 飛 ㉓	#MOKU 目 ③	#SHI 歯 ⑬	
#FU 父 ②	#ICHI 一 ①	#NIKU 肉 ⑨	SHU 手 ③	
#FŪ 風 ⑫	#JITSU 日 ①	RIKI 力 ④	#TŌ 刀 ④	

- KANJI DU COURS - INDEX DES SIGNIFICATIONS -

devenir libre 空・く⑫
devoir 務㉒
Dieu 神㉛
dignité 品⑭
dire (humble) 申㉖
dire 言・う④
direction, côté 方④
dirigé (être~) 向・ける㉔
disciple 弟⑭
discipliner (se~) 練・る⑰
disparaître 消・える㉔
distant 遠・い⑳
distinction 別⑱
distinction 品⑭
distribuer 配・る㉚
diviser, partager 分・ける②
division, pair 丁㉚
dix mille 万④
dix, dix(légal) 十① 拾㉛
doctrine 法㉕
doigt 指㉒
don, talent 才⑯
donner le jour 産・む㉑
donner lieu à 来・たす⑤
douleur, peine 苦・しい㉝
douleureux 痛・い㉝
doux, calme 和・やか⑪
dresser (se~) 立・つ⑨
droite 右③
du même genre 等㉜
dynastie, règne 朝⑥

– E –

eau 水②
eau chaude 湯㉙
échanger 買・う⑨
échec, faute 失㉖
éclair 電⑧
éclaircir (doute) 晴・らす⑲
éclaircir (s'~) 明・ける⑪
" 晴・れる⑲
éclatant 昭㉘
école 校④
écouler (s'~) 去・る㉕
écrit/re 書/・く⑤
écrit, phrase, style 文⑫
éducation 育㉛
effet, efficacité 験⑯
effort 勉㉖
égal à 等㉜
égal, équivalent 同・じ⑳
égal, uniforme 平㉙
élargir, étendre 広・げる⑳
électricité 電⑧
élever, dresser 立・てる⑨
élever, former 育・てる㉛
élever, hausser 高・める⑪
élever, soulever 上・がる③
élancer(s'~), ouvrir 発㉑
éloigner (s'~) 出・す⑤
émotion 感㉝
empiler, superposer 重・ねる⑳
emploi 用⑲
emprunt, prêt 借㉗
emprunter, louer 借・りる㉗
en face de 前□
en personne 自・ら⑬
endommager 痛・める㉝
endroit, (sur)face 表㉛
endroit, lieu 場⑭
énergie, esprit 気⑧
énergie, vigueur 活㉗
enfant 子② 童㉜
enfoncer 打・つ㉔
engendrer, produire 産・む㉑
enregistrement 録㉒
enseigner 教・える⑱
ensoleillé 陽㉙
ensorceler, duper 化・ける㉚
entendre, écouter 聞・く⑤
entier(ement) 全・く㉓
entraîner 来・る⑤
entrée 入⑨
entrepôt 庫㉚
entrer (faire~) 入・れる⑨
environ 約㉑
envoyer 輸㉒
envoyer 送・る㉔
époque, règne 世⑯
épouse 妻⑭
équivalent 等・しい㉜
escalader, gravir 登・る㉛
escorter 送・る㉔
espace, durée 間⑥
essai, examen 験⑯
essayer 試・す⑯
Est 東⑦
établir 定・める㉚
étage, niveau 階㉘
étaler(s'),se répandre 広・がる⑳
Etat, Province 州⑦
été 夏⑥
éteindre, s'~ 消・す/える㉔
étoc 州⑦
étoile 星⑫
être humain 人②
être(pour chose) 有・る㉔
étroit, ténu 細・い㉙
étude, *étude* 学④ 研⑭
étudier 学・ぶ④
étudier à fond 究・める⑭
éveil, début 起⑲
événement 事⑧
exact, vrai, pur 真⑰
exactitude 真⑰
examiner 調・べる㉚
excellent 美・しい⑱
excellent 英⑪
exécuter 行・う⑤
exemplaire 部㉓
exemple, précédent 例㉖
exercice, étude 習⑰
exister 有・る㉔
explication 説㉖
expliquer 説・く㉖
extérieur, dehors 外③
extrémité 先④

– F –

facile 安・い㉕ 軽・い㉙
façon de faire 方④
façon de, manière 風⑫
faible, fragile 弱・い⑳
faire, fabriquer 作・る⑩
faire avancer 進・める㉚
faire circuler 配・る㉚
faire circuler, tourner 回・す⑲
faire couler 流・す㉛
faire des efforts 務・める㉒
faire face,affronter 向・かう㉔
faire halte 止・まる⑩
faire la navette 通・う⑩
faire rougir 赤・らめる⑩
faire rouler 転・がる⑰
faire souffrir 痛・める㉝
faire voir, montrer 見・せる⑤
faire voler 飛・ばす㉓
fait à la hâte, hâter 早・める⑪
fait, action 事⑧
fait, oeuvre 業㉑
famille 族㉗
fardeau 荷㉓
femme 女②
fer 鉄㉒
fermer/se~ 閉・ま/める㉑
fermer, cesser 引・ける⑱
fête, festival 祭・り㉛
feu, flamme 火①
feuille, feuillage 葉⑫
fil 糸⑤
fin(ir) 卒㉖
fin, extrémité 終㉔
fin, mince 細・い㉙
finir, terminer 終・える㉔
fixé (être ~) 定・まる㉚
fleur 花⑫
fois (nombre de~) 度㉕
fois 度㉕
fois, tour 回⑲
fonction, rôle 役㉒
fond, nature 根㉙
fondement 原⑬
force 力④
forcer, exiger 強・いる⑳
forêt, bois 森⑤ 林⑤
forme en "T" 丁㉚
forme 形⑮ 型㉒
formule (math.) 式㉖
fort, intense 強・い⑳
fortifier 強・める⑳
foyer, famille 家⑦
frapper, battre 打・つ㉔
frère aîné 兄⑭
froid 寒・い⑳
froid, frais 冷・たい㉑
frontière, monde 界⑯
frotter, aiguiser 研⑭
fruit, substance 実㉑
fruits (de mer...) 幸㉝
futur, avenir 来⑤

– G –

gage 質⑭
garder le lit 寝・る⑲
garder, conserver 守・る㉔
gardien 守㉔
gare, station 駅⑦
gauche 左③
geler 氷・る⑰
génération, âge 代㉕
génération, temps 世⑯
gens, personne 者⑧
glace 氷⑰
goût (avoir~ pour) 好・む⑩
goût, saveur 味㉘
goût, sentiment 意㉕
goûter, apprécier 味・わう㉘
graine, pousse 子②
grand bâtiment 館⑱
"(accueillant le public) 堂㉘
grand, étendu 大・きい④
grandeur 大④
grandir 育・つ㉛
grandir, s'élever 高・まる⑪
grimper, monter 登・る㉛
gros, épais 太・い⑪
grossir 太・る⑪
groupe, classe 組⑰

– H –

habileté 才⑯
habiller qq'un 着・せる⑨
habiter, résider 住・む㉔
hall, temple 堂㉘
hameau 字⑫
harmoniser 調・べる㉚
hâte (à la ~) 急⑲
hâter(se~) 早・まる⑪
haut, grand, cher 高・い⑪
haut-fond, banc 州⑦
herbe, foin 草⑱
heure 時②
hier, la veille 昨㉕
histoire, propos 話⑨
hiver 冬⑥
homme, mâle 男②
homme, personne 人②
honnête, direct 直㉙
hôte, client 客㉚
huile 油㉙
huit 八・つ①

– I –

île 島㉙
image, dessin 画⑮
image, peinture 絵⑮
important, sérieux 大④
impression 感㉝
in-, dis-, mal- 不⑯
indiquer 指・す㉒
individuel 個⑪
inexpérience 青⑪
inférieur, bas 下③
injustice 悪㉑
innocence 白⑩
inquiéter (s'~ de) 案・じ/ずる㉕
insecte 虫⑨
insigne 章㉜
instituer 置・く㉒
institut(ion) 院⑰
insuffisant 短⑪
intelligence 知⑩
intense,*intense* 深・い㉙ 切⑩
intérêt, avantage 歩⑩
intérieur *(à l' ~)* 中④
intérieur 内③
interrogation 問・い㉖
intersection 交⑱
intervalle 間⑥
intime, parent 親・しい⑬
introduire 入・る⑨
invisible, caché 暗・い⑳
invité, visiteur 客㉚
inviter 招㉔

– J-K –

jardin 園㉗
jardin, cour 庭⑦
jaune 黄⑪
je, moi 私⑧
jeter, lancer 投・る㉛
jeter, omettre 飛・ばす㉓
jeune frère 弟⑭
joindre, réunir 合・せる/す⑩
joint, mutuel 合⑩
jouer, se divertir 遊・ぶ⑲
jour de la semaine 曜②
joyeux, agréable 楽・しい⑲
juger, estimer 思・う⑩
juste, correct 正・しい⑳
Karma, destin 業㉑

– L –

lac 湖㉙

laisser aller 放・つ㉛
laisser échapper 失・う㉖
laisser monter 乗・せる⑳
laisser passer 通・す⑩
laisser tomber 落・ちる㉗
langue, langage 語・り④
large 広・い⑳
latéral 横㉘
le plus, extrême 最㉕
le...dernier 昨㉕
lecture 読⑨
légende, habitude 伝㉓
léger, aérien 軽・い㉙
l'emporter sur 勝・る㉛
lettre 状㉕
lettre, note 文⑫
lever, donner 上・げる③
lever (se~) 起・きる⑲
libérer, relâcher 放・す㉛
lié(être~), noué 結・わえる㉒
lieu, endroit 所⑭
ligne, colonne 行⑤
ligne, fil 線⑧
limite 界⑯
liqueur, alcool 酒⑰
lire 読・む⑨
littérature 文⑫
livre 本④
livrer 配・る㉚
loin(tain) 遠・い⑳
long 長・い⑪
longer 伝・う㉓
lourd, grave 重・い⑳
lumière vive 光⑫
lumière, clarté 明・るい⑪
lumineux 昭㉘
lune, mois 月①
lustrer, former 練・る⑰

– M –

machine 械⑮機⑮
Madame 様㉖
magasin, *mag..* 店⑭屋㉓
main 手③
maintenant 今⑥
maison, sa propre~ 家⑦
maître, seigneur 主㉘
mal, vice 悪㉑
malade(être~) 病・む⑰
maladie 病⑰
manger 食・べる⑨
manger, vivre 食・う/らう⑨
manière, état 様㉖
manquer 外・れる③
marchandise, article 品⑭
marche 階㉘
marché, foire 市⑭
marcher 歩・く/む⑩
mare, étang 池⑫
mariage 婚㉛
marque, note 点⑯
masque, aspect 面㉗
matériau 料㉘
matière 質⑭
matin 朝⑥
mauvais 悪・い㉑
médaille 章㉜
médecine 医⑰
médicament 薬⑰
mélancolie 悲・しい㉝
mélanger (se~) 交・る⑱
mêler/être~ 交・う/わる⑱
mélodie 曲㉛
membre 員㉒
même 同・じ⑳
mentionné (être~) 乗・せる⑳
mer, océan 海⑫
mère 母②
messager 使⑲
mesure 度㉕
mesurer, calculer 計・る⑮
métal, *fonds* 金②
métal, or 金②
métier à tisser 機⑮
métropole 都⑦
mettre, insérer 入・る⑨
mettre au service(se~) 仕・える㉒
mettre en contact 当・てる⑱
mettre en ordre 調・える㉚
midi 午③
midi, jour (opposé à nuit) 昼⑥
milieu, centre 中④
mille 千①
mine (crayon) 心③
minute 分②
minutieux 細・かい㉙
moitié, demi 半・ば⑥
moment propice 機⑮
Monsieur 君㉖様㉖
montagne 山⑤
montée, ascension 登・り㉛
monter, prendre 乗・る⑳
monter, s'élever 上・ぼる③
montrer, indiquer 表・す㉛
mort 死㉔
mot, déclaration 言④
mot, parole 語・り④
moule, modèle 型㉒
mourir, décéder 死・ぬ㉔
moyen de... 具㉚
moyen technique 術⑱
moyen, motif 由㉗
musique 楽⑲

– N –

nage, natation 泳㉔
nager 泳・ぐ㉔
naissance 産㉑
narrer, raconter 記・す⑮
navigation 航㉓
ne pas cesser de 続・ける⑨
ne rien faire 遊・ぶ⑲
né (être ~) 産㉑
néfaste 悪・い㉑
négation 不⑯
neige 雪⑫
neuf 九・つ①
nœud, conclusion 結・び㉒
noir 黒・い⑪
nom, renom 名⑧
nombre 数⑮
nombre de couches 重⑳
nombreux 万④
nombreux 多・い⑳
nord 北⑦
nouer, conclure 結・ぶ㉒
nourriture 食⑨
nouveau 新・しい/た⑪
nuage 雲⑫
numéro 号㉒
numéro, ordre 番⑯

– O –

objet rond 玉⑯
occasion 機⑮
Occident 洋㉓
occupation, travail 業㉑
océan, étranger 洋㉓
octroi, péage 関㉑
oeil 目③
oeuvre, récolte 作⑩
officiel 公㉗
officiel 員㉒
oiseau 鳥⑨
oisif (être~) 遊・ぶ⑲
opinion, doctrine 説㉖
opposé, anti- 対㉜
ordinaire 平㉙
ordonné (être~) 整・う㉚
ordre des choses 天⑧
ordre 命㉘
ordre (être en ~) 整・える㉚
oreille 耳③
orienter (s'~) 向・く㉔
orifice 口②
original, cru 生④
origine, cause 本④元⑯
origine, source 原⑬
ouest 西⑥
outil 具㉚
ouverture 口③開㉑
ouvrir (s'~) 開・く㉑
ouvrir, fonder 開く/ける㉑

– P –

paix, calme 静・か㉑
paix, harmonie 和⑪
paix, sécurité 安㉕
palais 宮㉛
papier 紙⑧
paraître 表・れる㉛
parler, dire 話・す⑨
parmi, dans 中④
parole, discours 言④辞⑫
part(ie), section 部㉓
part(ie), fraction,% 分②
partager (se~) 別・れる⑱
partie gagnée 勝㉛
pas 歩⑩
passer (examen) 受・かる㉓
passer (la nuit) 明・かす⑪
passer, partir 去・る㉕
passer, pénétrer 通・る⑩
pays 国④
peau, cuir 皮㉜
pelage, écorce 皮㉜
pensée, *pensée* 意㉕考⑩
penser, croire 思・う⑩
pente, colline 坂㉜
perdre 失・う㉖落・とす㉗
père 父②
période 期㉘
persister 通・す⑩
personne 方④
personnel, privé 私⑧
persuader 説・く㉖,
petit 子②
petit, "mini" 小・さい③
peu 少・ない⑳
physionomie 面㉗
pièce d'eau 池⑫
pièce, chambre 室⑦
pied, paire 足③
pierre précieuse 玉⑯
pierre 石⑧
pilier, poteau 柱㉛
pin, résineux 松⑤
pinceau 筆㉕
pion, surface(3,3m²) 歩⑩
pivoter, tourner 回・る⑲
placer, établir 置・く㉒
plaine, prairie 原⑬
plaire (se~ à) 楽・しむ⑲
plaisir, aise,confort 楽⑲
plan, graphique 図⑮
plan, idée 案㉕
plan, mesure 計⑮
planche 板㉜
plant 植㉗
planté (être~) 植・わる㉗
planter, établir 植・る㉗
plat, de niveau 平・ら㉙
ployer 反・らす㉜
pluie 雨⑧
plume 毛⑬
poème, chant 詩㉘
poésie 詩㉘
point faible 病⑰
point 所⑭
pointe, en avant 先④
poisson 魚⑧
polir, laver (riz) 研⑭
polir, pétrir 練・る⑰
politesse 礼㉖
pont 橋㉓
port 港㉓
porte 門⑦戸⑯
porter, assumer 負・う㉛
porter, être né 生む/まれる④
porter, mettre 着・ける⑨
porter ses fruits 実・る㉑
poser sur 乗・る⑳
poser, mettre 置・く㉒
positif, Yang 陽㉙
posséder 持・つ⑲有・る㉔
posséder 究・める⑭
poste 役㉒
(pour)suivre 続・く⑨
pousser (faire~) 生・やす④
préfecture 県㉙
préfixe"avec, malgré" 以㉓
préfixe deux, paire 両㉗
préfixe ordinal 第㉚
préf."au moyen, par" 以㉓
prendre (photo) 写・す⑰
prendre forme de 化・ける㉚
prendre note 注・ぐ㉕
prendre plaisir 好・く⑩
près de, proche 近・い⑳
présent 今⑥
prêt sur gage 質⑭
prêt (être~), en ordre 調・う㉚
prêt, crédit 貸・し㉒
prêter, louer 貸・す㉒
preuve 証㉕
prier, solliciter 願・う㉖
prière, vœu 願・い㉖
prince de sang 宮㉛
principal(ement) 主・に㉘
principe mâle 陽㉙
principe 法㉕
printemps 春⑥
prix à payer 代㉕
prix, coût 料㉘
probabilité 算⑮
proche, familier 親・しい⑬
produire, se~ 起・こす/る⑲
produire, surgir 出・る⑤
produit, qualité 品⑭
profit, intérêt 利㉘
profond 深・い㉙
progresser 進・む㉚
prolonger (se~) 続・く⑨
promesse, *pro..* 約㉑契㉑
promettre 契・る㉑
propager 広・げる⑳

proposition 案㉕
protéger 守・る㉔
provenant de.. 発㉑
provoquer 招㉔
pseudonyme 号㉒
public 公㉗
puissance 力④

– Q –

qualité, nature 質⑭
quantité, montant 高⑪
quatre 四・つ①
4ème(dans série) 丁㉚
question 問・い㉖
qui suit, suivant 次㉖
quoi, comment 何④
quotient (math.) 商⑭

– R –

racine 根㉙
raconter, narrer 語・る④
radical (chimie) 根㉙
rai, rayon 線⑧
raison, cause 故㉕ 由㉗
raison, logique 理⑮
raisonner 考・える⑩
rang, grade 級㉗
rang, ligne, file 列㉜
rapporter (se~ à) 係・る㉑
rassembler (se~) 集・まる㉔
(ré)chauffer 温・ま/める㉘
récent,"neuf" 新・しい⑪
recevoir, obtenir 受・ける㉓
recherches 校④
récit, chronique 記⑮
recueillir 拾・う㉛
reculer 退㉔
réel, véritable 実㉑
réfléchir 考・える⑩
réfléchir(se~) 映・る⑫
refléter, réfléchir 映・す⑫
refroidir(se~)冷・める-える㉑
" , glacer冷・ます-やす㉑
registre 帳㉚
règle, méthode 法㉕
régler, fixer 定・める㉚
relais, étape 駅⑦
relations 引・き⑱
religion 教⑱
remarquable 英⑪
remède 薬⑰
remise, réserve 庫㉚
remplacer, échanger 代・える㉕
rencontrer (se~) 会・う⑦
rendre, repayer 返・す㉔
rentrer, revenir 帰・る⑩
renvoyer 帰・す⑩
répandre (se~) 伝・わる㉓
réparer 直・す㉙
réparé(être~), corrigé 直・る㉙
repas, appétit 食⑨
réponse/dre 答・え/える⑯
reposer (se~) 休・む⑩
repousser, écarter 退㉔
représenter 代・わる㉕
" 表・れる㉛
reprise 回⑲
reproduction 写⑰
reproduire 映・す⑫ 写・す⑰
réputation 名⑧
requête 願・い㉖
résistance à ... 持・ち⑲
respiration 息㉜
retard (être en ~)後・れる③
retirer (se~)退・く㉔ 去・る㉕
retourner 帰・る⑩
retourner, rentrer 返・る㉔
retraite 退㉔
réuni (être~) 整・う㉚
réunion 会⑦
réunir (se~) 集・まる/う㉔
réunir, rassembler 集・める㉔
réussir (examen) 受・かる㉓
réveiller 起・こす⑲
rideau, rouleau 帳㉚
rite, style 式㉖
rive, rivage 岸㉗
rivière, fleuve 川⑤
riz cuit 飯⑰
riz 米⑤
rizière 田⑬
roc, rocher 岩㉙
roi 王⑯
rond, circulaire 円・い⑤
rouge/ir 赤・い/らむ⑩
rouler (se~ sur) 転・げる⑰
route 路㉓
route, chemin 道⑬

– S –

sabre 刀④
sagesse 知⑩
saisir, prendre 取・る⑲
saison froide 寒⑳
salle, cellier 室⑦
salutation 礼㉖
sanctuaire shinto 社⑦ 宮㉛
sang 血㉜
satisfaisant 良・い㉘
s'attacher à 親・しむ⑬
sauvé(être~) 助・かる⑲
savoir, informer 知・る⑩
seconde 秒㉘
semaine 週⑥
semblable 同・じ⑳
sentiment 感㉝
sentiment, fond 心③
sentiment, pensée 念㉕
séparation 別⑱
séparer(se~) 分・かれる②
" 別・れる⑱ 放・れる㉛
sept 七・つ①
service public 役㉒
servir 仕・える㉒
servir, travailler 務・める㉒
serviteur 卒㉖
sexe, nature 性㉗
signe, point 点⑯
simple soldat 卒㉖
situation 状㉕
six 六・つ①
sœur aînée 姉⑭
sœur cadette, puînée 妹⑭
soi-même 自・ら⑬
soir, soirée 夕⑥ 晩㉕
soir, nuit 夜⑥
soleil, jour 日①
solution 答・え⑯
sombre, obscur 暗・い⑳
somme, total 計⑮
sommet 頭⑬
sort, destin 運⑰
sortir, envoyer 出・す⑤
souffle (vital) 息㉜
souffrir 病・む⑰
souffrir,avoir mal 痛・む㉝
souffrir (faire~) 苦・しめる㉝
soumettre (se~) 服㉓
soupçon, brin de... 気⑧
soupir 息㉜
spécial 特⑱
spécialité 畑⑬
sphère, globe 球㉘
statut, règle 典⑫
style de pensée 流㉛
substance 体⑬
sud 南⑥
suffixe "âge" -才⑯
suff."chapitre" -章㉜
suff. "cercle" "-部㉓
suff." chaussure" -足③
suff. "essieu" -輪㉜
suff."féodal" -雨⑧
suff. "fleur" -輪㉜
suff."homme" -名⑧
suff. "maison" -戸⑯
suff."nom d'homme"-君㉖
suff. "nb ordinal" -目③
*suff.numéral(un objet)*個⑪
suff "objet long" -本④
suff."objet plat, mince"-枚⑪
suff."pair" -丁㉚
suff. "paire, couple" -対㉜
suff. "tête" -首⑬
suff" vêtement" -着⑨
suff. "véhicule" -台⑯
suff. "voie, chemin"-路㉓
suffire 足・る／りる③
suivre 次・ぐ㉖
supérieur 最㉕
supérieur(être~ à) 勝・る㉛
supérieur, haut 上③
(sur)face, devant 面㉗
sur, dessus 上③
sur-le-champ 直・に㉙

– T –

table, liste 表㉛
tableau 絵⑮
tard(if) 晩㉕
tarder 後③
témoignage 証㉕
tempérament 性㉗
temple bouddhique 寺⑱
temps clair 晴⑲
temps, moment 時②
temps, terme 期㉘
temps entre... 間⑥
ténébreux 暗・い⑳
tenir, résister à 持・つ⑲
tenter 試・みる⑯
terminer (se~) 終・わる㉔
terrain, terre, sol 地⑬
terre, sol 土②
test, essai 試⑯
tête, chef 頭⑬
thé 茶⑱
thème, sujet 題㉖
tirer, attirer 引・く⑱
titre (livre...) 題㉖
toit, maison 屋㉓
tomber, choir 落・ちる㉗
tomber, rouler 転・がす⑰
ton (en Chinois) 声⑮
tôt, rapide 早・い⑪
tour de garde/ rôle 番⑯
tourmenter 苦・しむ㉝
tourné(être~) 向・ける㉔
tourner vers(se~) 向・く㉔
tourner, tordre 曲・げる㉛
tous les, *tous les...*毎⑥ 万④
tout 全㉓
trait (de Kanji) 画⑮
tranquillité 安㉕
tranquillité 静・か㉑
transmettre 伝・える㉓
transmis(être~) 伝・わる㉓
transporter 輸㉒
transporter 運・ぶ⑰
travaux 工⑭
trébucher 転・ぶ⑰
tribu, clan 族㉗
trois 三・つ①
trouver, ramasser 拾・う㉛
tu, toi 君㉖
type, convention 型㉒
ultérieur, reste 後③
un 一・つ①
un peu 少・し⑳
un peu moins de 弱⑳
unir(s'~),s'associer 組・む⑰
unité (capacité#180l) 石⑧
unité (surface) 反㉜
unité (longueur) 町⑦
urgent, soudain 急⑲
usage, coutume 例㉖
usage (d'~), de règle 例㉖
utilisé 古・い⑳
utiliser 使・う 用・いる⑲

– V-Y –

vacances 休・み⑩
vague 波㉙
vaincre, baisser 負・かす㉛
vaincre, gagner 勝・つ㉛
vallée 谷⑬
vaste 太・い⑪
végétation 草⑱
véhicule, roue 車⑧
veine, fil (bois) 理⑮
vendre/se~ 売・る/れる⑨
vénérer, déifier 祭・る㉛
venir, ~après 来・る⑤ 次・ぐ㉖
vent 風⑫
vente 売⑨
ver, larve 虫⑨
vérité, réalité 真⑰
verser 注㉕
vert 緑㉜
vêtement 服㉓
vide 空⑫
vide, absence de 赤⑩
vider(se~)/ *suivant*明・く/くる⑪
vider, se vider 空・く⑫
vie/vivre 生・き/きる④
vie, destin 命㉘
vie, vitalité 活㉗
vieille monnaie 両㉗
vieux, ancien 古・い⑳
village 村⑦
ville, quartier 町⑦
vin (de riz) 酒⑰
visage, face 顔⑬ 面㉗
viser, toucher 当・たる⑱
visible (être~) 見・える⑤
vivre (laisser~)生・ける/かす④
voie, art 道⑬
voie, chemin 路㉓
voir, regarder 見・る⑤
voix 声⑮
volaille 鳥⑨
voler, sauter 飛・ぶ㉓
volonté, dessein 意㉕
vouer un culte 祭・る㉛
voyage 旅㉓
yen, ¥ 円⑤

Distribution – Vente directe par

FransOrienT

19 rue Falguière – 75015 Paris France

Tél. : 01 4279 8391

Achevé d'imprimer
Graphic Center
11,13 rue de l'Epée de Bois
75005 Paris
Dépôt légal 3ème trimestre 2003

ISBN n° 2-9501677-6-4

Printed in France